Reiseführer Natur
Neuseeland

Die Deutsche Bibliothek – CIP-Einheitsaufnahme

Reiseführer Natur Neuseeland / Matthias. Schellhorn.
– 2., überarb. Aufl. – München ; Wien ; Zürich :
BLV, 1996
ISBN 3-405-14929-0
NE: Schellhorn Matthias; Neuseeland

Die Zusammenstellung der praktischen Reiseinformationen und die Beschreibung der Touren in diesem Führer erfolgten mit größtmöglicher Sorgfalt und mit Rücksicht auf die Natur. Bitte verhalten auch Sie sich entsprechend und beachten Sie im Interesse Ihrer eigenen Sicherheit die Hinweise des Autors, z. B. zu gefährlichen Wegstrecken. Ob eine Route gefährlich ist, hängt neben den Wetterverhältnissen auch von der persönlichen Konstitution des Wanderers ab. Befragen Sie im Zweifelsfall vor einer Reise Ihren Hausarzt.
Bitte haben Sie Verständnis dafür, daß sich nach Erscheinen des Buches Wegführungen, Anschriften oder Telefonnummern ändern können. Korrekturhinweise werden Autor und Verlag gerne aufgreifen:
BLV Verlagsgesellschaft mbH, Postfach 40 03 20, 80703 München

Zweite, überarbeitete Auflage

BLV Verlagsgesellschaft mbH
München Wien Zürich
80797 München

Umschlaggestaltung: Julius Negele, München
Karten: Viertaler + Braun, Grafik + DTP, München
Redaktionelle Mitarbeit: Dr. Einhard Bezzel, Prof. Dr. Josef H. Reichholf
Lektorat: Dr. Friedrich Kögel
Layout: Volker Fehrenbach, München
Herstellung: Hermann Maxant
Satz: Grafisches Büro V. Fehrenbach, München
Reproduktionen: Fa. Elith, Verona
Druck: Appl, Wemding
Bindung: Bückers GmbH, Anzing

Printed in Germany · ISBN 3-405-14929-0

Inhalt

Einführung

Essays

Hauptreiseziele

Nebenreiseziele

Reiseplanung

Anhang

Danksagung

Zahlreiche Freunde und Bekannte haben dieses Buchprojekt durch ihre Anregungen und Kritik unterstützt. Die neuseeländische Naturschutzbehörde Department of Conservation half mit umfangreichem Informationsmaterial. Besonderer Dank geht nach Auckland an Dr. Sieglinde Heymons, die in botanischen Fachfragen beriet und das Manuskript konstruktiv kritisierte. Riitta danke ich für ihre Geduld, mit der sie immer wieder Texte durchlas, Buchthemen diskutierte, Fotoberge in ihrem Wohnzimmer tolerierte und so manches sonnige »Schreibtisch-Wochenende« akzeptierte.

Zum Geleit

Reiseführer Natur — eine Chance für den sanften Tourismus?

Dem Massentourismus ist sehr viel Natur zum Opfer gefallen. Der Versuch, der Unwirtlichkeit der Städte und der Industriegesellschaft in eine »intakte Natur« für die kostbarsten Wochen des Jahres zu entfliehen, mißlang gründlich. Denn der Ruhe, Entspannung und Naturgenuß suchende Mensch wurde im Touristikboom schnell wieder in die Massen einbezogen und beinahe zu einer »Ware« degradiert. Der zähe Brei des Massentourismus wälzte sich, da er fortlaufend seine eigenen Existenzgrundlagen zerstört, immer weiter hinaus bis in die letzten Winkel der Erde. Mit größter Sorge betrachteten Naturschützer in aller Welt diese Entwicklung und versuchten – vergeblich – sich dagegenzustemmen. Sie waren und sind machtlos gegen die Flut, die über sie und die wenigen geschützten Gebiete hereinbrach. Die Naturschützer hatten so gut wie keine Chancen, die Natur vor dem Massenansturm zu bewahren.
So wurde denn der Tourismus in Bausch und Bogen als nicht natur- und umweltverträglich verdammt und gebrandmarkt. Nicht ganz zu Recht, wie man bei objektiver Betrachtung der Sachlage zugeben muß. Denn nicht wenige der wichtigen, ja unersetzlichen Naturreservate der Welt konnten gerade wegen des Tourismus gesichert werden, der Staaten wie Tansania mit der weltberühmten Serengeti und Ecuador mit seinen Galápagos-Inseln mehr harte Währung einbrachte, als eine Umwidmung der geschützten Flächen zu anderen Formen der Nutzung. Durch geschickte und gezielte Lenkung des Besucherstromes ist es möglich, die Schäden gering zu halten, aber großen Nutzen einzubringen. Viele Beispiele gibt es hierfür. In Amerika, in Afrika und in Südostasien gelingt es offenbar weitaus besser, Naturreservate zu erhalten als hierzulande in Mitteleuropa, wo Naturschutzgebiete fast automatisch zu Sperrgebieten für Naturfreunde gemacht werden (während andere Nutzungsformen, insbesondere Jagd und Fischerei, in der Regel uneingeschränkt weiterlaufen dürfen).
Es fehlt an Information und an Personal, das die Schutzgebiete überwacht, Besucher betreut und für die Erhaltung der Natur wie für die Einhaltung der Schutzbestimmungen sorgt. Vielfach können gerade da, wo die Schutzgebiete mit strengem »Betreten Verboten« ausgewiesen sind, die Schutzziele nicht eingehalten werden. Es fehlen die »Verbündeten«; sie sind als Naturfreunde ausgeschlossen und damit keine starken Partner. Eine grundsätzliche Änderung, eine Wende zum Besseren ist derzeit nicht in Sicht. So bleibt der Naturfreund auf sich allein gestellt, Natur zu erleben, ohne sie zu zerstören.
Die neue Serie »Reiseführer Natur« folgt diesem Leitgedanken. Sie will den engagierten Naturfreunden die Möglichkeit aufzeigen, sich schöne Landschaften mit einem reichhaltigen oder einzigartigen Tier- und Pflanzenleben auf eine »umweltverträgliche« Art und Weise zu erschließen. Ein Tourismus dieser Art, der auf Information aufbaut und dessen Ziel die Sicherung der Naturschönheiten ist, wird vielleicht die überfällige Wende bringen. Unberührte Natur, naturnahe Landschaften und freilebende Tiere und Pflanzen haben ihren besonderen Wert. Aber er wird nicht zum Nulltarif auf Dauer zu erhalten sein.

Dr. Einhard Bezzel
Prof. Dr. Josef H. Reichholf

Vorwort

Neuseeland ist für mich in den letzten 10 Jahren zu meiner »zweiten Heimat« geworden. Die Gelegenheit einen Reiseführer über seine faszinierende Naturwelt zu schreiben, habe ich daher begeistert wahrgenommen.
Jeder Neuseelandbesucher wird die »großen Wunder« des Inselstaates kennenlernen, die berühmten Fjorde, Vulkane, Gletscher, Thermalgebiete und Urwälder. Tatsächlich bietet wohl kaum ein anderes Land so viele landschaftlichen, geologischen und ökologischen Kontraste auf kleinstem Raum. Neben den berühmten Höhepunkten gibt es jedoch unzählige kleine, nicht weniger faszinierende Naturgeheimnisse zu entdecken. Man findet sie entlang der Wanderwege, in den Nationalparks und Schutzgebieten, an Seeufern und Meeresküsten. Auch »kleine Wunder« sollen in diesem Reiseführer nicht zu kurz kommen.
Neuseeland ist ein Reiseziel für Individualisten. Der Massentourismus hat die Inselgruppe bis heute kaum erreicht. Seine betonierten Erfolgssymbole haben das »schönste Ende der Welt« bisher verschont. Immer gleiche Strandresorts und trostlose Feriensiedlungen sucht man hier bislang vergebens. »Wie lange noch ?« lautet die Frage, die viele Besucher beschäftigen wird....
Nur innovative Planung und ein kritisches Selbstverständnis wird die neuseeländische Tourismusindustrie davor bewahren, Fehler anderer Länder nachzuahmen. Zum Leitfaden könnte die Erkenntnis werden, daß gerade das »Unerschlossene« diese Inseln so besonders attraktiv macht. Ihre einzigartigen Naturlandschaften werden nur dann weiterhin Bildbände schmücken, wenn sie unberührt bleiben. Der reisebegeisterte Naturfreund trägt einen großen Teil dieser Verantwortung. Sanfter Tourismus kann nur bei uns selbst beginnen. Hierbei will der vorliegende Führer einen konstruktiven Beitrag leisten. In diesem Sinn sind auch die häufigen Verhaltenshinweise zu verstehen. Letztendlich trägt jeder einzelne dazu bei, daß diese Inseln so schön bleiben, wie sie heute sind.
Ein Naturführer über Neuseeland kommt nicht umhin, die Siedlungsgeschichte des Landes kritisch zu hinterfragen. Es ist nur etwa 1000 Jahre her, daß Menschen Aotearoa, wie sie das Land nannten, entdeckt haben. Erst vor 2 Jahrhunderten begannen auch die Europäer sich dort niederzulassen. Sie haben das Gesicht Neuseelands seither stark geprägt, haben viel Natur- in Kulturlandschaft verwandelt. Kein anderes Land der Erde wurde in einer so kurzen Zeitperiode ähnlich massiv verändert. Bei aller Begeisterung für das »grüne« Neuseeland sollten wir nicht vergessen, wie urwüchsig die Urwaldinseln noch vor 150 Jahren waren. Daß ihre einzigartige Naturwelt bereits viel gelitten hat, wird uns dabei bewußt werden. Daß Pioniersiedler meist aus einer engen historischen Perspektive handelten, werden wir verstehen können. Aus diesen geschichtlichen Erfahrungen zu lernen, wird uns helfen, alte Fehler zu vermeiden. Ein zukunftsbewußtes globales Denken ist heute mehr denn je gefordert. Als hoffnungstragendes Leitmotiv möge eine alte Weisheit der Maori dienen:

»Toitu he kainga, whatungarongaro
he tangata...«

Die Menschen kommen und gehen, das Land bleibt für immer bestehen...

Matthias Schellhorn

Einführung

Zur Benutzung des Buches

Dieser Reiseführer soll dem Leser dabei helfen, die abwechslungsreiche Naturwelt Neuseelands mit ihren fremdartigen Pflanzen und Tieren möglichst intensiv kennenzulernen. Dabei liegt der Schwerpunkt auf Wanderwegen, die typische Landschaften und interessante Lebensräume erschließen. Um das Buch optimal nutzen zu können, sollte man sich vorab mit seinem Aufbau vertraut machen.
Die »**Kleine Landeskunde**« beschreibt die erdgeschichtliche Entstehung der Inseln, die Großlandschaften und ihr Klima. Es folgen Kapitel über Pflanzen und Tiere sowie eine kurze Geschichte der menschlichen Besiedlung. Letztere verdeutlicht, wie der Mensch die Natur des Landes beeinflußt hat.
Den Hauptteil des Buches nehmen die Natursehenswürdigkeiten der 4 Inseln – North, South, Stewart und Great Barrier Island – ein. Sie sind in 20 Haupt- und 11 Nebenreiseziele unterteilt. Die **Übersichtskarte** in der hinteren Buchklappe zeigt, wo diese Gebiete liegen.
Die »**Hauptreiseziele**« wurden in Form einer vorteilhaften Reiseroute von Auckland (Nordinsel) nach Christchurch (Südinsel) angeordnet und numeriert. Die präzise Beschreibung dieser Gebiete macht den Leser mit der Naturkunde Neuseelands vertraut. Hauptreiseziele umfassen quasi die »**Naturhöhepunkte**« des Landes. Ihre besonderen Attraktionen sind jeweils stichwortartig am Kapitelanfang aufgelistet. Diese »**blauen Kästchen**« verschaffen einen schnellen Überblick. Der erste Abschnitt erläutert dann historische und geologische Zusammenhänge, der folgende beschreibt die Pflanzen und Tiere der Region. Interessante Artmerkmale werden beispielhaft erwähnt und möglichst viele Arten in Bildern vorgestellt. Querverweise zeigen an, daß man in einem anderen Kapitel mehr zu einem bestimmten Thema, einer Pflanze oder einem Tier erfährt. Dabei verweißt »S.... « auf ein Foto und »s.S.... « auf eine Textstelle. Landschaftsaufnahmen verdeutlichen häufig auch geologische Erscheinungen oder zeigen interessante Lebensräume. Essays (ebenfalls blau unterlegt) informieren über besondere Themen.
Wo immer möglich werden deutsche **Artnamen** verwandt. Als Vorlage diente für die Vögel »Wolters, Die Vogelarten der Erde« (1982), für die übrigen Tiere »Grzimeks Enzyklopädie« (1988). Besonders bei den überwiegend endemischen Pflanzen gibt es kaum eindeutige deutsche Namen. In solchen Fällen wurden meistens bekannte Maorinamen benutzt, gelegentlich auch englische. Wissenschaftliche Namen *(Kursivschrift)* treten im Text selten auf. Man kann sie jedoch dem Wörterbuch der Tier- und Pflanzennamen (S. 191 ff.) entnehmen. Dort sind englische Artnamen sowie bekannte Maorinamen auch ins Deutsche übersetzt (und umgekehrt).
Jedes Hauptreiseziel enthält unter der Rubrik »**Im Gebiet unterwegs**« mehrere Wandervorschläge. Sie sind numeriert und in der Gebietskarte des Kapitels verzeichnet. Auf diesen Routen wird man einige der abgebildeten oder beschriebenen Biotope und Arten entdecken können. Die abgekürzten Zeitangaben (z. B. 3,5 Std. = 3 1/2 Stunden) beziehen sich, falls nicht anders vermerkt, stets auf die einfache Wegstrecke. Weitere Hinweise dienen Naturaktivitäten wie Boots- und Kajakfahrten. Die Liste der Vorschläge soll keineswegs vollständig sein, sondern typische Lebensräume eines Gebietes erschließen. Einzelheiten zu Anfahrt und Aufenthalt findet man unter der Rubrik »**Praktische Tips**«.

Als Informationsstellen empfehlen sich die Büros der Naturschutzbehörde Department of Conservation (DoC). Ihre Adressen sind ebenso verzeichnet wie die von besonders naturnah gelegenen Unterkünften. Diese sollte man in der Regel telefonisch vorausbuchen. Das selbe gilt für Bootsausflüge und Leihkajaks.
Ein »**Blick in die Umgebung**« enthält Schutzgebiete nahe des Hauptreisezieles, die einen Abstecher lohnen. Meist passiert man sie bei der An- oder Weiterfahrt.
Die **Nebenreiseziele** sind für einen längeren Aufenthalt gedacht. Dort trifft man oft auf ähnliche Lebensräume, Tiere und Pflanzen wie in den Hauptreisegebieten. Manche Nebenreiseziele kann man von Christchurch oder Auckland aus in wenigen Stunden erreichen.
Das Schlußkapitel »**Reiseplanung**« erleichtert die Vorbereitung. Autofahrer finden hier ebenso hilfreiche Tips wie Radfahrer, Wanderer und Vogelfreunde.

Das **Literaturverzeichnis** am Ende des Buches enthält Bestimmungsbücher sowie naturkundliche Werke, die leicht verständlich sind. Einige kann man in den empfehlenswerten Besuchszentren der Nationalparks erwerben; die übrigen findet man in städtischen Buchhandlungen.
Das **Register** enthält einen gesonderten Sachteil. Es listet Orte, Schutzgebiete, Landschaften und näher behandelte Themen auf. Im Artenregister kann man alle Tier- und Pflanzennamen nachschlagen, die im Text erwähnt sind.

Zeichenerklärungen für die Karten im Text

Um die Übersichtlichkeit der Karten zu gewährleisten, wurden vor allem die für den Touristen interessanten Informationen aufgenommen. Die verwendeten Symbole werden in der folgenden Übersicht erklärt. Weitere Sonderzeichen sind in der jeweiligen Karte erläutert, wenn sie nur in diesem Gebiet verwendet werden.

Verwendete Kartensymbole

- 94 *Hauptstraße mit Highway-Nummer*
- *Nebenstraße, z.T. ungeteert*
- *Wanderweg, Fußpfad*
- *Fluß*
- *Schiffs- oder Fährverbindung*
- *Steilkante, Felsabbruch*
- *See, Meer*
- *Land*
- *Nationalpark, Schutzgebiet*
- *Stadt*
- *Watt*
- *Sumpf, Moor*
- *Schotterebene, breites Flußbett (Flußverwilderung)*
- *Flughafen, Flugpiste*
- *Informationszentrum, Department of Conservation (DoC)*
- *Camping*
- *Ortschaft*
- *markanter Punkt, Weiler*
- *Wanderhütte (unbewirtschaftet, Schlafsack benötigt)*
- *Berg*
- * *Aussichtspunkt*
- *Höhle*
- P *Wanderparkplatz*
- *Unterkunft (Hotel, Motel, Lodge)*
- *Thermalgebiet*
- (3) *Besuchspunkte (mit Querverweisen im Text)*

R. = River (Fluß) *Rd. = Road (Straße)*

Kleine Landeskunde

Lage und Größe

Gelegentlich findet man vereinfachte Weltkarten, deren rechter Rand eben noch die Ostküste Australiens zeigt. Das etwa 2000 km weiter südöstlich gelegene Neuseeland wird einfach vergessen. Dabei hat der Inselstaat mit 266 171 km² eine größere Flächenausdehnung als Großbritannien. Die drei nahe beieinander liegenden Hauptinseln (North-, South- und Stewart Island) erstrecken sich zwischen 47 ° und 34,5 ° südlicher Breite über eine Distanz von 1600 km. Auf Europa übertragen entspricht diese geographische Breitenausdehnung etwa der Entfernung von Nord-Marokko bis zu der Zentralschweiz. Das schmale Land ist langgestreckt, so daß kein Punkt mehr als 130 km vom Meer entfernt ist. Nord- und Südinsel verfügen über eine feingegliederte Küste von insgesamt fast 10 000 km Länge.
Zum Staatsgebiet gehören auch die tropennahen Kermadecs sowie mehrere unbewohnte subantarktische Inselgruppen (Bounty, Snares, Campbell, Auckland, Antipode). Auf den Chatham Islands, 800 km östlich von Christchurch, leben 750 Einwohner. Seit 1923 beansprucht Neuseeland mit der Ross Dependancy außerdem einen Teil der Antarktis.

Entstehung und Landschaften

Die Frage der erdgeschichtlichen Entstehung Neuseelands führt mehr als 250 Mio. Jahre zurück in das Erdzeitalter des Paläozoikums. Damals bildeten das heutige Australien, Südamerika, Afrika, Vorderindien und die Antarktis als zusammenhängende Landfläche den Urkontinent **Gondwanaland** (s. Grafik). Durch seine Küstenlage am Rande dieser riesigen Landmasse war Ur-Neuseeland den Formungsprozessen einer starken geologischen Dynamik ausgesetzt. Massive Landhebungen wechselten mit Perioden des Absinkens unter den Meeresspiegel. Dramatische Orogenesen (Gebirgsbildungsphasen) formten das Grundrelief der Gebirgszüge. Die Spuren mächtiger Ablagerungen finden sich heute in Form von Fossilien und Sedimentgesteinen.
Vor etwa 150 Mio. Jahren begann Gondwanaland in einzelne Teile aufzubrechen. Im Alttertiär verteilten sich Ozeane und Land allmählich in ihre gegenwärtigen geographischen Positionen. Neuseeland, zunächst noch mit Australien verbunden, begann vor etwa 80 Mio. Jahren nach Südosten abzudriften. Seither ist die Inselgruppe isoliert.
Die moderne Theorie der Tektonik erklärt die Kontinentaldrift dadurch, daß die Erdoberfläche in verschiedene Platten unterteilt ist. Sie schwimmen gleichsam auf der Erdkruste und verschieben sich gegeneinander. Neuseeland liegt an einer Kollisionszone, da hier die pazifische Platte auf die indisch-australische stößt. An der Nord- und Südinsel tauchen diese Platten jeweils in entgegengesetzter Richtung un-

Gondwanaland
vor 280-230 Millionen Jahren (nach G.R. Stevens)

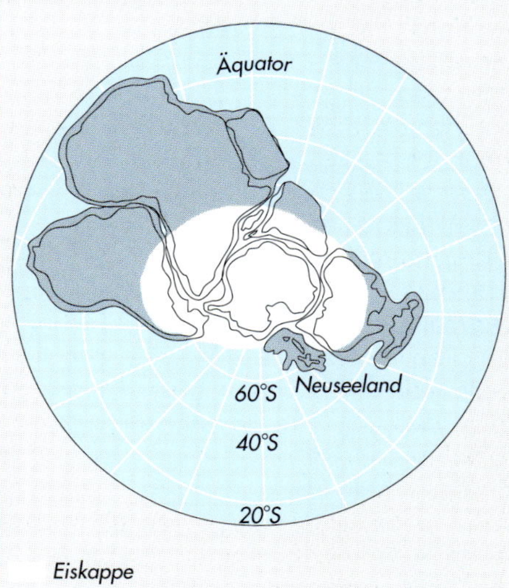

Vulkanausbrüche verändern fortwährend die Landschaft - Blick in den aktiven Ngaurahoe-Krater.

tereinander ab (s. Grafik). Dadurch entsteht ein instabiles geoaktives Zentrum seismischer und vulkanischer Energie. Wo Gesteinsmassen zum Erdinneren hin abtauchen und schmelzen, kann glutflüssiges Magma als Lava an die Oberfläche dringen. **Erdbeben** und **Vulkanismus** haben die Landschaft Neuseelands besonders auf der Nordinsel stark geprägt.

Die letzten 2 Mio. Jahre sahen heftige Klimaschwankungen. Während verschiedener **Eiszeit-Epochen** waren große Landesteile vergletschert. Gleichzeitig sank der Meeresspiegel, und zwischen den 3 Hauptinseln entstanden Landverbindungen.

In den interglazialen Wärmeperioden schmolzen die Gletscher weitgehend ab, letztmals vor rund 10 000 Jahren. Sie hinterließen vor allem auf der Südinsel jeweils neue Oberflächenformen. Das heutige Landschaftsbild entspricht der Momentaufnahme einer dynamischen Entwicklungsgeschichte.

In der starken geographischen Gliederung lassen sich die im folgenden beschriebenen Großräume abgrenzen.

Die von Fiordland nordöstlich verlaufenden Kämme der **Südalpen** bilden das Rückgrat der Südinsel. Mit dem Mt. Cook als höchstem Gipfel (3754 m) gehören sie zu den großen Faltengebirgen der Erde. Sie finden ihre Fortsetzung in den bis 1700 m hohen **Mittelgebirgen**, die sich von Wellington zum Ostkap der Nordinsel ziehen.

Eingekeilt zwischen 2 Erdkrustenplatten, die sich übereinanderschieben: Neuseeland ist eine Region seismischer Spannung (Grafik nach K. B. Cumberland).

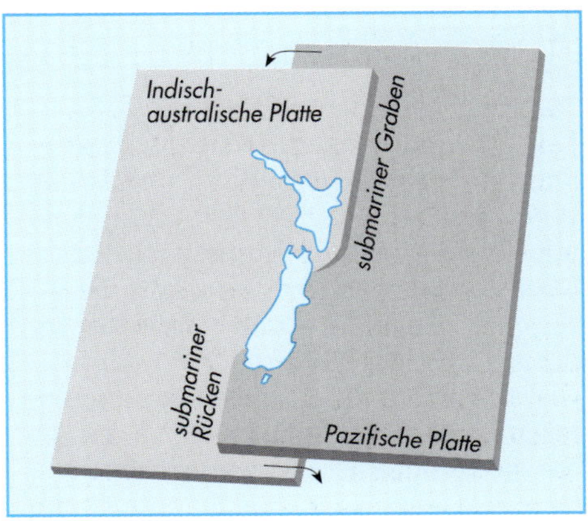

Tektonische Kräfte bewirkten neben Gebirgsaufwürfen auch seitliche Bewegungen in der Erdkruste. Dadurch rissen ganze Gesteinsblöcke auseinander und »wanderten« in neue Positionen. Die ältesten Gesteine liegen heute, weit voneinander getrennt, im Süden und Nordwesten der Südinsel (s. auch S. 105).

Die letzte große Aufwurf- und Faltungsphase der Kaikoura-Orogenese dauert bis heute an. In ihrem Verlauf kam es zu spektakulären Anhebungen bis 20 km über den Meeresspiegel.
Dieser Aufbauprozeß fand in der natürlichen Erosion und Abtragung ein destruktives Gegengewicht. Flüsse wie der Rakaia oder Waimakariri transportierten riesige Mengen von Schottermaterial an die Küsten. So entstanden **Schwemmlandebenen**, deren größte die Canterbury Plains um Christchurch ist. Die trockenen **intramontanen Becken** Zentral-Otagos und des Mackenzie Country liegen im Regenschatten direkt östlich des Alpenhauptkammes. Hier unterbrechen breite, schotterige Flußverwilderungen (s.S. 135) und lange Zungenbeckenseen die endlos erscheinende Grassteppe.
Auf der Nordinsel dominieren Landschaftsformen des **Vulkanismus**. Im aktiven Zentralmassiv des Tongariro-Nationalparks befindet sich der höchste Berg der Insel (Mt. Ruapehu, 2797 m) . Ungefähr 100 km östlich bestimmt der Mt. Taranaki als klassischer Schichtvulkan die Topographie der Ostküste.
Das **Zentralplateau** dehnt sich um Lake Taupo nach Norden hin bis Rotorua aus. Die meist ebene Hochfläche wurde aus dem Eruptionsmaterial vergangener Jahrtausende aufgeschichtet. Das Kraterbecken des 357 m hoch gelegenen Taupo-Sees entstand in einer Serie dramatischer Vulkanexplosionen, die zu den stärksten der Erdgeschichte zählen (s.S. 76). Den größten See Neuseelands entwässert der Waikato-Fluß, der mit 354 km der längste des Landes ist. Er durchfließt eine leicht hügelige Ebene und mündet südlich von Auckland in das Tasmanische Meer.
Die starke geographische Gliederung der Inseln wird besonders im Küstenverlauf deutlich. Am eindrucksvollsten sind die steilen, gletschergeschliffenen Trogtalbuchten **Fiordlands** (S. 148). Jeweils im Nordosten der Hauptinseln bieten die Marlborough Sounds (S. 90) und die Bay of Islands (S. 33) gute Beispiele für **Riaküsten**: Zwischen »versunkenen Flußtälern« springen die Kämme ehemaliger Bergzüge heute als steile Halbinseln vor. An den Nordwestspitzen beider Inseln finden sich ausgeprägte **Dünenlandschaften** hinter langgezogenen **Ausgleichsküsten** (S. 105). Hier lassen sich die Formungskräfte von Wind und Meeresströmung besonders gut beobachten.
Stewart (s.S. 157), Great Barrier (s.S. 184) und D'Urville Island sind die größten der **vorgelagerten Küsteninseln**, Rangitoto (S. 28) und die aktive White Island bilden typische Beispiele von **Vulkaninseln**.

Klima

Neuseeland hat ein gemäßigtes Klima mit vier ausgeprägten Jahreszeiten. Die isolierte Lage im Südpazifik sorgt für einen stark ozeanischen Einfluß. Das Wetter ist, zumindest in den küstennahen Regionen, milder als in vergleichbaren Breiten Kontinentaleuropas. Trotz der langen Nord-Süd-Ausdehnung schwanken die Temperaturen regional nur geringfügig. Vorherrschende Westwinde bestimmen das Wetter. Sie führen periodisch Hochdruckzellen von Australien über das Tasmanische Meer. In den Tiefdrucktrögen dazwischen treffen warme tropische auf kalte subpolare Luftmassen. Es entstehen Frontalzonen, die regelmäßig über die Inseln ziehen und für wechselhaftes Wetter sorgen.

Lokale Unterschiede, Niederschläge

Vor allem im Westen der Südinsel bilden die küstennahen Alpen eine hohe Wetterbarriere. Die Luftmassen, die bei ihrer langen Ozeanüberquerung viel Feuchtigkeit aufgenommen haben, steigen an den Westflanken des Hochgebirges auf. Sie kühlen ab und entladen über der Küstenregion starken Regen und in den Hochlagen häufig Schnee. In Fiordland, eines der regenreichsten Gebiete der Erde, fallen jährlich bis zu 8000 mm Regen.

Auf der Leeseite des schmalen Gebirgskammes ergibt sich ein völlig anderes Bild: Nach Osten hin verringern sich die Niederschlagswerte markant (Queenstown: 830 mm, Christchurch: 670 mm) . Der trockene Fallwind äußert sich in Canterbury als warmes Föhnwetter.

Wegen der geringeren Höhe der Gebirge ist der klimatische Ost-West-Gegensatz auf der Nordinsel weniger stark ausgeprägt, die Niederschläge verteilen sich geographisch gleichmäßiger.

Jahreszeiten

Durch die Schrägstellung der Erdachse während des Umlaufs um die Sonne, entstehen auf den beiden Erdhalbkugeln zum selben Zeitpunkt unterschiedliche Jahreszeiten. Am 21. Juni etwa steht die Sonne senkrecht über dem nördlichen Wendekreis und bewirkt in der Südhemisphäre den kürzesten Tag. Am 21. Dezember erreicht sie ihren Höchststand über dem Südwendekreis: Auf der Nordhalbkugel beginnt der Winter, in Neuseeland der **Sommer**. Von Mitte Dezember bis Anfang März können beide Inseln Temperaturhöchstwerte um 30°C erreichen. Das Wasser im Meer und den tiefer gelegenen Seen erwärmt sich auf knapp über 20°C.

Im **Herbst** (Mitte März bis Mitte Juni) ist das Wetter am ausgeglichensten. Die Nordinsel und der Osten der Südinsel genießen längere Sonnenperioden, die regelmäßig von passierenden Frontalzonen unterbrochen werden.

Die **Wintermonate** (Mitte Juni bis Mitte September) bringen den Höhenlagen des Landesinneren verstärkt Schneefälle und im Süden selbst in Küstennähe Frosttage. In Auckland und Northland regnet es häufig, während die Westküste der Südinsel nun ihre geringsten Niederschlagswerte hat. Über dem südlichen Zentral-Otago und dem vulkanischen Plateau der Nordinsel erreichen die Inseln jeweils ihre größte Breitenausdehnung. Diese Regionen sind daher klimatisch am ehesten kontinental geprägt. Sie weisen die kältesten Winter und stärksten Temperaturgegensätze auf.

Im **Frühling** (Mitte September bis Mitte Dezember) ist der Westwindeinfluß am stärksten. Das Wetter ist wechselhaft und vor allem im Westen sehr feucht. Besonders in South Westland kann es dann zu verheerenden Überschwemmungen kommen.

Sonne, Wind

Besucher werden sich vor allem über die allgemein hohen Sonnenstundenzahlen freuen. Sie betragen in vielen Landesteilen mehr als 2000 Stunden pro Jahr. Die Regenschattenbuchten im Norden beider

Strauchveronikas wie »Koromiko« erkennt man an ihren symmetrisch angeordneten Blättern.

Inseln (Tasman Bay, Bay of Plenty) sowie die nordöstlichen Ebenen um Blenheim und Hawkes Bay sind besonders sonnenverwöhnt. Sie erreichen jährliche Spitzenwerte bis zu 2400 Stunden (zum Vergleich: Hamburg–1380, Zürich–1674, Wien–1891). Der Wind als fast ständiger Begleiter läßt die Hitze selten als unangenehm erscheinen. Um so mehr sei vor den schädlichen Folgen übermäßiger UV-Einstrahlung gewarnt, die wegen der fortgeschrittenen Zerstörung der Ozonschicht für Neuseeland eine ernste Gefahr darstellt.

Blüte der »Green-hooded Orchid«. Viele der 70 anderen Orchideenarten sind eher unscheinbar.

Pflanzen und Tiere

Vegetation

Das gemäßigte, ozeanisch beeinflußte und häufig feuchte Klima Neuseelands begünstigt **immergrünen Regenwald** als natürliche Vegetation der Hauptinseln. Noch vor einem Jahrtausend bedeckte Waldvegetation mehr als 3/4 des Landes. Polynesische und europäische Siedler reduzierten diese Urwälder so stark, daß sie heute noch 22% der Landfläche einnehmen.

Die wichtigsten Vegetationszonen (alle von gemäßigtem Klimatyp) sind:

❐ **Koniferen-Hartholz-Wälder** bilden besonders komplexe Mischgesellschaften. Der Begriff »Hartholz« umfaßt hier die meist endemischen immergrünen Laubbäume. Auffallend ist der charakteristische Stockwerkaufbau dieser gemäßigten Regenwälder (s.S. 69) sowie ihre Vielfalt an Farnen, Kletterern und Epiphyten. Man unterscheidet verschiedene Bestandtypen:

Die **Podocarpaceen-Hartholz-Wälder** werden meist von stattlichen Südkoniferen aus der Familie der Podocarpaceen (s.S. 121) dominiert. Man findet sie vor allem im Tiefland und in den unteren Höhenlagen der Nordinsel, der westlichen Südinsel und auf Stewart Island. Die Zusammensetzung dieser Mischwälder variiert je nach Standort, Bodentyp und Lokalklima. Kamahi (S. 86), die häufigste Laubart des Landes, formt oft eine dichte Kronenschicht. Besonders an den Bergrücken beider Hauptinseln treten auch häufig Südbuchenarten (S. 129) hinzu.

Die **Kauri-Podocarpaceen-Hartholz-Wälder** wachsen nördlich des 38. Breitengrades. Der bis zu 50 m hohe Kauribaum (S. 44),

Drachenblatt-Buschwerk über einer Baumgrenze aus Südbuchen. Der grasgrüne Inaka-Strauch überwiegt.

Neuseelands einziger Vertreter der Araukariengewächse, überragt diese warmgemäßigten Regenwälder. Holzeinschlag hat die einst ausgedehnten Bestände stark reduziert.

Früher gab es ausgedehnte **Podocarpaceen-Wälder**, in denen die Baumriesen dieser archaischen Koniferenfamilie das Bild bestimmten. Diese majestätischen Tieflandwälder mußten leider fast überall Farmland weichen. Kleine Restbestände überleben heute nur noch in South Westland und auf dem Zentralplateau (S.73).

❐ **Hartholz-Küstenwälder:** In Meeresnähe dominieren meist breitblättrige Laubbäume, im Norden vor allem Pohutukawa (S. 30) und Puriri (S. 40). Andere typische und an der Küste weitverbreitete Arten sind Ngaio, Karaka und Mahoe (S. 95).

Die alpine »Penwiper« hat ein starkes Wurzelwerk. Sie kann selbst unstabilen Gebirgsschutt besiedeln.

Ein Mangrovenbaum der Gattung *Avicennia* bildet in Ästuaren nördlich von Auckland große Reinbestände (S. 37). An seiner Südgrenze in der Bay of Plenty entwickelt er nur noch einen kniehohen Busch.

❒ Südbuchenwälder bestehen aus einer oder mehreren Arten der Gattung *Nothofagus* (s.S.129). Sie bilden heute südlich des 37. Breitengrades die ausgedehntesten Waldgebiete des Landes. In subalpinen Regionen formen sie häufig die Baumgrenze, oft in nahezu reinen Beständen. Der Südbuchenwald erscheint homogener als die komplexen Koniferen-Hartholz-Gesellschaften. Der Stockwerkaufbau ist stark vereinfacht, das Unterholz lichter und offen, die Artenvielfalt geringer.

❒ Buschwerk formt einen natürlichen Vegetationsgürtel oberhalb der Baumgrenze. Es besteht aus winterfesten, immergrünen und typisch subalpinen Sträuchern wie den Drachenblättern der Gattung *Dracophyllum* oder verschiedenen Olearien-Arten. Die weitverbreiteten Strauchveronikas entstammen Neuseelands umfangreichster Gattung *Hebe*, die über 100 meist endemische Arten zählt. Auch hinter vielen Küsten wächst ein Band von windgepeitschtem, salztolerantem Gebüsch (S.157). Sekundärgestrüpp aus »Teatrees« (S.105) besiedelt hauptsächlich Rodungsflächen und vulkanische Böden.

❒ Grasländer (s.S.144) umfassen 2 Typen, in denen büschelartige Bültengräser (»Tussock«) vorherrschen. Das niedere Bültengrasland »**Short Tussock**« wird bis 50 cm hoch. Es bildet die zonale Vegetation halbtrockener Gebiete wie Zentral-Otago. Sie ist heute auch auf der östlichen Südinsel unter 900 m weit verbreitet und wird dort meist landwirtschaftlich genutzt. Schwingel- und Rispengräser (*Poa*, *Festuca*) überwiegen.

Das hohe Bültengrasland »**Tall Tussock**« kommt natürlich vor allem über der Baumgrenze vor und formt dort die Hauptvegetation der unteren Alpinstufe. Es gedeiht in halbtrockenen Regionen auch auf mittlerer Höhe und auf tonigen Moorböden selbst in tieferen Lagen. Diesen Graslandtyp dominieren die bis 2,5 m hohen Büschelgräser der Gattung *Chionochloa*. Zu ihnen zählen die alpinen »Snow Tussocks« und der weitverbreitete »Red Tussock«.

Die neuseeländischen Inseln sind mit weniger als 2000 höheren Pflanzenarten floristisch ärmer als manche vergleichbar großen temperierten Gebiete. Das Land zeichnet sich jedoch durch eine außerordentliche **ökologische Vielfalt** aus. Die einzelnen Pflanzengesellschaften erweisen sich durch ihre zahlreichen Arten, verschiedenen Wuchsformen und mannigfaltigen Lebensbeziehungen als erstaunlich komplex. Sie formen, eng verwoben mit der Tierwelt, ein faszinierendes Mosaik verschiedener Ökosysteme. In Europa müßte man tagelang reisen, um so viele unterschiedlichen Biotope anzutreffen wie hier auf engstem Raum.

Generell zeigt die Vegetation einige auffallende Merkmale:

❒ Charakteristisch für die Inselflora ist ihr hoher Grad an **Endemismus** (s.S. 38). Etwa 85% der Blütenpflanzen, viele der niederen Pflanzen und alle Nacktsamer kommen nur im neuseeländischen Naturraum vor.

❒ Fast alle Bäume und Sträucher sind **immergrün** – dem ozeanischen Klima entsprechend.

❒ Die Blüten sind eher **unauffällig**, häufig klein und meistens weiß oder grünlich gefärbt – eine Anpassung an die vorherrschenden Insektenbestäuber.

❒ Man stößt häufig auf **große** Pflanzen. Dies fällt europäischen Besuchern z. B. dann auf, wenn sie durch schulterhohes Bültengras wandern und den größten Hahnenfuß der Welt (S.139) bestaunen.

❒ Pflanzen **tropischer Verwandschaft** sind mit 30 Familien und etwa 90 Gattungen für eine gemäßigte Klimazone relativ häufig vertreten.

❒ Als Neuseeland sich von Australien abtrennte, beheimatete es Pflanzen aus dem Urkontinent Gondwanaland. Ihre Nach-

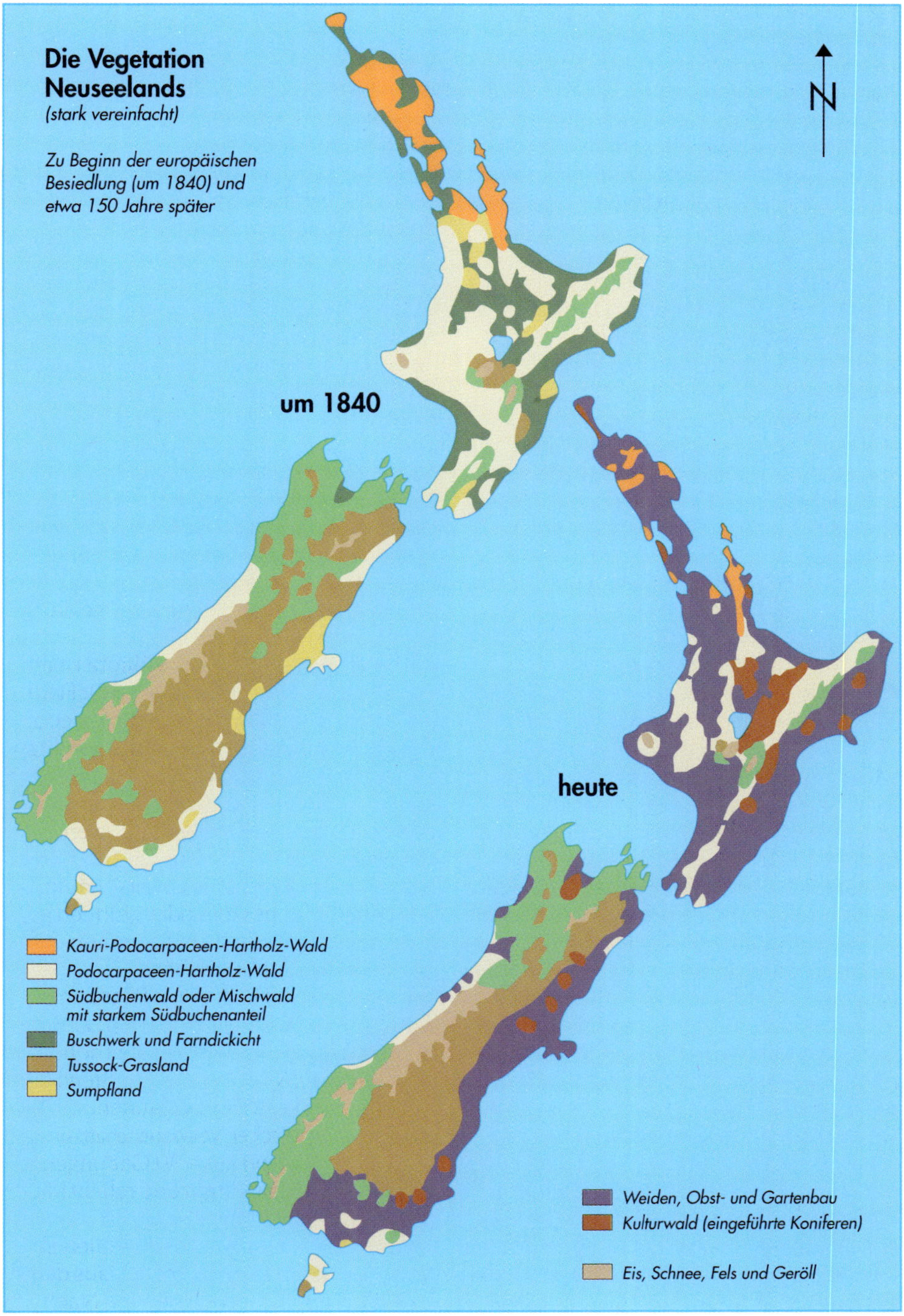

Die Vegetation Neuseelands
(stark vereinfacht)
Zu Beginn der europäischen Besiedlung (um 1840) und etwa 150 Jahre später
N
um 1840
heute
Kauri-Podocarpaceen-Hartholz-Wald
Podocarpaceen-Hartholz-Wald
Südbuchenwald oder Mischwald mit starkem Südbuchenanteil
Buschwerk und Farndickicht
Tussock-Grasland
Sumpfland
Weiden, Obst- und Gartenbau
Kulturwald (eingeführte Koniferen)
Eis, Schnee, Fels und Geröll

kommen stellen heute ein ausgeprägt **archaisches Element** der Flora dar.
Die Vegetation variiert nicht nur zwischen dem milderen Norden und kälteren Süden. Gebirgsregionen zeigen auch eine deutliche **Höhenabstufung.** Sie läßt sich besonders gut an küstennahen Berghängen wie im Egmont-Nationalpark (s.S. 84) beobachten. Die Baumgrenze liegt am Mt. Taranaki bei etwa 1100 m, nimmt in den südlicheren Bergregionen ab und erreicht in Southland nur noch 900 m. Die hochinteressante **Alpinvegetation** umfaßt 600 höhere Pflanzenarten, von denen rund 95 % endemisch sind. Sie konnte sich einzigartig an die überaus rauhen Klimabedingungen der Gebirgswelt anpassen. Dies erstaunt um so mehr, wenn man bedenkt, daß Neuseelands Gebirge geologisch jung sind. Ihre kurze Evolutionsphase von weniger als 3 Mio. Jahren mag auch erklären, warum viele Alpenpflanzen hybridisieren. Offensichtlich konnten sich genetische Schranken, die solche Kreuzungen verhindern, noch nicht entwickeln.
Geologische Ereignisse wie Erdrutsche und Vulkanausbrüche haben das Vegetationsbild fortwährend beeinflußt. Auch **Klimaveränderungen** waren bedeutsam. Deutliche Spuren hinterließen vor allem die Vergletscherungen der Eiszeit, die nie das ganze Land bedeckten. Die Vegetation konnte sich in einzelne eisfreie Refugien zurückziehen und verbreitete sich wieder, als die Temperaturen stiegen. Nicht alle Pflanzen waren jedoch gleichermaßen erfolgreiche Wiederbesiedler. Südbuchen z.B., deren schwere Samen vom Wind verbreitet werden, fehlen bis heute im Egmont-Gebiet, im mittleren Westland und auf Stewart Island.
Der **Mensch** hat in seiner kurzen Besiedlungsphase das Vegetationsbild direkt und indirekt stark verändert. Die Beispiele ursprünglicher Pflanzengesellschaften, die sich bis heute erhalten konnten, sind daher besonders wertvoll und unbedingt schutzbedürftig.

Fauna

In der Kreidezeit, als Gondwanaland in einzelne Teile aufzubrechen begann, beherrschten Dinosaurier das Land. Die höheren Säugetiere begannen sich erst langsam über die Erde zu verbreiten. Für Neuseeland, das bereits seine lange Reise durch das Südmeer begonnen hatte, kamen sie zu spät. Mit Ausnahme von 2 Fledermausarten kennt die natürliche Tierwelt Neuseelands keine Landsäuger.
Als vor 80 Mio. Jahren die letzte Verbindung zu Australien abriß, lebten auf dem Archipel urtümliche Pflanzen und Tierformen. Viele dieser Arten, unter ihnen kleinere Dinosaurier, starben später aus. Die Nachfahren mancher überlebten jedoch bis in die moderne Zeit. Vertreter des **archaischen Gondwana-Typs** finden sich heute in allen Klassen der neuseeländischen Tierwelt. Der prominenteste unter ihnen ist sicherlich der flugunfähige Kiwi (s.S. 159). Mit ihm verwandt waren die heute ausgestorbenen Moas, die 2 primitive Familien von insgesamt 11 Laufvogelarten umfaßten. Einige von ihnen wurden fast so groß wie ein Strauß. Moas waren Pflanzenfresser, die sich hauptsächlich von den Blättern und Zweigen der Sträucher sowie von Waldfrüchten und Gräsern ernährten. Die Maori bejagten die Riesenvögel stark und rotteten sie in weniger als 1000 Jahren aus. Zumindest eine der kleineren Arten überlebte, von den ersten Europäern unbemerkt, bis in das frühe 19. Jh.
Die lange **Isolation** des Archipels führte dazu, daß sich nach dem Prinzip der adaptiven Radiation viele endemische Tierarten herausbildeten (s.S. 38). Sie überleben teilweise bis heute als einzige Nachkommen primitiver Urformen. Die Fauna weist auch australische, tropisch-melanesische und subantarktische Elemente auf: Auf dem Luftweg und über den Ozean erreichten immer wieder neue Lebewesen den Archipel, ein Prozeß der bis heute andauert. Offensichtlich bevorteilt sind dabei

Bedrohte Vögel, die nicht fliegen

Neuseelands Vogelwelt entwickelte in ihrer langen Isolation einen auffallenden Trend zur Flugunfähigkeit, zu langen Brutphasen und zum Riesenwuchs. Landvögel mit diesen evolutionären Tendenzen konnten hier ökologische Nischen (s.S.69) besetzen, die in anderen Erdregionen Säugetiere einnehmen. Da Bodenfeinde und Konkurrenten früher fehlten, war es nicht nötig, schnell zu flüchten, sich zu verstecken, wenig zu fressen oder kurz zu brüten. Ein typisches Beispiel sind die **Kiwis.** Sie durchstöbern nachts das Unterholz, wie man es vielleicht von einem Igel erwartet (S. 161). Vor Hunden brauchten sie sich früher nicht fürchten, Nistkonkurrenten wie den Fuchskusu (S. 42) kannten sie nicht und ihre Eier raubten weder Waldiltis noch Ratten.
Einige der »Flugunfähigen« zählen heute zu den seltensten Vogelarten der Erde. Hauptsächlich verwilderte Hauskatzen haben den moosgrünen, bis 2,5 kg schweren **Kakapo** fast ausgerottet. Sein süßlicher Geruch und sein lauter Balzruf verraten den über 60 cm großen Papagei leicht. Die Angewohnheit, bei Gefahr zu erstarren, macht ihn auch für europäische Raubmarder zur leichten Beute. Weniger als 50 Kakapos überlebten bis heute. Um sie vor eingeführten Feinden zu schützen, hat die Naturschutzbehörde die letzten Vögel dieser faszinierenden Art inzwischen auf entlegene Inselreservate (s. S. 38) überführt.
Der **Takahe** (S. 153) galt bereits als ausgestorben, als er 1948 in einem abgelegenen Hochtal Fiordlands wiederentdeckt wurde. Die etwa 60 cm große Ralle bevorzugt eine nährstoffreiche »Diät« aus subalpinen Tussock-Halmen und Bergblumen. Nahrungskonkurrenz scheint hauptsächlich dafür verantwortlich zu sein, daß bis heute weniger als 200 Takahes überlebten: Die 1851 eingeführten Rothirsche fressen dieselben Pflanzen.

Mit dumpfem Balzruf lockt der Kakapo ein Weibchen in seine Erdmulde, heute allerdings meist vergeblich.

Baumgeckos wie der »Northland Green Gecko« sind gute Kletterer. Die meisten leben nachtaktiv.

Urfrösche zählen zu den primitivsten Amphibien. Sie haben weder Schwimmhäute noch Kehlsack.

Vögel und Insekten, während Landsäuger, Reptilien, Amphibien und Süßwassertiere geringere Chancen haben.
Nicht alle Neuankömmlinge können sich gleichermaßen erfolgreich in der neuen Heimat durchzusetzten. Für viele jedoch wartet eine Umgebung, in der die gewohnten Feinde und Konkurrenten fehlen. Dabei spielte der Mensch vor allem im 19 Jh. eine verhängnisvolle Rolle, indem er Tiere einführte, die sich ungestört vermehren konnten. Besonders die Säuger zerstörten oft innerhalb kürzester Zeit ganze Populationen einheimischer Tiere. Neuseeland hält heute weltweit einen der höchsten Anteile bedrohter und jüngst ausgestorbener Vogelarten. Die Geschwindigkeit mit der diese Entwicklungen vorangehen, veranlaßt manche Beobachter dazu, von einer ökologischen Katastrophe zu sprechen.
Als Subregion des australisch-ozeanischen Gebietes zählen die neuseeländischen Inseln tiergeografisch zur **Notogaea** (griechisch: Südland).

Vögel

Die Vogelwelt der neuseeländischen Region ist mit 191 Brutvogelarten nicht sehr reich. Manche sind jedoch stammesgeschichtlich uralt und viele haben sich auf interessante Weise an ihr landsäugerfreies Habitat angepaßt. Neuseeland beheimatet einige der seltensten Vogelarten der Erde. Zu den großen, flugunfähigen und daher besonders bedrohten Arten zählen Kakapo und Takahe (S. 153). Die huhnähnliche Wekaralle (S. 98) ist ein neugieriger Allesfresser, der zumindest auf der Nordinsel ebenfalls seltener wird. Unter den wenigen Landvögeln finden sich mit den flugunfähigen Kiwis (S. 161), den Lappenvögeln und den Maorischlüpfern drei endemische Familien. Die Lappenvögel, von denen nur noch der Graulappenvogel (S. 40) und der Sattelstar (S. 29) überlebten, zählen zu den ursprünglichsten Singvögeln der Erde.
Waldvögel wie z. B. die Maorifruchttaube (S. 49) übernehmen oft wichtige ökologische Funktionen. Viele fressen Baumfrüchte und verteilen dadurch Samen, die Honigfresser bestäuben zusätzlich nektartragende Blüten. Aus dieser Familie sind Tui (S. 45) und Makomako (S. 64) weit verbreitet, während der Hihi auf dem Festland ausgestorben ist. Im Südbuchenwald begegnet man oft verschiedenen Insektenschnäppern, auf den Gebirgsmatten vor allem dem Kea (S. 108). Er gilt als einziger Bergpapagei der Welt. Der ihm ähnliche Kaka (S. 151) bevorzugt alte Waldbestände.

Der »Rüssel« des männlichen See-Elefanten dient zum Brunftschrei. Er vergrößert sich zur Paarungszeit.

Die bis 10 cm große Riesenweta gilt als Gigant der Insektenwelt. Sie ist durch eingeführte Ratten gefährdet.

Unter den endemischen Wasservogelarten fällt die Paradieskasarka (S. 143) auf, die seltene Saumschnabelente (S. 67) bewohnt eher abgelegene Wildflüsse. Das Purpurhuhn (S. 101) hat sich gut an die Farmumgebung angepaßt.
Watvögel sind weit verbreitet, viele der arktischen Zugarten überwintern an den Küsten. Die 13 einheimischen Watvogelarten folgen teilweise festen Wanderrouten zwischen Nord- und Südinsel. Manche brüten im Binnenland auf den Schotterbänken breiter Wildflüsse. Die neuseeländische Inselregion birgt weltweit wahrscheinlich die größte Artenvielfalt an Seevögeln. 60% der 92 brütenden Taxa sind endemisch und schließen solche Raritäten wie den seltensten Pinguin (s.S. 167) ein. Stark vertreten sind auch Scharben, Albatrosse, Sturmvögel und Sturmtaucher.

Säugetiere

Zwei Fledermausarten, ursprünglich die einzigen Landsäuger, erreichten Neuseeland erst, nachdem es sich von Gondwanaland abgetrennt hatte. Von den Meeressäugern ist häuptsächlich der Neuseeländische Seebär (S. 133) an den Küsten weit verbreitet. Die größeren, typisch subantarktischen Arten der Ohren- und Hundsrobben besuchen gelegentlich die Südinsel (s.S. 166). In den Küstengewässern finden sich zahlreiche Walarten und mehrere Delphine, darunter auch der bedrohte endemische Hectordelphin (S. 173).

Reptilien

Die Brückenechse (S. 93), früher weit verbreitet und heute auf einige Schutzinseln beschränkt, wird häufig als »lebendes Fossil« bezeichnet. Neben diesem berühmten Urtier existiert eine hochinteressante Fauna von Skinken (S. 34) und Geckos. Ihre 59 Arten zeichnen sich mit einer Ausnahme dadurch aus, daß sie keine Eier legen, sondern lebensfähige Junge gebären. Andere Reptilien wie Schlangen, Landschildkröten und Krokodile fehlen.

Amphibien

Obwohl sie nur 3 winzige Arten umfaßt, ist Neuseelands ursprüngliche Amphibienfauna einzigartig. Die nur 2–5 cm großen, nachtaktiven *Leiopelma*-Frösche verstecken sich tagsüber unter Steinen, um nicht auszutrocknen. Da sie nicht am Wasser leben, entfällt das Kaulquappenstadium. Die voll ausgebildeten Jungfrösche schlüpfen direkt aus dem Ei. Wegen ihrer primitiven Merkmale und der extrem alten Stammesgeschichte bezeichnet man sie als Urfrösche.

Fische
Die Süßwasserfische umfassen nur etwa 30 Arten, von denen rund die Hälfte zur Südhemisphären-Familie der Galaxiidae zählt. Sie verbringen einen Teil ihres Lebenszyklus im Meer. Die beiden heimischen Aalarten ziehen Tausende von Kilometern durch den Pazifik, um alle in demselben tropischen Tiefseegraben zu laichen und dann zu sterben. Ihre Larven driften mit den Meeresströmungen wieder zurück und schwimmen später als Glasaale die Flüsse hinauf.
Wegen seiner langen Ausdehnung von den subantarktischen Inseln bis in subtropische Breiten weißt der Archipel eine reiche Meeresfauna auf. Über ein Viertel ihrer Fischarten sind ebenfalls endemisch.

Wirbellose
»Oft übersehen, aber faszinierend« – so könnte man Neuseelands archaische Lebensformen aus der terrestrischen Wirbellosenfauna beschreiben. Der primitive Stummelfüßer *Peripatus* weist Ähnlichkeiten mit Fossilienfunden auf, die 500 Mio. Jahre alt sind. Die wurmähnliche Kreatur trägt auch Insektenmerkmale und wird daher oft als biologisches Bindeglied bezeichnet. Auch die großen karnivoren Landschnecken der Gattungen *Powelliphanta* (S. 108) und *Paryphanta* waren bereits in den Wäldern Gondwanalands unterwegs.
Als Dinosaurier des Insektenreiches kann man die Langfühlerschrecken bezeichnen, die besser als »Weta« bekannt sind. Manche der über 100 Arten zählen zu den schwersten Insekten der Erde. Sie bewohnen Höhlen, Wälder oder selbst Hochgebirge.
Libellen werden in Neuseeland bis 13 cm groß. Unter den Schmetterlingen findet man mit dem Puririfalter (S. 71) eine uralte Reliktart. Als kuriose Tarnkünstler erscheinen die bis 15 cm langen Stabschrecken (20 Arten in Neuseeland) und die hellgrüne Gottesanbeterin (2 Arten).
Wanderfreunde beruhigt es sicherlich zu erfahren, daß Neuseeland, im Gegensatz zu Australien, **keine für den Menschen gefährlichen Tiere** beheimatet. Eine »kleine« Ausnahme macht die winzige Katipo-Spinne, deren schmerzhaften Biß ein Arzt behandeln sollte. Seit 1980 ist auch eine australische Rotrücken-Giftspinne eingeschleppt.

Mensch und Geschichte

In geographischer Isolation konnte sich die Natur Neuseelands noch bis vor 1000 Jahren ohne jeden menschlichen Einfluß entwickeln. Um das 10. Jh. – das genaue Jahr ist unbekannt – erreichten die ersten polynesischen Boote Aotearoa. »Das Land der langen weißen Wolke«, wie die Maori ihre Inseln heute noch nennen, wurde als letzte Region der Erde besiedelt.
Die **Polynesier** entstammen dem südchinesischen Kulturraum. Von dort wanderten vor etwa 5000 Jahren Bevölkerungsgruppen über Südostasien in die pazifische Inselwelt. Hauptmerkmal ihrer fortschreitenden technologischen Entwicklung war der Bootsbau und die Navigation. Auf geplanten sowie zufälligen Entdeckungsfahrten drangen sie schließlich bis zu den Gesellschaftsinseln um das heutige Tahiti vor. Von diesem Inselgebiet, das die **Maori** als ihr mystisches Ursprungsland »Hawaiki« besingen, erfolgte später die Entdeckung Neuseelands.
Erste Siedlungsspuren finden sich um die Ästuare der Flußmündungen. Sie zeichnen ein Bild semi-nomadischer **Sammler** und **Wildbeuter**, welche u.a. die Moavögel jagten. Neue Einwanderer folgten, und die Jäger-Sammler-Existenz der Frühphase fand ihre kulturelle Weiterentwicklung in der stärker vom Feldbau geprägten **klassischen Maorigesellschaft**. Ab dem 13. Jh. entstanden durch Pallisaden befestigte Dorfanlagen und terrassierte Gärten. Relativ hochentwickelte Gartenbaumethoden ermög-

Das »Marae« dient Maori-Sippen auch heute noch als soziales und spirituelles Zentrum.

lichten den Anbau der eingeführten Süßkartoffel an ihrer weltweit südlichsten Verbreitungsgrenze. Zwischen den rund 40 Stämmen kam es oft zu Kriegen, das Bewußtsein einer gemeinsamen Volksidentität fehlte. Hauptmerkmal der Religion war der **Ahnenkult**. Die Menschen verstanden sich als direkte Nachfahren einer Götterwelt, die verschiedene Naturkräfte verkörperte. Von ihr stammte die spirituelle Kraft des »**Mana**«, die auch allen Pflanzen und Tieren innewohnte. Dieser Glaube verpflichtete zu Respekt und Sorge für die Umwelt.

Dennoch geschahen Eingriffe in die Natur: Die ersten Siedler hatten die Kiore-Buschratte und den polynesischen Hund mitgebracht. Brandrodung für den Feldbau und zu Jagdzwecken reduzierte die Waldflächen auf der Südinsel um fast 50% und begünstigte die Verbreitung der niederen Grassteppen. Moa-Jagd und Habitatzerstörung beschleunigte die Ausrottung der flugunfähigen Riesenvögel bis zur Ankunft der ersten Europäer (s.S. 18).

Seit der holländische Entdecker Abel Tasman 1642 an der Westküste entlanggesegelt war, wußte man in Europa um die Existenz Neuseelands. Mit der Landung von James Cook, der die Inseln 1769 für die englische Krone in Besitz nahm, begann eine neue Ära in der Naturgeschichte des Landes. Walfänger und Pelzrobbenjäger ließen sich bald an den Küsten nieder und dezimierten die Bestände dieser Tiere bis an die Grenze der Ausrottung. Mit der planmäßigen Besiedlung durch englische Auswanderer setzte die intensive Ausbeutung der natürlichen Ressourcen ein. Die Kauriwälder des Nordens wurden hauptsächlich für den Bootsbau geschlagen (s.S. 41). Überall brannten landhungrige Pioniersiedler riesige Urwaldgebiete ab, um Nutzflächen für die expandierende Agrarwirtschaft zu schaffen (S. 17). Neue Pflanzen- und Tierarten wurden teils bewußt, teils unfreiwillig eingeschleppt, oft mit verheerenden Auswirkungen auf die einheimischen Ökosysteme. Prädatoren (Räuber), Nahrungskonkurrenz und vor allem Lebensraumzerstörung reduzierten den Bestand vieler Tiere bis zum Aussterben. Die Neuankömmlinge dagegen konnten sich in der Abwesenheit natürlicher Feinde und Konkurrenten unkontrolliert vermehren. Der australische Fuchskusu (S. 42), ein nachtaktiver Kletterbeutler (»Possum«), wurde 1837 als Pelzlieferant eingeführt. Seine Population beträgt inzwischen über 70 Mio. Tiere, die selektiv äsen und dadurch ganze Laubbestände vernichten. Eingeführte, meist europäische Pflanzen verdrängten heimische aus ihren ökologischen Nischen.

Seit 80 Mio. Jahren hatte sich auf Neuseeland eine einzigartige biologische Vielfalt in vollkommener Isolation entwickelt. Dagegen müssen 1000 Jahre menschlicher Besiedlung wie ein kurzer Moment erscheinen. Um so markanter sind die ökologischen Auswirkungen vor allem der letzten 150 Jahre europäischer Kolonisation.

Die meisten Nationalparks liegen im Gebirge . Das Foto zeigt die Natur und Kulturlandschaft am Taranaki-Vulkan.

1 Auckland und Umgebung

Hauraki Gulf Maritime Park: bedeutende Inselreservate, seltene Fauna, Vegetations-Sukzession auf Basalt; Vulkan-Isthmus mit abwechslungsreicher Küste: Mangrovenwatt, Flußästuare, hohe Felsklippen und Dünen im Wechsel mit zahlreichen attraktiven Sandstränden.

Der Anflug auf Auckland vermittelt einen ersten Eindruck von der besonderen Lage dieser »Stadt zwischen zwei Meeren«. Die Landbrücke, welche die Tasman-See und den Südpazifik hier voneinander trennt, mißt an ihrer schmalsten Stelle nur 2 km. Von Westen her schneidet der Manukau Harbour mit seinen ausgedehnten Wattflächen tief in den Isthmus ein. Direkt östlich des Stadtzentrums öffnet sich das Waitemata-Hafenbecken zum Golf von Hauraki hin. In Nord-Süd-Richtung erstreckt sich die Metropole mit ihren 830000 Einwohnern über eine Distanz von fast 50 km. Sie ist das unumstrittene wirtschaftliche Zentrum des Landes. Mit einer Ausdehnung von mehr als 1000 km^2 zählt die »heimliche Hauptstadt« zu den großflächigeren Städten der Erde. Zahlreiche Kraterkegel, die von einer intensiven **vulkanischen Geschichte** zeugen, lockern das Landschaftsbild auf. Die Gipfel sind oft herrliche Aussichtspunkte. An den terrassierten Flanken erkennt man heute noch sehr gut erhaltene Siedlungsspuren. Sie stammen von Maoristämmen, die vor der europäischen Stadtgründung im Jahre 1840 die Region bewohnten. Die Geographie Aucklands läßt ahnen, daß die Umgebung für Naturfreunde einige Attraktionen bereithält. Welche andere Großstadt hat eine Küste von über 1000 km Länge, die derart unterschiedliche Lebensräume bietet? Jenseits der von Kauri-Sekundärwald bewachsenen Waitakere-Berge vermittelt die Brandung der stürmisch-rauhen Westküste eine Stimmung wilder Ursprünglichkeit. An den Halbinseln des Ostens dagegen funkelt das Wasser sanft in den Windschatten-Buchten des Hauraki Gulf. Seit 1967 sind 47 der vorgelagerten Inseln in einem »Maritimpark« geschützt.

Wichtiger Lebensraum in Stadtnähe: Mangrovenwatt am Waitemata-Hafen.

Pflanzen und Tiere

Frei von eingeführten Räubern dienen manche Inselreservate (s.S. 38) heute als wichtige Refugien für einige der seltensten Tierarten Neuseelands. Auf den Poor Knight Islands teilt der Graumantel-Sturmtaucher seine Erdhöhle mit dem evolutionsbiologisch primitivsten Reptil der Erde, der nachtaktiven Brückenechse (S. 93). Little Barrier Island ist zur neuen Heimat des flugunfähigen Kakapos (S. 19) geworden, der auf dem Festland fast ausgestorben ist. Auch die seltene »Giant Weta« (S. 21), eine flügellose bis 10 cm große Langfühlerschrecke, findet hier Schutz vor europäischen Ratten und Katzen.
Während diese Naturreservate aus verständlichen Gründen unzugänglich sind, können die Besucher der offenen Schutzinsel **Tiritiri Matangi** seltene Vögel hautnah erleben. Die Vogelwarte unweit von Auckland begann 1991 mit der Freisetzung von 2 Takahes (S. 153) ein neues Zuchtprogramm. Seit mehreren Jahren brütet auch der Sattelstar, ein endemischer Lappenvogel, erfolgreich auf der Insel. Er nistet und frißt bevorzugt in Bodennähe und wurde dadurch in seinem ursprünglichen Lebensraum zur leichten Beute eingeführter Räuber. An den Teichen des Reservats lebt die seltenste Entenart Neuseelands, die Aucklandente.
Im Stadtgebiet selbst dominieren eingeführte Vogelarten, die dem Besucher aus Europa vertraut sein werden. Die Weißkopflachmöwe mit ihrem charakteristisch roten Schnabel und die größere Dominikanermöwe (S. 171) sind zwei heimische Allesfresser, die sich gut an das Nahrungsangebot der Stadtumgebung anpassen konnten. In Parks und Gärten vermischen sich einheimische Bäume und Sträucher mit exotischen Pflanzen. Entlang der Küsten fällt im Frühsommer die rote Blütenpracht des endemischen Pohutukawas auf, den die Neuseeländer gern als ihren Weihnachtsbaum bezeichnen (S. 183).

Im Gebiet unterwegs

Eine gute erste Übersicht verschafft der herrliche Rundblick vom Kraterrand des Vulkankegels **One Tree Hill** ① im Bezirk Onehunga. Den 183 m hohen Gipfel zierte früher ein stattlicher Totarabaum, den die Maori als Symbol der Stärke verehrten. 1855 wurde das Naturdenkmal durch einen unbegreiflichen Vandalenakt zerstört. Stattdessen steht heute – weithin sichtbar – eine einsame, kalifornische Monterey-Kiefer. Ein kurzer Rundgang durch den umliegenden Cornwall Park zeigt auch heimische Bäume wie Rimu (S. 121), Kauri (S. 44), Pohutukawa und Nikaupalmen (S. 118). Rund um das Becken des Zentralkraters stößt man auf Überreste alter Maoribefestigungen. Man kann auch über den »Coast to Coast Walkway« zum Stadtzentrum gehen (3,5 Std.). Die Fußroute, zu der eine informative Broschüre erhältlich ist, überquert den ebenso reizvollen Aussichtsvulkan **Mt. Eden** (1,5 Std.).
Wer an Meeresbiologie interessiert ist, sollte unbedingt **Kelly Tarlton's Underwater World** ② in der Okahu Bay besuchen (Anfahrt per Bus oder Hafenschiff). Von großen Plexiglastunneln aus kann man Haie, Rochen und andere beindruckende Kreaturen der neuseeländischen Unterwasserwelt »hautnah« erleben.
Die Küstenstraße führt vom Aquarium weiter stadtauswärts zum Ortsteil Glendowie mit dem **Tahuna-Torea-Naturreservat** ③. Fußpfade durchkreuzen dieses Feuchtgebiet, dessen Maori-Name »Versammlungsplatz der Austernfischer« bedeutet. Hier am Mündungstrichter des Tamaki-Flusses leben zahlreiche Wat- und Wasservögel inmitten wenig modifizierter Küstenvegetation. Die Schlickflächen, Brack- und Süßwasserbiotope bieten schöne Fotomotive. Im Sommer begegnet man gelegentlich Purpurhühnern mit Küken (S. 101). Von Januar bis März fallen unter den Küstenvögeln Schwärme von Pfuhlschnepfen (S. 106) im Brutkleid auf. Sie sammeln sich

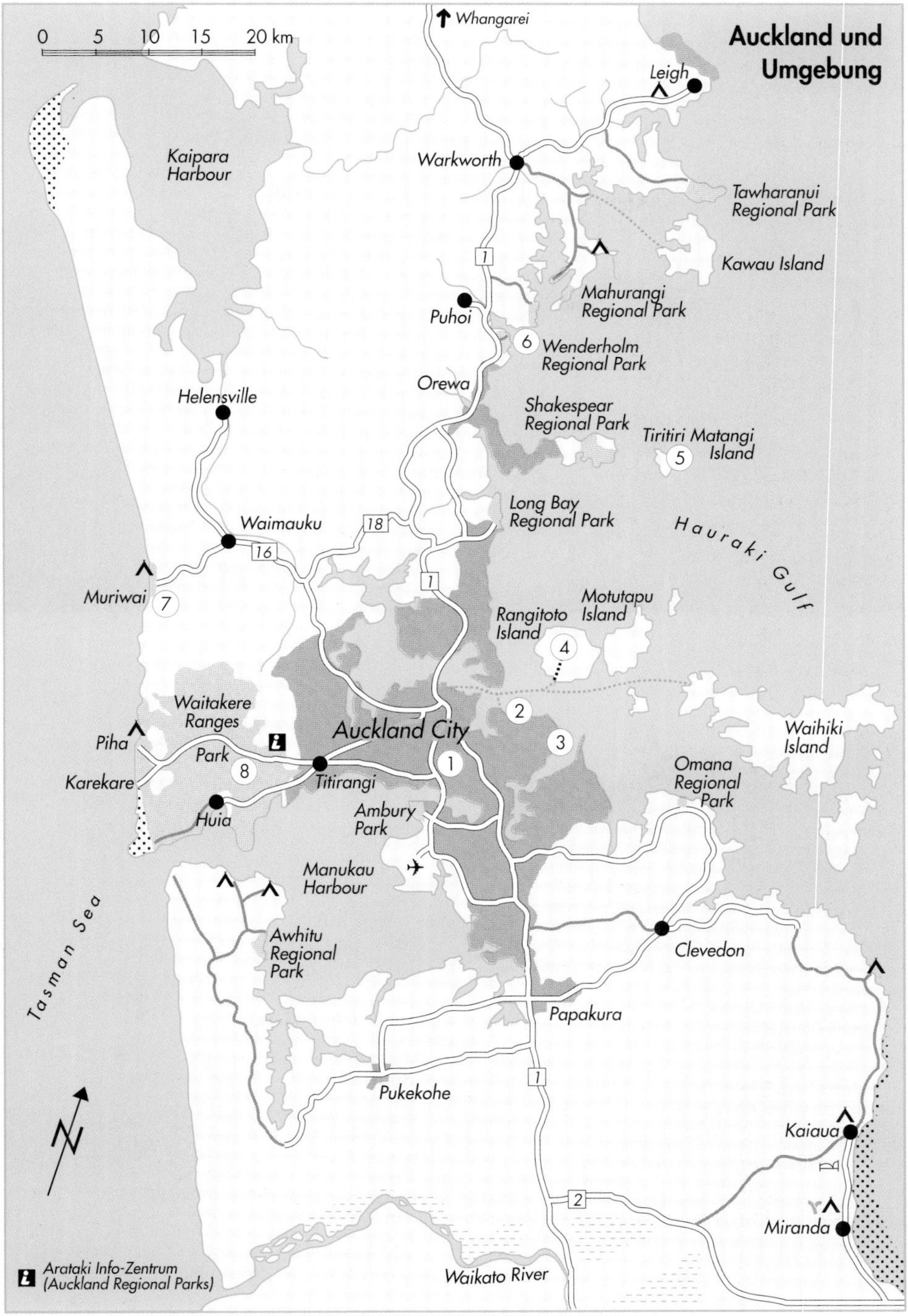

Auckland und Umgebung
0 5 10 15 20 km
Whangarei
Leigh
Kaipara Harbour
Warkworth
Tawharanui Regional Park
Kawau Island
1
Puhoi
Mahurangi Regional Park
6 Wenderholm Regional Park
Orewa
Helensville
Shakespear Regional Park
Tiritiri Matangi Island
5
Long Bay Regional Park
Waimauku
18
16
Hauraki Gulf
Muriwai
7
Motutapu Island
Rangitoto Island
4
2
Waitakere Ranges Park
3
Piha
Auckland City
Waihiki Island
1
8
Titirangi
Karekare
Omana Regional Park
Huia
Ambury Park
Manukau Harbour
Tasman Sea
Awhitu Regional Park
Clevedon
Papakura
Pukekohe
Kaiaua
2
Miranda
Waikato River
Arataki Info-Zentrum (Auckland Regional Parks)

◁ Lavafluß auf der Rangitoto-Insel. Durch Primärsukzession (s.S. 99) entsteht Pohutukawa-Wald.

▽ Der Australtölpel erbeutet Fische in akrobatischen Tauchstößen.

nun zum Rückzug in ihre ostsibirische Heimat. Man kann das Reservat per Stadtbus oder zu Fuß erreichen (»Point Elizabeth Walkway«).
Ein Schiffsausflug in den **Hauraki Gulf Maritimpark** wird jeden Naturfreund begeistern. Unter den heimischen Seevögeln findet man vor allem Graumantel-Sturmtaucher. Ein Muß für Pflanzenfreunde und ökologisch interessierte Besucher ist die kurze Überfahrt zur Insel **Rangitoto** ④. Zu diesem größten, jüngsten und ursprünglichsten Vulkan der Region verkehrt täglich eine Fähre von der Princes Wharf via Devonport. Die Insel tauchte erst vor 600 Jahren in einer Serie vulkanischer Eruptionen aus dem Meer auf. Die letzten Ausbrüche vor weniger als 300 Jahren hinterließen einen trockenen, humuslosen

◁ Im Inselreservat Tiritiri Matangi pflanzten Naturschützer nektarreichen Neuseeland-Flachs (vorn rechts).

Der kaum flugfähige und daher bedrohte Sattelstar sucht ▷ seine Nahrung meist auf dem Waldboden.

Impression vom Wenderholm-Park: Pohutukawas sind typische Küstenbäume. Sie können sehr alt werden.

Grund aus hartem Basalt. Die zerklüftete und von der Sonne erhitzte Lavaschlacke erscheint auf den ersten Blick als Pflanzenhabitat denkbar ungeeignet. Um so mehr erstaunt es, auf der Insel inzwischen über 200 heimische Pflanzenarten anzutreffen. Sie formen ein komplexes Mosaik der Sukzession: Algen, Flechten und Moose waren die Pioniere, denen schließlich höhere Pflanzen folgten (s.S. 99). Heute dominiert ein Pohotukawa-Wald, der größte des Landes. Der Pukabaum aus der archaischen Gattung *Griselinea* fällt durch seine gelbgrün glänzenden Blätter auf. Auch zarte Hautfarne wie der »Kidney Fern« (S. 153) und wärmeliebende Bodenorchideen (S. 47) finden geeignete Standorte. Wanderwege von insgesamt 15 km Länge erschließen das Schutzgebiet, welches über einen Damm mit der Nachbarinsel Motutapu verbunden ist. Am Kratergipfel begrüßen uns grüne Mantelbrillenvögel (S. 86). Der Blick reicht weit über Golf und Hafen, bis nach Auckland hin.

Ein Tagesausflug zum **Inselreservat Tiritiri Matangi** ⑤ gehört zu den Höhepunkten einer ornithologisch orientierten Neuseelandreise. Er erfordert etwas Vorplanung: Ein Anruf auf der Insel klärt, ob und wann geeignete Überfahrtstermine angeboten sind. Um Habitate zu schaffen, forsten freiwillige Helfer die kahle Insel wieder auf. Das offene Schutzgebiet beherbergt heute einige echte Vogelraritäten wie Takahe (S. 153), Sattelstar, Ziegensittich (S. 161) und Aucklandente. Man kann sie von verschiedenen Wanderwegen (10 Min. bis 3 Std.) gut beobachten.

An der Mündung des Puhoi-Flusses (48 km nördlich) liegt der 134 ha große **Wenderholm-Regionalpark** ⑥. Die Sandnehrung ist von knorrigen Pohutukawa-Bäumen bewachsen. Auf den Klippen überlebte ein Restbestand heimischen Küstenwaldes. In ihm dominiert der endemische Taraire-Baum aus der Familie der Lorbeergewächse (Rundweg 2 Std.). Die Mangroven entlang des Flußtrichters sind Lebensraum der scheuen Bindenralle (s.S. 35). Das blauschwarze Purpurhuhn (S. 101) stakt über die nahen Weideflächen. Auf den Stromdrähten sollte man nach dem Lachenden Hans Ausschau halten, dessen Ruf unverkennbar ist. Der größte Eisvogel Australiens wurde im letzten Jahrhundert nach Neuseeland eingeführt.

Die wild anmutende **Westküste** ist von dunklem Strand, Vordünen und schroffen Felszungen geprägt. Die nördliche Zufahrt (45 km) führt über den Highway 16 nach **Muriwai** ⑦ mit seinem 50 km langen Sandstrand. Auf der hohen Landzunge befindet sich eine der wenigen Festland-Brutkolonien des Australtölpels. Er teilt diesen Nistplatz mit der endemischen Taraseeschwalbe (S. 103). Geologisch interessant sind die senkrechten Klippen aus Säulenlava hinter der nahen Maori-Bucht (kurzer Fußweg). Die seltenen Formationen entstanden vor 17 Mio. Jahren, als das Lavamaterial submariner Eruptionen erkaltete.

Die Strände **Piha** und **Karekare** (40 km) erreicht man über die Westcoast Road. Hier erschließen auch längere Wanderrouten reizvolles Küstenbuschland.

Der 8600 ha große Waitakere Ranges Park ⑧ umfaßt eine Gruppe alter Andesitvulkane zwischen den westlichen Vororten und dem Tasmanischen Meer. Europäische Siedler holzten den ursprünglichen Kauriwald ab (s.S.41). Heute bedeckt ein Mantel aus Sekundärvegetation das Mittelgebirge. Dennoch sind hier fast ein Drittel der neuseeländischen Florenarten anzutreffen, aber nur relativ wenige Vertreter der heimische Vogelwelt. Stattdessen begegnet man exotischen Vögeln wie dem australischen Rosellasittich. Ursprünglich aus Käfigen entflogen, brütet er inzwischen erfolgreich in diesem Gebiet. Einen Überblick über das 200 km lange Wegenetz verschafft das **Arataki-Infozentrum**, 24 km westlich von Auckland entlang des Scenic Drive (Öffnungszeiten: täglich 10–16.30 Uhr). Dort führt auch ein sehr informativer Naturlehrpfad zu einem Hain aus stattlichen Kauribäumen.

Praktische Tips

Anreise: Siehe oben.

Klima/Reisezeit

Im Durchschnitt Temperaturen zwischen 16°C und 23°C im Sommer (Januar) sowie zwischen 8°C und14°C im Winter (Juli); 1270 mm Regen pro Jahr, verstärkt im Herbst und Winter. Die beste Reisezeit ist von Oktober bis April.

Adressen

Info-Stellen der Parks und Schutzgebiete:

- Department of Conversation / Regional-Parks: The Parks Information Centre, Ferry Building, 21 Quay St., Downtown Auckland, Tel. 09-3662166;
- Arataki Visitor Centre, Scenic Drive, Waitakere Rangers, Tel. 09-8177134;
- Tiritiri Matangi Island, Tel. 09-4794490.

Biotopverlust und eingeführte Raubtiere bedrohen die seltene, braune Aucklandente auf dem Festland.

Verkehrsbüro / Automobil Club:

- Auckland Visitor Centre, 299 Queen St., Auckland, Tel. 09-3666888;
- Automobil Association, 99 Albert St., Auckland, Tel. 09-3774660.

Fähren / Inselschiffe / Hafenrundfahrten:

- Fullers Cruise Centre, Ferry Building, Quay St., Auckland, Tel. 09-3679111.

Inselübernachtungen (Info, Buchungen):

- Waiheke & Great Barrier Island Accommodation, Tel. 09-3679122.

Blick in die Umgebung

Die **Meeresrerservate** des Hauraki Gulf, nördlich von Auckland, sind nicht nur für Taucher und Schnorchelfreunde von Interesse: Am **Cape Rodney** bei der Ortschaft Leigh lassen sich Felshummer ohne besondere Ausrüstung in weniger als 1 m Wassertiefe beobachten. Ein 2 km langer Wanderweg führt der Küste entlang. Auf der vorgelagerten Goat-Insel nisten Blaßfußsturmtaucher und andere Seevögel. Östlich der Ortschaft Warkworth erstreckt sich die Halbinsel **Tawharanui**, deren Nordküste ebenfalls unter Schutz steht. Ein Ökologie-Lehrpfad erschließt hier u.a. die kleine Wunderwelt der Litoralzone.

2 Bay of Islands

Versunkenes Talsystem mit 800 km abwechslungsreicher Riaküste und 150 Inseln; »Maritime Park« aus 40 Naturschutzgebieten mit Reliktwäldern, gut zugänglicher Litoralzone, Wattflächen und Mangrovensümpfen; artenreiche Unterwasserwelt, reizvolles Tauchgebiet; herrliche Badestrände.

Etwa 250 km nördlich von Auckland öffnet sich die Ostküste zu einem weiten Hafenbecken, in dem mehr als 150 Inseln verstreut liegen. Die Bay of Islands besteht aus einem System ertrunkener Flußtäler. Es überflutete vor etwa 15 000 Jahren als die pleistozänen Eiskappen letztmals zurückschmolzen. Dadurch wurden zahlreiche Hügelkuppen zu Inseln abgeschnitten. Im Meer entstanden Riffe, die ein reichhaltiges Unterwasserleben beherbergen.
Während der Eiszeit waren im küstennahen Hinterland 20 Vulkane aktiv. Ihre Lava floß in die östlichen Täler und überlagerte teilweise die ursprünglichen Grauwacke-Sedimente der Jurazeit. Besonders im Gebiet um Kerikeri bildeten sich an verschiedenen Basaltschwellen schöne Wasserfälle. Archäologische Funde deuten darauf hin, daß die Region schon sehr früh von Maoristämmen besiedelt war. Sie fanden im Norden eine Umgebung vor, die eher ihrer polynesischen Tropenheimat entsprach als der kältere Süden. Captain Cook, der im Dezember1769 hier vor Anker ging, wählte den Namen »Bucht der Inseln«. Auf seinen Spuren folgten bald Pelzrobbenjäger und Walfänger, später Missionare und Siedler. Konflikte mit den Maoristämmen führten im 19. Jh. immer wieder zu kriegerischen Auseinandersetzungen. Im Jahre 1840 hatten in Waitangi mehrere Maori-Häuptlinge einen Vertrag mit der englischen Krone unterzeichnet. Seither wird die Bay of Islands als die Wiege der neuseeländischen Nation betrachtet.
Heute zählt das Gebiet zu den touristischen Hauptregionen des Landes. Im Jahre 1978 wurden über 40 Schutzreservate auf Inseln und Festland, mit einer Gesamtfläche von fast 8000 ha, zu dem »Bay of Islands Maritime and Historic Park« zusammengefaßt.

Bilderbuchlandschaft nicht nur für Wassersportler. Naturfreunde finden auf malerischen Inseln wie Motuarohia abwechslungsreiche Biotope vor.

Pflanzen und Tiere

Als frühes Siedlungsgebiet zählt die Bay of Islands zu den älteren Kulturlandschaften Neuseelands. Unter den ersten europäischen Besuchern war Charles Darwin, der 1835 mit der Beagle hier vor Anker ging. Er vermerkte zu den Kauriwäldern der Bucht: »Die edlen Bäume stehen wie gigantische hölzerne Säulen....« Eine Vorstellung dieses ursprünglichen Waldtypus vermitteln einzelne Naturschutzgebiete wie Ngaiotonga. Neben Kauri (S. 44) und Podocarpaceen (S. 121) gedeihen Baumarten tropischer oder subtropischer Herkunft, die meist nur im nördlichen Neuseeland vorkommen. Hierzu zählt außer dem Kohekohe aus der Mahagoni-Familie (s. S. 90) und dem Lorbeergewächs Taraire auch der Puriri-Baum, ein langsam wachsendes Hartholz. Wanderer stoßen oft auf die abgefallenen rosaroten Blüten. Als Neuseelands einziger Vertreter der Eisenkrautgewächse zählt Puriri zur selben Familie wie der südostasiatische Teakbaum.

Zwischen Schafweiden bildet heute großflächiges »**Teatree**«-Gebüsch (S. 105) die Hauptvegetation der Region. Es besteht aus den beiden ähnlichen Myrtengewächsen Manuka und Kanuka. Sie erhielten ihren englischen Sammelnamen von Captain Cook, der aus den Blüten einen schmackhaften Tee brühen ließ. Man erkennt beide Arten leicht an der grauen Rinde, die in schmalen Streifen abschält. Wer die kleinen Blättchen zerreibt, kann sich selbst von der Aromawirkung dieser weitverbreiteten Pionierpflanze überzeugen.

Im Gegensatz zu den waldbewohnenden Geckos leben die Skinke meist am Boden und in offenem Habitat. Der Suter-Skink ist die einzige eierlegende Art.

Unter ihrem Schattendach sprießen häufig Keimlinge heimischer Waldpflanzen, wie der weitverbreitete Mahoebaum (S. 95) oder Arten der Gattung *Coprosma*.
In lichterem Buschwerk kann man mit etwas Glück den grünen Baumgecko entdecken (S. 20). Diese schönen Kreaturen sind im Gegensatz zu anderen Geckoarten des Parks auch tagsüber aktiv.
Die über 800 km lange Küste bietet Naturfreunden viel Interessantes. Der Pohutukawa-Baum (S. 30) kann mit seinem langen Wurzelwerk selbst an steilen Felsklippen Fuß fassen. In Schutz dieses knorrigen Baumriesen wachsen kleinere Pflanzen wie die lilienähnliche *Astelia banksii* mit ihren schmalen, langen Blättern. Unter Treibholz und angeschwemmten Meeresalgen findet man endemische Kriechtiere. Die lebendgebärende Glattechse »Smith Skink« jagt hier nach Insekten.
Auf dem Schlickuntergrund der Ästuare dringen die Mangroven weit in den Tidenbereich vor. Dahinter wachsen salztolerante Pflanzen wie die bronzefarbene, endemische Gliederbinse »Jointed Rush«. Eine typische Sukkulente der Salzmarschen ist der auch bei uns verbreitete Queller, dessen Blätter zu winzigen Schuppen reduziert sind. Den Übergang zur trockeneren Salzwiese markiert die weltweit verbreitete Laugenblume, eine der wenigen kosmopolitischen Pflanzen der neuseeländischen Flora. Die endemische Mittagsblumenart »Horokaka« (S. 113) bevorzugt sonnige, exponierte Standorte an Klippen oder Uferböschungen. Unter den Braunalgen der oberen Litoralzone fällt »Venus' Necklace« auf, die einer grünen Perlenkette ähnelt. Ihre kugelartigen Segmente sind mit Wasser gefüllt, um während der Ebbe nicht auszutrocknen.
Das Unterwasserleben, vor allem an sessilen Lebewesen wie Seeanemonen, Meeresschwämmen, Algen und Korallen, ist äußerst abwechslungsreich. Der Fisch-

Braunalgen wie »Venus' Necklace« können obere Uferzonen besiedeln. Ihre wassergefüllten »Venus- Perlen« trocknen während der Ebbe nicht aus.

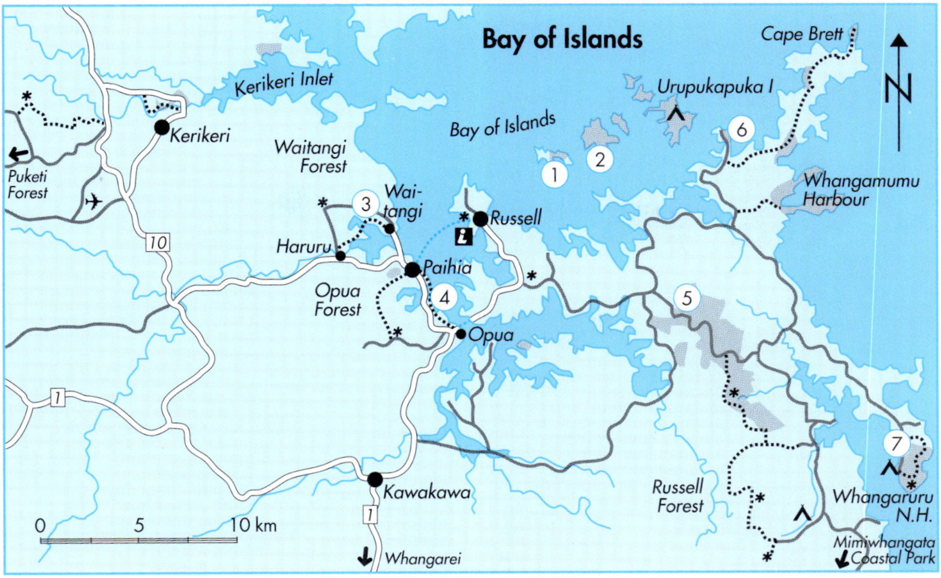

reichtum lockt im Sommer zahlreiche Angelsportler in die Region. Der Schnapper ist ein beliebter Speisefisch. Er kann mit seinem starken Gebiß Krustentiere und harte Muscheln zerkleinern.

Zu den Höhepunkten einer Schiffahrt durch die Bucht gehört häufig auch das Wellenspiel der Delphine oder die Beobachtung von Zwergpinguinen (S. 177). Die kleinsten Pinguine der Welt werden nur etwa 40 cm hoch und wiegen kaum mehr als 1 kg. Gelegentlich lassen sich ihre flachen Tauchgänge auch vom Ufer aus verfolgen. Unter den zahlreichen Seevögeln sind endemische Arten wie Graumantel- und Flattersturmtaucher (s. S. 91) vertreten. Die Schmarotzerraubmöwe ist ein arktischer Sommergast, der bevorzugt den Taraseeschwalben (S. 103) die Beute abjagt. Auf einzelnen Inseln brütet der bedrohte Maori-Regenpfeifer.

In den Wattgebieten kann man dem grauen Riffreiher beim Fischfang zusehen. Er spreizt die Flügel über dem seichten Wasser, weil er im Schatten seine Beute besser erkennen kann. Die seltene Bindenralle, mit ihrem charakteristischen weißen Band oberhalb der Augen, bevorzugt das Mangrovenhabitat. An den Straßenrändern fallen die aus Australien eingeführten Ypsilonwachteln und die flinken Kalifornischen Schopfwachteln auf.

Schopfwachteln nisten in dichtem Gestrüpp. Sie sind oft in Familiengruppen unterwegs und fallen durch ihren lauten Flügelschlag auf.

Blühender Manukabaum (»Teatree«) mit Samenkapseln.

Ein häufiger Wattbesucher – der Weißwangenreiher.

Collospermum-Epiphyt auf einem Karakabaum.

Im Gebiet unterwegs

Die Bay of Islands läßt sich am besten **auf dem Wasser** erkunden. Wer ein Kajak mietet, findet unterwegs herrliche Gelegenheiten zur Naturbeobachtung. Verschiedene Veranstalter führen Touren durch, von kurzen Paddelausflügen in abgeschiedene Mangrovensümpfe bis hin zu mehrtägigen Ozeanabenteuern mit Inselübernachtungen. Mehrere Unternehmen bieten Wassertaxis sowie Schiffstouren zu Inselreservaten an. Man kann auch »mit den Delphinen schwimmen« oder Tauchexkursionen in exponierte, artenreiche Küstenregionen buchen. Nähere Auskünfte erteilen die Informationszentren in Paihia und Russell. Hier zwei interessante küstennahe **Insel-Schutzgebiete** mit Wanderwegen: **Motuarohia** ①: Roberton Island (engl.) liegt nur 8 km von der Ortschaft Russell entfernt und ist relativ leicht zu erreichen. An reizvollen Lagunen und Felsküsten kann man die rätselhafte Unterwasserwelt bestau-

Mangroven mit Blüten und keimender Frucht (kleine Fotos) – auch in Neuseeland ein gefährdetes Ökosystem.

nen. Als besondere Attraktion für Schnorchelfreunde gilt der »Underwater Trail«, zu dem die Parkverwaltung eine informative Brochüre herausgibt. Ein kurzer Fußweg (20 Min.) führt zu einem lohnenden Aussichtspunkt.
Moturua ②: Die zweitgrößte Insel der Bucht bietet hervorragende Möglichkeiten zur Vogelbeobachtung. In den letzten Jahren wurden Streifenkiwis (S. 161) aus ihrem gefährdeten Festlandhabitat hierher gebracht. Besonders am Spätnachmittag sieht man häufig den ebenfalls nachtaktiven Kuckuckskauz (S. 68). Am Westende der Insel rastet der Maori-Regenpfeifer. Auf den warmen Felsen zeigt sich gelegentlich auch Neuseelands einzige (!) eierlegende Glattechse »Suter's Skink«. Eine aussichtsreicher Rundweg durchquert Sekundärgebüsch aus »Teatrees« (2 Std.).
Viele Reservate sind über meist holprige **Straßen** zu erreichen. Es folgt eine Auswahl von Wandermöglichkeiten auf dem Festland.

Russell: In dem hübschen historischen Ort steht das informative **Besuchszentrum des Maritime Parks**, das unbedingt einen Besuch lohnt. Am Westende des Strandes beginnt ein Naturlehrpfad, der durch Sekundärwald zum Aussichtspunkt Flagstaff Hill führt (40 Min.). Entlang des Weges jagen Graufächerschwänze nach Insekten.
Kerikeri: Die Besichtigung der historischen Gebäude sollte man mit einem Besuch im nahegelegenen Schutzgebiet verbinden. Vom Stone Store folgt ein Pfad dem gegenüberliegenden Ufer des Kerikeri-Flusses. Durch jungen Kauri-Totara-Bestand wandert man in 1,5 Stunden zu den **Rainbow-Fällen**, die über eine Lavaschwelle 27 m nach unten stürzen. Unterwegs begegnet man Waldvögeln wie Tui (S. 45) und Graufächerschwanz.
Waitangi Mangrove Walk ③: Der Wanderweg, zu dem das nahegelegene Besuchszentrum von Waitangi eine Broschüre bereithält, ist unbedingt empfehlenswert (2 Std.). Von einem Holzsteg aus kann man

Die Besiedelung von Inseln

Jede Insel hat eine bestimmte Artenzahl, die sich nach einfachen Gesetzmäßigkeiten richtet. Die Wissenschaftler R. McArthur und E. Wilson faßten diese Gesetze unter dem Begriff der **Inselbiogeographie** zusammen. Danach beherbergt eine Insel um so mehr Tierarten, je größer sie ist und je näher sie am Festland liegt. Jede Insel bietet ein beschränktes Angebot an Nahrung, Nistplätzen und Lebensraum, kann also nur eine bestimmte Tierzahl aufnehmen. Zu kleine Populationen verarmen genetisch und sterben schließlich aus. Liegt das Ursprungsland näher, ist die Einwanderung leichter, Neuankömmlinge können das »Genangebot« öfter auffrischen und kranke Artgenossen ersetzen. Deshalb sind die Regenwälder Madagaskars artenreicher als die der kleinen Insel Mauritius. Umgekehrt verwundert es kaum, daß die Erstbesiedler der abgelegenen Osterinseln nur wenige Tier- und Pflanzenarten vorfanden.
Als **kontinentale** Inseln bezeichnen Geographen solche, die zum Festlandblock gehören, wie etwa Japan, Großbritannien und Teile Indonesiens. Neuseeland sitzt jedoch als selbstständiges Gebilde dem Meeresboden auf und zählt zu den **ozeanischen** Inseln. Dieser Typ beheimatet ursprünglich meist keine Landsäuger. Andererseits existieren dort oft Lebensformen weiter, die auf Kontinenten bereits verdrängt wurden. Eine bestimmte Pflanzen- oder Tierart gilt dann als **endemisch**, wenn sie sonst nirgendwo auf der Erde natürlich vorkommt. Ozeanische Inseln sind reich an solchen »biologischen Sonderlingen«. Neuankömmlinge spalten sich in mehrere endemische Arten auf, die unterschiedliche Lebensräume besetzen. Diesen Prozeß nennt man **adaptive Radiation**. Selbst verschiedene Inseln eines Archipels können Artenvariationen entwickeln: Die Fruchttaube der 800 km östlich gelegenen Chatham-Gruppe z. B. wird deutlich größer als die der neuseeländischen Hauptinseln. Viele der subantarktischen Inseln beherbergen eigene Endemismen.
Inseln sind **sensible Naturparadiese** – keine Kolonialgeschichte hat dies dramatischer bewiesen als die europäische Besiedlung Neuseelands. Die meisten der in den letzten 200 Jahren ausgestorbenen Vogelarten der Erde lebten auf Inseln. Einzigartige Lebensformen können auf diesen abgelegenen Refugien für Jahrmillionen existieren, eine Invasion neuer Feinde kann sie jedoch in kürzester Zeit zerstören. Kaum eine eingeschleppte Tierart kolonisiert neuen Lebensraum aggressiver als die Wanderratte. Sie klettert auf Bäume, um Nester zu berauben, und frißt neben Insekten, Reptilien oder Amphibien selbst Pflanzen und Samen. Der Schiffsverkehr verbreitet diese Problemtiere immer schneller und weiter. Rattenpopulationen sind jedoch schwer zu kontrollieren oder gar auszurotten. Viele bedrohte Tiere wie z. B. die archaische Brückenechse (S. 93) können mit Ratten nicht koexistieren. Die wenigen rattenfreien Inseln Neuseelands spielen daher für den internationalen Artenschutz eine wichtige Rolle. Experten beseitigen zunächst eventuell eingeführte Säuger wie Fuchskusus (S. 42), Ziegen, Kaninchen, Marder oder Rotwild, damit ein annähernd natürlicher Lebensraum entsteht. Dorthin transferieren sie dann bedrohte Tiere, die in ihrer veränderten Heimat unweigerlich aussterben würden. Ohne solche **Inselrefugien** wäre das Schicksal so seltener Arten wie Kakapo (S. 19), Hihi, Sattelstar (S. 29), Zwergkiwi, »Fiordland Skink« und Riesenweta (S. 21) längst besiegelt.

die Ökologie des Mangrovensumpfes hautnah studieren. Neben Watvögeln und Regenpfeifern ist bei Ebbe auch die scheue Bindenralle unterwegs. Über dem Fluß jagen Götzenliest und Neuhollandschwalbe.

Opua-Paihia Walkway ④: Beim Fährsteg in Opua beginnt der Uferweg nach Paihia (8 km/3 Std.). Er durchquert neben Mangroven auch das Harrison-Reservat, das einen Abstecher lohnt. In diesem gut erhaltenen Küstenwald wachsen uralte Puriri-Bäume, deren rosarote Blüten man auf dem Waldboden findet. Aus dem Busch vernimmt man gelegentlich den schrillen Ruf der Wekaralle (S. 98). Das Ufer eignet sich gut zur Beobachtung von Küstenvögeln, wie Möwen und Reiher.

Ngaiotonga ⑤: Das größte Schutzgebiet des Parks, 20 km östlich von Russell, enthält einige eindrucksvolle Kauri-Riesen (S. 44), zu denen 2 kurze Wanderwege führen. Der Kauri Grove Walk (20 Min.) vermittelt Wissenswertes zur Naturgeschichte. Im Unterholz gedeihen einheimische Pilze. Zu den häufigeren Waldvögeln gehören Graufächerschwanz, Tui (S.45) und Maorigerygone (S. 145). Das angrenzende Waldgebiet **Russell Forest** bietet auch längere Wanderwege.

Oke Bay ⑥: Durch »Teatree«-Gebüsch gelangt man schnell zur Küste, die sich gut zum Studium des Felslitorals eignet (10 Min.). Die malerische Bucht wird häufig von Delphinen aufgesucht.

Whangaruru North Head ⑦: Vom Campingplatz dieses Farmparks hört man nachts gelegentlich den schrillen Ruf des Streifenkiwis (S. 161). Am Tag jagt die flinke Neuhollandschwalbe hier nach kleinen Insekten. In der nahen Admirals Bay beginnen mehrere Wanderwege (5 Min. bis zu 2 Std.). Puriri-, Pohutukawa- und Kowhaibäume (S. 143) bieten guten Schutz für Farne, Orchideen und zahlreiche Waldvögel.

Unter dem Bodenlaub leben endemische Flachs-Schnecken, deren längliches Gehäuse bis 7 cm mißt. Holzstege («Coastal Walk«) erschließen ein Riedgebiet mit dem endemischen Rohrkolben Raupo.

Praktische Tips

Anreise

Von Auckland Highway 1 nach Kawakawa. Eine längere, aber interessante Zufahrt führt entlang der östlichen Schutzgebiete, über die rauhe Küstenstraße Whakapara–Russell. Fährverbindungen von Paihia nach Russell (Personen) und Opua nach Okiato/Russell (Auto). Zur Orientierung vor Ort empfiehlt sich die »Infomap«-Karte »Bay of Islands«.

Klima/Reisezeit

Ganzjähriges Wandergebiet mit milden, frostarmen Wintern und bis zu 2000 Sonnenstunden pro Jahr. Im Jahresdurchschnitt etwa 1500 mm Niederschläge, im Frühling häufig starker Wind. Beste Reisezeit: Dezember bis Mai.

»Koru«– das Motiv des aufkeimenden Baumfarnes begegnet uns in der Schnitzkunst der Maori häufig.

Neuhollandschwalben erreichten Neuseeland als »blinde Passagiere« australischer Handelsschiffe.

Puriri-Bäume tragen fast ganzjährig Blüten.

Der bedrohte Graulappenvogel entwickelte sich in feindfreier Umgebung zu einem schlechten Flieger.

Unterkunft
Die Ortschaften Paihia, Russell und Kerikeri bieten zahlreiche Unterkünfte aller Preisklassen. Der Maritime Park unterhält 2 einfache, naturnahe Campingplätze in Whangaruru Northhead (s.o.) und auf der Insel Urupukapuka.

Adressen
Department of Conservation (DoC):
- Park Visitor Centre, The Strand, Russell, Tel. 09-4037685;
- Kerikeri Ranger Station, Landing Rd., Kerikeri, Tel. 09-4078474.

Verkehrsbüro:
- Information Bay of Islands, Marsden Rd., Paihia, Tel. 09-4027469.

Blick in die Umgebung

Mimiwhangata Coastal Park
Wer über die südliche Küstenroute (Russell Rd.) anreist, sollte dieses über 3000 ha große Schutzgebiet besuchen. Mehrere Wanderwege führen zu herrlichen Sandstränden und flache Felsterrassen laden zur Erforschung der Litoralzone ein. Tauchfreunde finden in dem vorgelagerten »Marine Park« ein intaktes, artenreiches Ökosystem vor. An Küstenseen lebt die seltenen Aucklandente (S. 31).

Omahuta / Puketi Forest
Diese beiden benachbarten Schutzgebiete liegen nur wenige Kilometer westlich von Kerikeri. Wegen ihrer herrlichen Kauri-Urwälder und seltenen Vögel lohnen sie unbedingt einen Besuch. Ornithologisch interessierte Besucher sollten den Puketi-Wald frühmorgens besuchen, um den Dämmerungschor der Graulappenvögel anzuhören. Auch Kaka (S. 151), Ziegensittich (S. 161) und Streifenkiwi (S. 161) überleben hier. Der »Puketi Forest Nature Trail« ist einer der interessantesten Naturlehrpfade des Landes. Er beginnt beim Puketi Headquarter an der Waiare Road.

3 Waldreservate von Waipoua und Trounson

Warm-gemäßigte Kauri-Primärwälder, größte Bäume Neuseelands, seltenes Beispiel präglazialer Reliktvegetation, artenreiche Flora von Gondwanaland-Ursprung; Lebensraum carnivorer Kaurischnecken und des Streifenkiwi.

Noch vor weniger als 200 Jahren bedeckten artenreiche Regenwälder fast die gesamte Landmasse nördlich von Auckland. Meistens ragten stattliche Kauribäume weit über das Walddach hinaus. Ihre Stämme entwickelten teilweise einen Umfang von 20 m (!) und Baumriesen von über 50 m Höhe waren keine Seltenheit. Im 19. Jh. setzte eine unvorstellbare Zerstörung dieser einzigartigen Naturlandschaft ein. Bis zu 2000 Jahre alte Kauri-Riesen wurden als Nutzhölzer für den unersättlichen Kolonialmarkt geschlagen. Sie fanden vor allem im Schiffs- und Hausbau Verwendung. Selbst der Boden wurde nach versteinerten Harzablagerungen umgegraben. Später zapfte man sogar lebende Stämme an, um sie langsam auszubluten. Das so gewonnene »Kauri Gum« wurde zu Farben und Lacken verarbeitet. Große Rodungsbrände dezimierten die Waldfläche zusätzlich, aber die nährstoffarmen Böden erwiesen sich für die Landwirtschaft oft als ungeeignet. Erst vor wenigen Jahren kam die Kauri-Forstwirtschaft und damit die großflächige Zerstörung dieses einzigartigen Ökosystems zum Stillstand.
Heute verbleiben in Northland nur noch 7455 ha ursprünglicher Kauriwälder, weniger als 1 % der ehemaligen Fläche. Die einzelnen Bestände sind in einem

Auch um den Hokianga-Hafen wuchs früher Kauriwald. Heute türmen sich imposante Wanderdünen auf. Den losen Sand können nur robuste Pionierpflanzen besiedeln.

Reizvolle Blütentupfer im Kauriwald: die weiße Ratarebe.

Fleckenmuster von Reservaten über die Provinz verteilt. Die subtropisch erscheinende Komplexität dieser Vegetation wird deutlich, wenn man die unterschiedliche Zusammensetzung der einzelnen Kauribestände betrachtet. Die häufigste Vergesellschaftung besteht mit Podocarpaceen (S. 121) und verschiedenen Harthölzern, auf besonders trockenem Grund kommen jedoch selbst Südbuchen (S. 129) vor. Für die Zukunft ist die Einrichtung eines Kauri-Nationalparks geplant, der dieses wertvolle biotische Erbe schützen soll.

Der eingeschleppte Fuchskusu frißt Blüten und Knospen. Millionen Tiere können ganze Wälder zerstören.

Wenige Kilometer südlich des malerischen Naturhafens Hokianga liegen die Waldreservate von Waipoua und Trounson. Sie bedecken ein Basalt-Lavaplateau, das durch submarinen Vulkanismus während des Alttertiär entstanden ist. Tektonische Bewegungen haben diese Landmasse angehoben und leicht nach Westen geneigt. Heute befindet sie sich westlich der vulkanischen Bruchlinie und gilt als geologisch stabilste Zone Neuseelands. Eiszeitliche Schwankungen des Meeresspiegels formten Küstenterrassen, überfluteten die Täler und ließen lange Hafenbecken entstehen. Der starke Westwind deponiert andauernd große Sandmassen, die sich am Eingang des Hokianga Harbour zu imposanten Dünen auftürmen. Die Kauriwälder selbst wurden von der Eiszeit kaum tangiert. Sie überlebten als eindrucksvolle Beispiele einer archaischen, praeglazialen Pflanzengesellschaft.

Pflanzen und Tiere

Der Ausdruck »Kauriwald« bedeutet keinesfalls, daß die Pflanzengesellschaft weitgehend aus diesem Vertreter der Araukarienfamilie besteht. Es handelt sich vielmehr um floristisch äußerst artenreiche Waldtypen. Nur selten stehen Kauribäume in größeren Gruppen. Meist breiten sich die Kronen einzelner Baumriesen über einem Dach von Hartholzbäumen aus, in dem Taraire am häufigsten vertreten ist. Das feuchte Mikroklima begünstigt ein profuses Wachstum der Epiphyten. Neben den zarten Hautfarnen findet man vor allem lilienähnliche Aufsitzer der Gattungen *Astelia* und *Collospermum* (S. 36). Nikaupalmen (S. 118), Baumfarne (S. 117), Kletterer (S. 126) und Lianen (S. 169) vervollständigen die subtropische Regenwaldszene. Zwischen den zylindrischen Kauristämmen wächst eine leichte, relativ offene

Strauchschicht, in der das Kauri»gras« dominiert. Dabei handelt es sich korrekter nicht um eine Grasart, sondern ebenfalls um eine *Astelia,* also ein Mitglied der Familie der Asphodelaceae . Das Vorwärtskommen abseits der Wege wird durch die scharfkantigen Blätter der hochwüchsigen Gahnia-Segge erschwert. Den »Silver Fern«, der zum Nationalsymbol geworden ist, erkennt man an den weißen Unterseiten seiner Wedel. Er bevorzugt etwas trockenere Standorte als andere Baumfarne (s.S. 117). Zwischen den Bodenfarnen finden sich Kolonien einer interessanten botanischen Rarität: Das Laubmoos *Dawsonia superba* ist die größte Moosart der Erde. Die bis zu 73 cm hohe Pflanze trägt schmale, nadelähnliche Blättchen.
Die große, endemische Kaurischnecke lebt eng mit diesem Ökosystem verbunden. Sie ernährt sich vor allem von Erdwürmern oder Larven und bevorzugt ein feuchtes Habitat.
Zur Vogelwelt dieser Wälder gehört auch der farbenprächtige exotische Rosellasittich. Parkmanager befürchten, daß dieser australische Import den heimischen Ziegensittich (S. 161) aus seinem Lebensraum verdrängen könnte. Beide Arten konkurrieren um Nahrung und Nistlöcher. Die Wälder der Reservate Waipoua und Trounson beherbergen relativ hohe Populationen des flugunfähigen Streifenkiwi (S. 161). Die scheuen Vögel sind jedoch tagsüber nicht aktiv und werden selbst nachts eher gehört als gesehen. Zu den leichter beobachteten Waldbewohnern zählt der nektarfressende Tui und der kleine Maorischnäpper (S. 126), ein flinker Insektenjäger. Die große Maorifruchttaube (S. 49) sieht man häufig am Straßenrand, wenn sie in Baumwipfeln rastet. Farnsteiger (S. 108) nisten im dichten »Teatree«-Gebüsch (S. 105), das gerodetes Brachland sekundär besiedelt.
Menschliche Eingriffe gefährden auch heute noch, zumindest indirekt, das Ökosystem der Kauriwälder. Der eingeführte Fuchskusu ist ein australischer Kletterbeutler. Seine Anzahl wird allein in Northland auf über 20 Mio. Tiere geschätzt. Sie fressen bevorzugt Jungtriebe, Knospen und Früchte. Ihre selektive Äsung bedroht die einzigartigen Pflanzengesellschaften der

Kauri

Kauri ist Neuseelands einziger Vertreter der Araukauriengewächse. Die Stammesgeschichte dieser archaischen Nacktsamerfamilie reicht bis in das frühe Mesozoikum zurück. Die Kauribäume zählen nicht nur zu den mächtigsten Koniferen der Erde, sondern auch zu den naturgeschichtlich ältesten. Ihre Vorfahren überragten bereits vor 225 Mio. Jahren die Wälder Gondwanalands. *Agathis* ist mit 13 Arten in Südostasien und dem Südpazifik hauptsächlich eine tropische Gattung. Allein der Kauribaum kann im warmtemperierten Klima des neuseeländischen Nordens bis auf 38° Breite vordringen.
Die Langlebigkeit des Kauri ist legendär; wahrscheinlich begannen einige der verbliebenen Giganten bereits vor Christi Geburt zu wachsen. Die Jungbäume sehen zunächst spindeldürr aus, verändern aber später ihre Wuchsform. Nach etwa 50 Jahren fallen die unteren Äste ab, der Stamm verdickt sich und entwickelt eine typische Säulenform. Ältere Bäume stoßen ihre Rinde regelmäßig in großen Schuppen ab und halten sich so von Lianen oder Epiphyten frei. Über Jahrhunderte wachsen die enormen Kronen bis zu 50 m hoch und laden schließlich weit über das Walddach aus. Stirbt der Urwaldriese schließlich und fällt um, zeigt sich sein erstaunlich flaches Wurzelwerk.

◁ »Tane Mahuta« – Der Gebieter des Waldes.

Der Tui ernährt sich vom Nektar der Waldblüten. ▷

Region. Kontrollmaßnahmen in Form von Fangeisen und Giftködern haben bisher nur wenig Erfolg gezeigt.

Im Gebiet unterwegs

Der Northland Forest Park besteht aus zahlreichen kleineren Schutzgebieten. Waipoua und Trounson werden hier als eindrucksvolle Beispiele alter Kauribestände näher beschrieben. Naturfreunden ist jedoch auch ein Besuch des Schutzgebietes **Puketi** mit seiner besonders reichen Avifauna empfohlen (s.S. 40).
ACHTUNG: Um die Kauribäume entstehen Humushügel aus abgestoßener Rinde. Sie sind von feinen Wurzelenden durchzogen, die durch trampelnde Füße zerstört werden. Bitte die Wege nicht verlassen!
Waipoua Forest Sanctuary: Dieser Wald enthält die größten verbliebenen Kauribäume Neuseelands. **Tane Mahuta** ① (»Gebieter des Waldes«) ist über 1250 Jahre alt. Er erreicht eine Höhe von 51 m und sein Stamm mißt fast 14 m bis zum ersten Ast. Der Riese befindet sich nur wenige Gehminuten vom Highway 12 entfernt. Unterwegs errinnern Nikaupalmen, Kiekie-Wurzelkletterer (S. 126), Holzlianen (S. 169) und zahlreiche Epiphyten an einen Tropenwald. Im Sommer sollte man nach den weißen Blüten der kletternden Rata Ausschau halten. **Te Matua Ngahere** ② (»Vater des Waldes«) hat mit über 16 m den größten Umfang aller neuseeländischen Bäume. Sein Alter wird auf etwa 2000 Jahre geschätzt. Der Fußweg zu diesem Giganten (30 Min. hin und zurück) führt durch ein sattgrünes Unterholz. Zwischen Kauri»gras« fallen die schlanken

Den Rippenfarn »Kiokio« findet man im ganzen Land, besonders häufig an Straßenböschungen und Klippen.

Botanische Besonderheit am Wegrand – das größte ▷ Moos der Erde: *Dawsonia superba*.

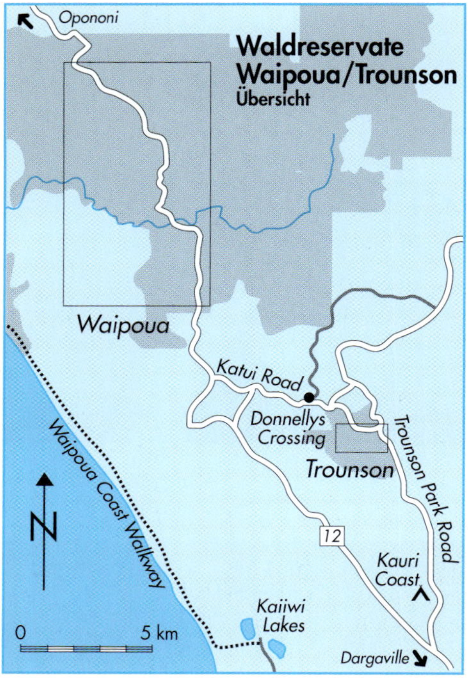

Schopfbäume der Drachenblatt-Gattung auf.

Für botanisch interessierte Besucher ist außerdem der **Toatoa Walk** ③ (15 Min. hin und zurück) mit seinen beschrifteten Bäumen zu empfehlen. Er führt durch Kauri-Podocarpaceen-Wald mit einer Strauchschicht aus Seggen und Drachenblattarten. Vor allem im Winter achte man auf kleine Waldorchideen. Im nahen Aussichtsturm (Lookout) findet man Informationen zur Waldökologie und kann den Baldachin mit seinen überstehenden Kaurikronen von oben betrachten.

Trounson Kauri Park: Ein Besuch dieses kleinen, dichten Kauriwaldes empfiehlt sich unbedingt. Die kurze Rundwanderung ④ (30 Min.) vermittelt einen hervorragenden Eindruck der Gesamtstruktur dieses Ökosystems. Das Unterholz ist hier lichter als in Waipoua und die Kauribäume erscheinen dominanter. Ein umgefallener Riese bietet die Möglichkeit, das breite, aber erstaunlich flache Wurzelwerk zu bestaunen. Zur reichen Avifauna des Schutzgebietes zählt auch der seltenere Ziegensittich (S. 161).

Nach Einbruch der Dunkelheit darf der Wald ohne Genehmigung nicht betreten werden. Ornithologisch interessierte Besucher sollten sich jedoch bei der Naturschutzbehörde nach geführten **Nachtwanderungen** erkundigen. Auf solchen Exkursionen kann man nachtaktive Kreaturen wie den Kuckuckskauz (S. 68), die Kaurischnecke oder sogar den Streifenkiwi (S. 161) entdecken.

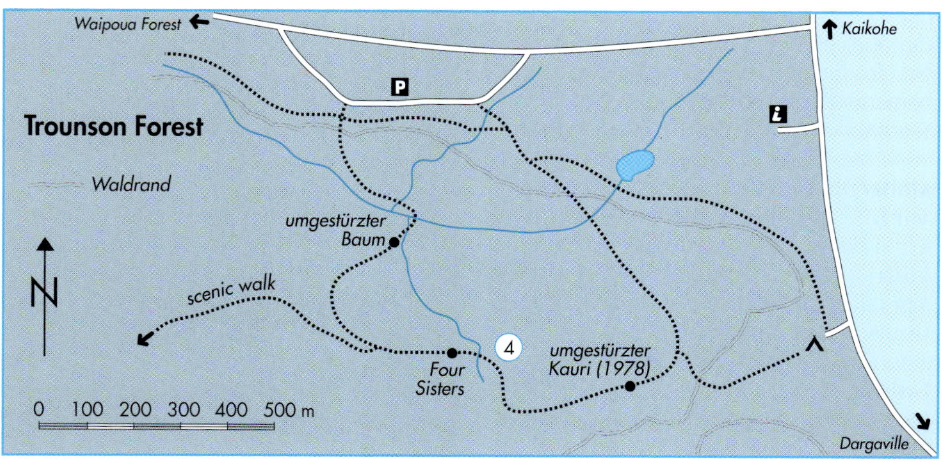

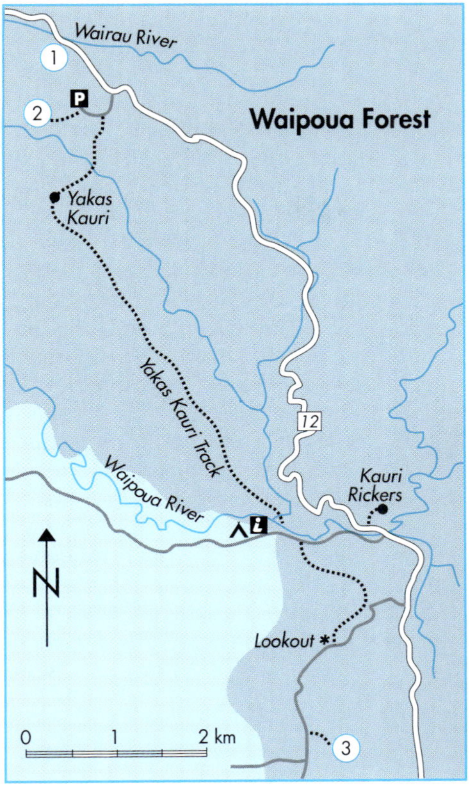

Praktische Tips

Anreise
Highway 12 zwischen Dargaville und Omapere führt durch das Waipoua-Reservat. Trounson Kauri Park ist über die Nebenstraßen Katui Rd. (von Norden) oder Trounson Park Rd. (von Süden) erreichbar.

Klima/Reisezeit
Mild, mit hoher Luftfeuchtigkeit, frostfrei. Rund 2200 mm Niederschlag pro Jahr, zur Küste hin abnehmend. Im Spätsommer gelegentlich starke Regenstürme. Beste Reisezeit: November bis März.

Unterkunft
Motels, Hotels und Gästehäuser in Dargaville, Omapere oder Opononi. Einfache Zeltplätze nahe des Visitor Centre in Waipoua und direkt neben dem Trounson-Kauriwald; Hüttenvermietung über die Parkbüros. Das Motorcamp »Kauri Coast« bei Kaihu (Tel. 09-4390621) organisiert geführte Nachtwanderungen.

Adressen
Department of Conservation (DoC):
- Trounson Kauri Park, Private Bag, Dargaville, Tel. 09-4390615;
- Waipoua Forest, Private Bag, Dargaville, Tel. 09-4390605.

Bodenorchideen der Gattung *Thelmitra* lieben Licht.

Die Norfolk-Araukarie ist nach ihrer Heimatinsel im Tasmanischen Meer benannt.

4 Coromandel

»Südsee-Landschaft« vulkanischen Ursprungs; botanische Vielfalt im Zusammentreffen südlicher und nördlicher Flora, subalpine Verbreitungsgrenze, Kauri-Reliktbestände; Brutgebiet des Maori-Regenpfeifers; endemische Urfrösche; Wattflächen, Sanddünen, abwechslungsreiche Naturbeobachtungen.

Bei gutem Wetter kann man von Auckland aus über dem Golf von Hauraki eine langgezogene Gebirgssilhouette erkennen. Diese Bergkette bildet das schmale Rückgrat der 80 km langen Halbinsel Coromandel. Im Westen fallen ihre steilen Flanken entlang einer Verwerfungslinie abrupt zum Meer ab. Im Osten gehen die bewaldeten Hänge fast zögernd in hügelige Schafweiden über. Der Kontrast zwischen rauher Bergwildnis, malerischen Stränden und saftig grünem Kulturland verleiht diesem Gebiet einen besonderen landschaftlichen Reiz. Seine ökologische Bedeutung ergibt sich aus den unterschiedlichen Klimabedingungen, der Vielfalt an Lebensräumen und der inselähnlichen Geographie.
20 Mio. Jahre vulkanischer Aktivität haben zerklüftete Konturen hervorgebracht, die an Landschaftsbilder Tahitis errinnern. Dabei wurde das ursprüngliche Grauwacke-Grundgestein immer wieder von vulkanischem Schmelzmaterial, vor allem Andesit und Rhyolit, durchsetzt oder überlagert. Der Vulkanismus kam erst vor 1 Mio. Jahren zur Ruhe. Erosion hat seither die Erupti-

Vom Paku Hill bei Tairua überblickt man ein typisches Flußästuar. Bei Ebbe liegt die nährstoffreiche Schlickfläche trocken.

Maorifruchttaube an einer Nikaupalme. Die Fruchtfresserin verbreitet im Regenwald vor allem größere Baumsamen.

onskegel abgetragen; die härteren Schlote aus erkalteter Lava blieben jedoch erhalten. Diese schroffen Vulkanruinen bestimmen heute die Topographie der Halbinsel. Am Ende der Eiszeit stieg der Meeresspiegel, Flußtäler wurden überschwemmt und weite Hafenbuchten geformt. Es entstanden vorgelagerte Inselgruppen, denen heute eine wichtige Rolle im Artenschutz zukommt. Die ausgedehnten Wattflächen in dieser Region bieten zahlreichen Tierarten Lebensraum.

Der Reichtum an natürlichen Ressourcen, vor allem Nutzhölzer und Mineralien, ließ Coromandel schon früh zu einem kolonialen Wirtschaftszentrum werden. 1852 wurde hier der erste offizielle Goldfund gemacht. Bald trieb man Minenstollen in die Quarzriffe.Bergbau, Holzschlag und Landwirtschaft veränderten das natürliche Gesicht der Halbinsel. Teilweise wurde mit endlosen Reihen schnellwachsender exotischer Kiefern aufgeforstet, die den Hügeln ein monotones Aussehen verleihen. Die meisten Wunden der Vergangenheit heilen jedoch unter einem attraktiven Pflanzenkleid aus heimischem Sekundärwald. Naturschutzgebiete nehmen heute den größten Teil der Halbinsel ein. Allein der **Coromandel Forest Park** umfaßt 72 000 ha meist bergigen Hinterlandes. Erneute Schürfpläne internationaler Bergbaugesellschaften bedrohen heute wieder Landschaft und Ökosysteme. Naturschützer warnen vor den potentiellen Folgeschäden, hauptsächlich durch Erosion und Schwermetallbelastung sowie Verschlickung und Trübung der Küstengewässer.

Pflanzen und Tiere

Es gibt in Neuseeland kaum eine biogeographische Region vergleichbarer Größe, die eine so diverse Vegetationsdecke trägt. Nördliche und südliche Arten treffen zusammen, letztere oft an ihren Verbreitungsgrenzen. Die unteren Hänge der zen-

»Cabbage Trees« lieben Licht und gedeihen an Waldrändern oder Sumpfsäumen. Da sie Feuer überleben, findet man sie oft auch auf gerodetem Farmland.

Der »Corkwood«-Baum wächst meist nahe der Küste. Trugdolden mit weißen Blüten und Kapselfrüchten.

tralen Bergkette sind von einem modifizierten, subtropisch erscheinenden Regenwald bedeckt (s.S. 69). In der Baldachinschicht sind die weidenähnlichen Blätter des Tawa-Baumes zu erkennen. Die olivengroßen, dunkelvioletten Früchte dieses Lorbeergewächses frißt die Maorifruchttaube besonders gern. Der Hinaubaum trägt zunächst ebenfalls sehr schmale, längliche Blätter, entwickelt nach seiner Jugendphase aber eine etwas breitere Blattform. Vor allem in höheren Lagen findet man abgestoßene rote Blütenstände am Boden, die von Rewarewa-Bäumen stammen. Dieser Vertreter der in Australien dominanten Proteaceen erreichte Neuseeland, als es noch mit dem Urkontinent Gondwanaland verbunden war.
Entlang der Waldpfade erfreut ein sattgrünes Unterholz aus Nikaupalmen (S.118), verschiedenen Baumfarnen (s.S. 117) und Kletterpflanzen die Wanderer. Der Wurzelkletterer Kiekie, ein Verwandter des tropischen *Pandanus,* fällt durch das »schaukelnde« Gewirr seiner schmalen, scharfkantigen Blätter auf (S.126). Unterwegs trifft man immer wieder auf Kauriverjüngungen. Nachdem die meisten Nutzhölzer im letzten Jahrhundert geschlagen wurden, ragt heute vor allem die »Northern Rata« (S.115) über das Walddach hinaus. Von den Bergstraßen aus kann man zwischen Dezember und Februar ihre rote Blütenpracht bewundern. Deutlich erkennt man auch die überstehenden Kronen der verbliebenen Rimu- und Kauri-Riesen (S.44).
Oberhalb 600 m Meereshöhe verändert sich die Zusammensetzung des Waldes. Südlichere Arten kommen hinzu, Zwergwuchs und Strauchvegetation werden auffälliger. Zwischen einzelnen Podocarpaceen (S.121) wie Totara und Miro wachsen Gahnia-Seggen und Neuseeland-Flachs. Auf der höchsten Erhebung, dem nördlichen Mt. Moehau (892 m) , trifft man besonders reichhaltige subalpine Matten an. Sie tragen teilweise bedrohte und seltene Pflanzenarten.
Niedriger Strauchbewuchs charakterisiert auch wiederholt abgebranntes Tiefland. »Teatrees« (S.105) und eingeführte Sträucher wie Stechginster kolonisieren diese verarmten, für die Landwirtschaft nutzlosen Böden. Im Frühling blüht der »Cabbagetree«, der leider durch eine mysteriöse Krankheit auf der Nordinsel massenhaft abstirbt. Am Straßenrand fallen die schwarzen Beeren der »Fivefinger«-Büsche (S.95) auf.
Entlang der abwechslungsreichen Küste spenden Pohutukawa-Bäume (S. 30) willkommenen Schatten. Um das Schlickwatt der Flüßmündungen bilden Mangroven (S. 37) und Binsen einen grünen Gürtel, der zahlreichen Tieren als Lebensraum dient. Sanddünen werden von speziellen Pionierpflanzen wie dem Kugelkopfgras *Spinifex* kolonisiert. Wegen der Erosionsgefahr sollte man nur die markierten Strandzugänge benutzen.
Der topographischen Vielfalt entspricht der Reichtum an Tierarten. Als biologisches Unikum gelten 2 Arten endemischer Urfrösche (s.S. 21), die durch Habitatzerstörung und eingeführte Feinde gefährdet sind. Unter den Waldvögeln sind die meisten der häufigeren Arten wie Makomako

(S. 64), Tui (S. 45) und Fächerschwanz zu sehen. Die endemische Maorifruchttaube paßt ihre Nahrungswahl dem Jahreszyklus an und besucht dabei verschiedene Pflanzengesellschaften. Der etwa 50 cm große Vogel ernährt sich bevorzugt von den Beerenfrüchten des Baldachins, deren Samen er unverdaut wieder ausscheidet. Hierdurch spielt er eine bedeutende Rolle bei der Verbereitung großfruchtiger Bäume. Zahlreiche Seevögel frequentieren die Küste. An den Felsklippen, vor allem der vorgelagerten Inseln, nisten Zwergpinguine (S. 177) und verschiedene Kormoranarten. Die weitverbreitete heimische Tüpfelscharbe läßt sich entlang der Westküstenstraße gut beobachten. Hier sollte man auch nach dem endemischen Graumantel-Sturmtaucher Ausschau halten. Die Australtölpel (S. 29) erkennt man bei der Fischjagd an ihren akrobatischen Sturzflügen. Der Götzenliest beobachtet von seiner Warte aus gern Flußläufe oder Strände, um Insekten oder auch kleine Krebstiere zu erbeuten. Man sieht diesen Eisvogel häufig auf Stromleitungen am Straßenrand. An den Hafenbecken halten sich Pfuhlschnepfen (S. 106) und andere Limikolen auf. Die Sandnehrungen und Dünen der Bay of Plenty sind Brutgebiet des endemischen Maori-Regenpfeifers, der eine interessante Verbreitung aufweist. Eine zweite Brutpopulation befindet sich über 1200 km entfernt im Süden Neuseelands.

Im Gebiet unterwegs

Da die **Straßen** der Halbinsel teilweise sehr kurvig, schmal und holprig sind, sollte man längere Fahrzeiten einplanen. Die einzige geteerte West-Ost-Verbindung ist Highway 25A, zwischen Kopu und Hikuai. Die nördlicheren Paßstraßen vermitteln jedoch einen intensiveren Eindruck der natürlichen Vegationsdecke. Besonders für Vogelfreunde empfiehlt sich die reizvolle Küstenstraße 25, nördlich von Thames.

Die Stachelköpfe des Dünengrases *Spinifex* rollen im Wind über den Sand und verbreiten so ihre Samen.

Coromandel bietet in unterschiedlichstem Terrain zahlreiche Möglichkeiten der Naturbeobachtung. Die folgenden **Wandervorschläge** erschließen verschiedenartige Ökosysteme, deren Charakter jeweils (in Stichworten) vermerkt ist. Weitere Informationen in Form zahlreicher Broschüren halten die Büros der Naturschutzbehörde bereit. Zur Orientierung empfiehlt sich die Karte »Infomap 274-01« . Das nützliche Büchlein »Coromandel Walks« von G. Foster beschreibt weitere Wanderrouten der Halbinsel.

Kanaeranga Valley ① (Ökosystem Talwald, Strauchvegetation und Wildbäche). Dieses Tal wenige Kilometer südlich der Stadt Thames war früher ein Zentrum der Kauri-

Hübsche Strandpionierin: die rosa-weiße Strandwinde.

Ein Götzenliest mit Skink-Beute auf seiner Warte.

Tüpfelscharbe im attraktiven Brutgefieder.

Industrie (s.S.41). Heute führt eine gute Auswahl von Wanderwegen (20 Min. bis 5 Std.) durch attraktive Sekundärvegetation. In einzelnen Schluchten haben kleine Reliktbestände des ursprünglichen Primärwaldes überlebt. Der Besuch sollte im informativen **Visitor Centre**, 12 km östlich von Thames, beginnen. Einen guten Einblick in die Waldökologie verschafft der Naturlehrpfad **Murray's Walk** (20 Min.), zu dem ein empfehlenswerter Begleittext erhältlich ist.

Opoutere Beach ② (Ökosystem Watt, Mangroven, Sandnehrung und Dünen). Dieser reizvolle Strand liegt an der Ostküste zwischen den Orten Whangamata und Tairua (Fußweg: 15 Min.). Er eignet sich gut zur Beobachtung von Limikolen wie der Pfuhlschnepfe. Auf der südlichen Sandnehrung brüten Seeschwalben und der seltenere

Im Sekundärwald stößt man oft auf Rewarewa-Blüten.

Mirofrüchte fressen Maorifruchttauben am liebsten.

Cathedral Cove: Brandungserosion hat die weichen Kreidefelsen eindrucksvoll ausgewaschen.

Maori-Regenpfeifer (umzäuntes Gebiet nicht betreten!). Austernfischer suchen bei einkommender Flut entlang der Tidenlinie Nahrung. Während Ebbe kann man die *Avicennia*-Mangrove (S. 37) mit ihren typischen Atemwurzeln aus der Nähe betrachten.

Interessant ist auch die Dünenvegetation, in der zwischen eingeführtem Strandhafer heimische Pionierarten wachsen (VORSICHT: Erosionsschäden vermeiden). Bei der gemütlichen Jugendherberge steigt ein weiterer Pfad durch Küstenwald zu dem Aussichtspunkt Wharekawa auf (45 Min. hin und zurück).

Whenuakite ③ (Ökosystem Küstenwald, Felsküste, Litoralzone). 8 km nördlich von Tairua befindet sich ein prächtiger Jungbestand von Kauribäumen, der von einem Rundweg (1,5 Std.) durchquert wird. Ein

»Exotische« Farbtupfer im Dünensand: Das Kreuzkraut »Purple Groundsel« stammt aus Südafrika.

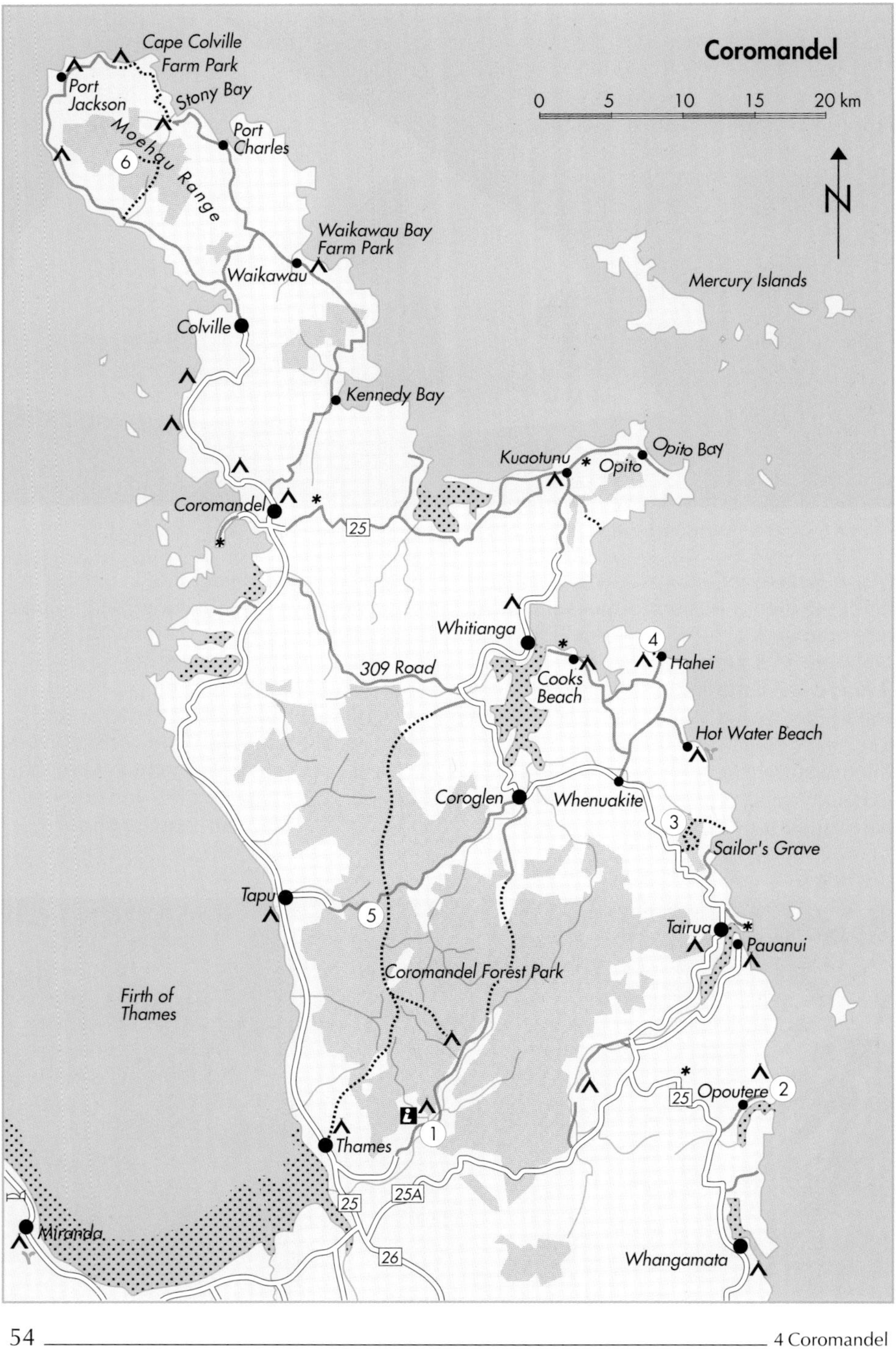
Coromandel
0 5 10 15 20 km
N
Cape Colville
Farm Park
Port
Jackson
Stony Bay
Port
Charles
Moehau Range
6
Waikawau Bay
Farm Park
Waikawau
Mercury Islands
Colville
Kennedy Bay
Kuaotunu
Opito
Opito Bay
Coromandel
25
Whitianga
4
Hahei
309 Road
Cooks
Beach
Hot Water Beach
Coroglen
Whenuakite
3
Sailor's Grave
Tapu
5
Tairua
Pauanui
Coromandel Forest Park
Firth of
Thames
25
Opoutere
2
1
Thames
25
25A
Miranda
26
Whangamata

schmaler, rauher Pfad führt entlang des Bächleins Lynch Stream weiter zum Meer (3 Std., zahlreiche Bachüberquerungen). Nikaupalmen und verschiedene Baumfarnarten vermitteln eine »Dschungel-Atmosphäre«. Bei Ebbe (!) läßt sich das Litoral der Felsküste nach Süden bis zum Sandstrand **Sailor's Grave** erforschen.
<u>Hahei</u> (Sandstrand, Küstengebüsch, Brandungserosion). Von diesem hübschen Strandresort führt ein aussichtsreicher Fußpfad nach **Cathedral Cove** ④ (40 Min.), einer bizarr skulpturierten Felsbucht. Unterwegs kann man uralte, riesige Puriri-Bäume (S. 40) bewundern. Darunter gedeiht der »Corkwood«-Baum mit seinen kugelrunden, stacheligen Früchten.
<u>Square Kauri</u> ⑤ (Ökosystem Bergwald, Kauri). An der Straße zwischen Tapu und Coroglen findet man einen 1200 Jahre alten Kauribaum (S. 44) von fast 9 m Umfang. Der kurze Fußweg vermittelt einen Eindruck des Bergwaldes dieser Höhenstufe (ungefähr 400 m Höhe).
<u>Mt. Moehau</u> ⑥ (Höhensequenz der Vegetation, subalpines Ökosystem). Ein anspruchsvoller, rauher Bergpfad führt entlang des Flüßchens Hope Stream auf den höchsten Gipfel der Halbinsel (892m; 7–8 Std. hin und zurück). Diese Wanderung erfordert Kondition und Orientierungsvermögen. Sie erschließt die botanische Vielfalt an der Nordgrenze der neuseeländischen Subalpinflora. In den Moorbiotopen um den Gipfel leben archaische *Leiopelma*-Frösche (s.S. 21). Der Berg ist den Maori heilig und sollte daher mit entsprechendem Respekt besucht werden. Bitte nicht vom Weg abweichen.

Praktische Tips

Anreise
Die Halbinsel Coromandel ist von Auckland aus über Highway 1 und 25 in weniger als 2 Stunden zu erreichen. Vogelfreunde sollten unterwegs unbedingt einen Abstecher nach **Miranda** machen (s. u.).

Klima/Reisezeit
Generell mild und feucht, mit häufigen Regenstürmen, im Winter selten Frost. Jährliche Niederschläge im Durchschnitt 1250 mm in niederen Lagen, bis zu 2500 mm in den Bergen. Ganzjähriges Wandergebiet, trockenste Monate November bis März (Badesaison). Zur Haupturlaubszeit (Weihnachten bis Mitte Januar) überfüllte Strandresorts.

Unterkunft
Zahlreiche Unterkünfte aller Preisklassen, Jugendherberge in Opoutere (s.o.). Auskunft über die herrlichen naturnahen Campingmöglichkeiten erteilen die DoC-Büros.

Adressen
<u>Department of Conservation (DoC):</u>
- Kauaeranga Field Centre, Kauaeranga Valley, Tel. 07-8686381;
- Coromandel Field Centre, Coromandel, Tel. 07-8666869.

<u>Verkehrsbüro:</u>
- Coromandel Travel Information Line, P.O. Box 1000, Thames, Tel. 07-8662222.

Öffentliche Informationsbüros in allen größeren Ortschaften.

Blick in die Umgebung

Bei **Miranda**, 20 km westlich von Thames, befindet sich ein über 8000 ha großes Schlickwatt. Es ist eines der besten Gebiete zur Beobachtung von Limikolen. In den Sommermonaten sind hier viele Watvögel aus arktischen und sibirischen Brutregionen zu sehen (S.106). Auch zahlreiche neuseeländische Zugvögel nutzen Miranda als Überwinterungsplatz, u.a. der Schiefschnabel (S.175). Zu jeder Jahreszeit sollte man zum Besuch die Hochtide wählen. Nähere Informationen und Artenliste gegen Rückporto von: Miranda Naturalists Trust Centre, R. D. 1, Pokeno. Unterkunft / Buchung: Tel. 09-2322781.

5 Rotorua und Umgebung

Hochaktive Thermalgebiete mit Sinterterrassen, Geysiren und spezialisierter Flora; herrliche Seenlandschaft mit zahlreichen Wasservögeln und eindrucksvollen Reliktwäldern; junge Pflanzenfolge an bizarren Vulkankratern.

Rotorua, etwa 230 km südöstlich von Auckland gelegen, ist die »touristische Hauptstadt« der Nordinsel. Bereits Ende des letzten Jahrhunderts kamen Besucher aus dem fernen Europa, um die vielen Naturwunder dieser Region zu bestaunen. Zu den Hauptattraktionen zählten neben farbintensiven Sinterterrassen vor allem die Thermen, denen eine rheumatische Heilwirkung zugeschrieben wird.

Vulkanische Ereignisse haben die Landschaft der Umgebung geprägt. Das Bodenprofil gleicht einem historischen Bilderbuch, das in mindestens 10 farbigen Schichten anschaulich verschiedene Ausbrüche dokumentiert. Lake Rotorua ist der größte von 17 malerischen Seen. Er füllt das erodierte Einsturzbecken eines alten Vulkanherdes, das während einer Ignimbrit-Eruption vor 140 000 Jahren entstand. Dabei wurde vergleichsweise 60mal mehr Lava ausgestoßen als 1980 beim Ausbruch des amerikanischen Mt. St. Helens.

Wenige Kilometer östlich befindet sich in der noch größeren Okataina-Caldera ein zweites, älteres Vulkanzentrum. Hier kam es letztmals vor 50 000 Jahren zu einem Ignimbrit-Erguß, dessen Fächer bis an die nördliche Küste der Bay of Plenty reicht.

Die Vulkane Rotoruas waren auch in jüngerer Zeit aktiv: 1886 explodierte der Mt. Tarawera mit solcher Wucht, daß er innerhalb weniger Stunden mehrere Dörfer verwüstete und 153 Menschen tötete. Der gewaltige Rhyolith-Ausbruch schickte eine 10 km hohe Rauchwolke in die Atmosphäre und hinterließ auf dem Bergplateau eine klaffende Furche von 9 tiefen Kratern. Die Eruption zerstörte die berühmten »pink and white terraces«, eine riesige Sinterformation, die zu den großen Naturwundern Neuseelands zählte.

◁ Dieser versteckte Urwaldsee im Okataina-Reservat füllt einen uralten Explosionskrater. Im Vordergrund die schmalen Blätter einer *Astelia.*

Am erst 100 Jahre alten Tarawera-Krater kann man ▷ beobachten wie Pionierpflanzen langsam zum Gipfel vordringen – ein Bilderbuch der Primärsukzession.

Postvulkanische Erscheinungen wie Geysire, heiße Seen, Sinterterrassen und brodelnder Schlamm locker jährlich Tausende von Touristen nach Rotorua. Zwischen welligem Hügelland wartet außerdem eine herrliche Seenlandschaft, deren abwechslungsreiche Naturwelt zu den ökologisch interessantesten des Landes zählt.

Pflanzen und Tiere

Die natürliche Vegetation der Region besteht hauptsächlich aus einem üppigen, hohen Mischwald von Podocarpaceen (S.121) und immergrünen Laubbäumen. Restbestände solcher Urwälder finden sich vor allem auf dem westlich angrenzenden Mamaku-Plateau und in den Schutzreservaten östlich des Okataina-Sees. Dort überragen die Kronen riesiger Rimubäume alle anderen Pflanzen. Diese stattliche Harzeibe kann bis zu 60 m hoch werden. Studien von Pollenfosillien haben ergeben, daß ihre Vorfahren bereits vor 70 Mio. Jahren in Neuseeland weit verbreitet waren. Die Jungbäume fallen entlang der Wanderwege durch ihre feinen, weit herabhängenden Zweige auf.
In den Sekundärwäldern bilden Kamahi (S. 86) und Rewarewa (S. 52) ausgedehnte Bestände. Weitverbreitet ist auch die Holzliane »Supplejack« (S. 169), die ein Vorwärtskommen abseits der Wege mühsam macht. In den Frühlingsmonaten zeigen sich die roten Blüten der Baumfuchsie. Mit ihrer blauen Pollenfärbung gehören sie zu den kleinen Farbenfreuden eines Waldausfluges. In den kälteren Wintern des Südens verliert die Fuchsie ihre Blätter. Damit bildet sie eine seltene Ausnahme unter den immergrünen Laubbäumen des Landes. Sie ist außerhalb der Blütezeit leicht an ihrer papierartigen, rötlichen Rinde zu erkennen.
In der Umgebung Rotoruas stößt man auf ausgedehnte Anbauflächen exotischer Nutzhölzer. Meistens handelt es sich um endlose Reihen hochproduktiver Monokulturen von kalifornischen Monterey-Kiefern. Frühere Anpflanzungen, wie man sie in dem fast 100 Jahre alten Whakarewarewa Forest antrifft, sind in ihrem Aufbau abwechslungsreicher. Dort gedeiht unter der Kronenschicht ausländischer Koniferen ein sattes Unterholz aus einheimischen Farnen und Laubbäumen.
An Waldrändern und feuchten Standorten findet man Harekeke, den »New Zealand Flax«. Der englische Name ist irreführend, denn der Vertreter der hauptsächlich in der Südhemisphäre verbreiteten Phormiaceae hat mit dem europäischen Flachs (*Linum* sp.) keine botanische Gemeinsamkeit. Seine Nutzfaser fand jedoch ebenfalls industrielle Verwendung und wurde bis in das frühe 20. Jh. zur Seilherstellung exportiert. Harekeke ist eine der wichtigsten Kulturpflanzen der Maori und wird heute noch zum Flechten verwendet (s. u.). Zwischen November und Januar trägt sie große rote Blüten. Diese locken die Honigfresser Tui (S. 45) und Makomako an.
Beim Besuch eines Thermalgebietes sollte man nicht versäumen, die einzigartigen Vegetationsformen solcher Standorte zu betrachten. Die heißen Böden haben interessante Anpassungen entstehen lassen. Ein gutes Beispiel zeigt der Kanukabaum, der normalerweise bis 20 m hoch wächst. Eine Unterart des Myrtengewächses hat hier eine Zwergwuchsform entwickelt, deren Zweige buchstäblich über den Thermalboden »kriechen«. Das flache Wurzelwerk verhält sich in ähnlicher Weise, indem es nur die kühlere, obere Bodenschicht durchringt. Der lateinische Namen »microflora« bezieht sich auf die kleinen weißen Blüten.
Auf säurehaltigem Thermalgrund wächst eine heideähnliche Vegetation kleinblättriger Pflanzen. Ein typischer Vertreter ist der »Mingimingi«-Busch, der an Wacholder errinnert. Weniger saure Böden erlauben ein artenreicheres Wachstum. Hier begegnet man sogar frostscheuen tropischen

Das System, das thermale Aktivität hervorruft, kann man sich wie einen gigantischen unterirdischen Boiler vorstellen, der von glutheißem Gestein (Magma) beheizt wird. Regen versickert in die porösen Gesteinsschichten über einer großen Magmakammer. Unter Druck kann sich das Wasser dort bis auf 260°C erhitzen, bevor es wieder zur Oberfläche aufsteigt. Vermischt es sich unterwegs mit kaltem Grundwasser, entsteht eine **heiße Quelle**. Sie enthält oft vulkanische Gase oder auch heilende Mineralsalze. Tritt das superheiße Wasser als Gas- und Dampfstrahl aus, spricht man von einer **Fumarole**. Gasaushauchungen bei weniger hohen Temperaturen heißen **Mofetten** oder auch **Sulfataren**, falls sie schwefelig sind. Wenn säurehaltige Gase mit Oberflächenwasser und Erdpartikeln chemisch reagieren, bilden sich **Schlammtümpel**.

Auf dem warmen Thermalboden um den Lady Knox Geysir gedeihen zwergwüchsige »Teatree«-Sträucher.

Brodelnde Unterwelt: Schlammtümpel beim Thermalgebiet Waiotapu.

Ein **Geysir** entsteht dort, wo überhitztes Tiefenwasser in ein Grundwasserreservoir eindringt, es erhitzt und teilweise zum Sieden bringt. Als Resultat schießt schlagartig Dampf nach oben, der meterhohe Wasserfontänen mitreißt. Sobald kaltes Grundwasser und überhitztes Tiefenwasser das Reservoir wieder gefüllt haben, beginnt der Eruptionszyklus von neuem.
Die Farbenpracht der Thermalgebiete stammt von ausgefällten Elementen und Verbindungen. An weißen Sinterterrassen lagert sich Siliziumoxid als Kieselstein ab. Schwefel hinterläßt gelbe Farbspuren, Eisen rote, Arsensulfid grüne, Antimon orange und Mangan purpurne. Aber auch Bakterien und Algen verleihen heißen Quellen ihre auffälligen Farben.

Schwefelkristalle zählen zu den kleinen, farbenprächtigen Wundern eines Thermalgebietes.

Farnen, deren Verbreitung in Neuseeland auf diese Thermalregion beschränkt ist. Während Temperaturen über 50°C für Gefäßpflanzen unerträglich sind, gedeihen manche Laubmoose, Lebermoose und Bärlappgewächse sehr gut unter solchen Hitzebedingungen. Wie zahlreiche Mikroalgen beweisen, können primitive Pflanzenformen selbst in dem heißen, schwefeligen Thermalwasser überleben.
Die Umgebung der Tarawera-Krater bietet Botanikern eine seltene Chance die Kolonisation jungen Vulkanbodens zu studieren (s.S. 99). Ringförmige Floreninseln aus Flechten, Moosen, Kräutern und Gräsern bilden das Anfangsstadium der Besiedlung. Ein typischer Pionier der nachfolgenden Strauchvegetation ist der Tutubusch, dessen spargelähnliche Jungtriebe auffallen. An seinen Wurzelknollen leben Mikroorganismen, die Stickstoff binden. Sie spielen eine Schlüsselrolle bei der Aufbereitung des nährstoffarmen Tephra-Bodens. Auf den unteren Bergflanken wächst eine von Kamahi (S. 86) dominierte Waldgesellschaft, die allmählig zum Gipfelplateau vordringt.
Die vielen Seen, Quellbäche und Sumpfgebiete sind nicht nur wegen ihrer aquatischen Flora und Zonierung der Uferpflanzen von Interesse. Sie bieten auch hervorragende Möglichkeiten zur Beobachtung verschiedener Wasservögel. Der Maoritaucher gehört zu der kleinen, kosmopolitischen Familie der **Lappentaucher**. Diese Wasserbewohner bauen meist ein »schwimmendes« Nest und sind auf dem Land eher unbeholfen. Man erkennt sie leicht an ihrem spitz zulaufenden Schnabel und dem sehr kurzen Schwanz. **Enten**, im Vergleich,sind zwar gute Schwimmer, aber Landbrüter. Ihr breiter Flachschnabel

Der stickstoffbindende Tutu ist ein genügsamer Pionier. Er besiedelt häufig Vulkanböden oder Gletschermoränen.

Ein Farbenkranz metallreicher Ablagerungen umgibt den bis 75°C heißen Thermalteich von Waiotapu.

ist mit einem zahnähnlichen Rand versehen, der beim Seihen als Sieb wirkt. An den Seen Rotoruas leben mehrere in Neuseeland heimische Arten wie Weißkehlente, Augenbrauenente und Halbmond-Löffelente. Die endemische Maori-Ente (S. 147) ist ein schwarz gefärbter »Tauchexperte«, den man häufig in großen Gruppen antrifft. Dazwischen fällt der graziöse Schwarzschwan auf, der als Ziervogel aus Australien eingeführt wurde. Am Uferrand ergänzen Weißwangenreiher (S. 36), Schwarzscharben und verschiedene Möwenarten das Bild.
Unter den Waldvögeln der Umgebung sind Honigfresser und Insektenjäger besonders zahlreich. Nachtaktive Waldbewohner wie der Kuckuckskauz (S. 68) und der seltene Streifenkiwi (S. 161) machen durch ihre charakteristischen Rufe auf sich aufmerksam. Eine Nachtexkursion bietet auch gute Chancen 2 australischen Beuteltieren zu begegnen: Der Fuchskusu (S. 42) und das kleine Tammarwallaby gelten als schädliche Importe, da sie die Vegetation zerstören.

Im Gebiet unterwegs

Sobald man in Rotorua ankommt, fällt der Geruch von Schwefelwasserstoff auf. Überall errinnert die dampfende Erde daran, daß man sich in einer instabilen geothermalen Zone befindet. Für Naturfreunde bietet Rotorua neben seiner lebendigen Maorikultur und den berühmten Thermalgebieten viel Sehenswertes. Das informative DoC-Stadtbüro »Map & Track Shop« hält eine ausführliche Broschüre über verschiedene Schutzgebiete bereit. Im folgenden einige Wandervorschläge.

.Aufsteigende Kohlendioxid-Gase haben ihm den Namen »Champagner Pool« zugetragen.

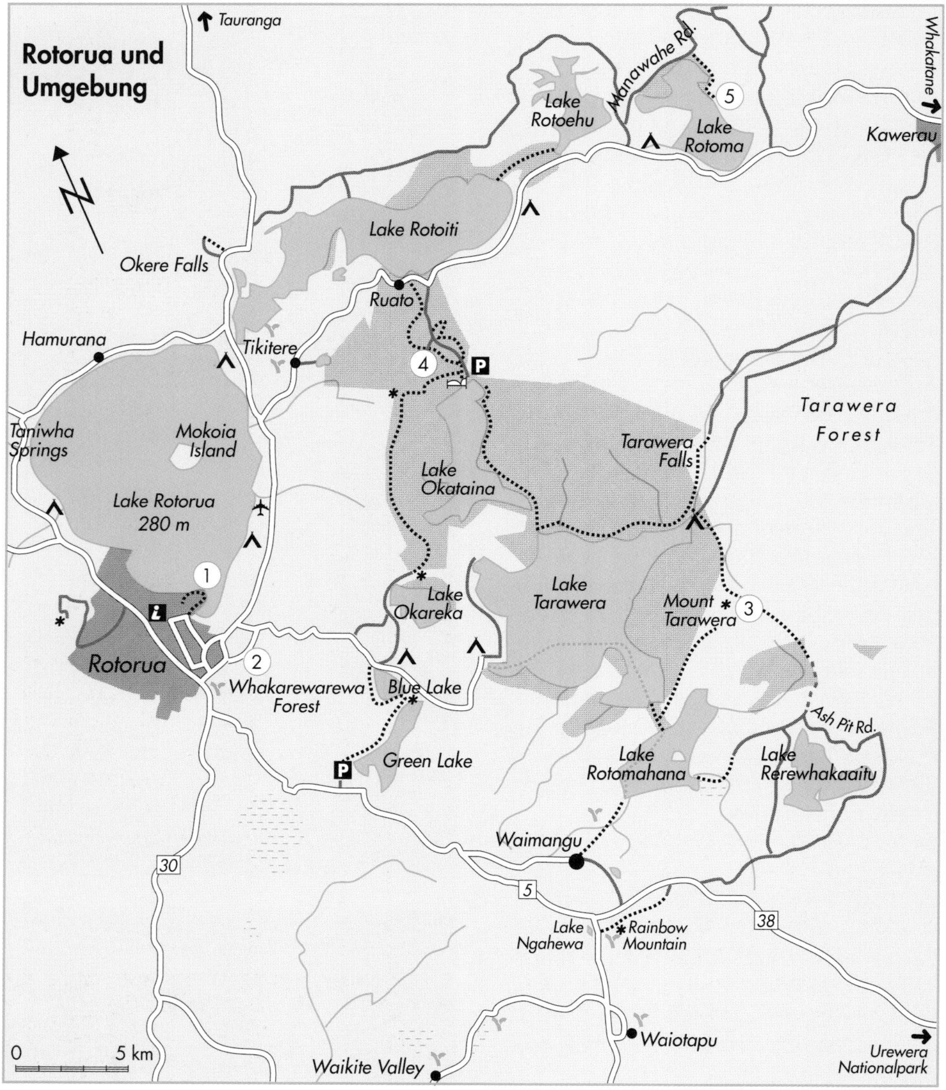

<u>Sulphur Point</u> ①: Das interessante Vogelschutzgebiet befindet sich in der Nähe des Stadtparks Government Gardens. Die südlichste Bucht des Lake Rotorua gilt als Lebensraum für 62 Vogelarten. Unter den 3 Möwenarten, die hier brüten, fällt die schwarzschnäbelige Maorimöwe auf. Neben Lappentauchern, Enten, Scharben und Reihern kann man dort auch Watvögel wie den Stelzenläufer oder den Doppelband-Regenpfeifer (S. 173) beobachten (»Lakefront Walkway«, 20 Min., sowie Schotterstraße entlang des Ufers).

<u>Whakarewarewa Forest</u>: Dieser Wirtschaftswald hat ein ausgedehntes Netz von Wanderwegen, meist durch ältere Holzplantagen. Sehenswert ist die 6 ha große Sequioa-Anpflanzung **Redwood**

Memorial Grove ② (Rundweg 20 Min.). Mit ihrem attraktiven Unterholz aus Farnbäumen bildet sie das seltene Beispiel einer harmonischen Mischgesellschaft aus exotischen und heimischen Pflanzen. Die kalifornischen »Redwood«-Riesen, die im Jahre 1901 gepflanzt wurden, sind bereits 55 m hoch.

Mount Tarawera ③: Der höchste Berg der Umgebung (1111 m) besteht aus einer jungen und beeindruckenden Kraterlandschaft mit interessanter Pflanzenfolge (s.o.). Seit etwa 50 Jahren nisten Dominikanermöwen (S. 171) auf dem Vulkan. Durch Guanodüngung und Samenverbreitung tragen sie aktiv zur Vegetationsentwicklung bei. Das Gipfelplateau läßt sich per Allradfahrzeug oder im Rahmen eines imposanten Rundfluges erreichen. Mehr Aufenthaltszeit bietet der Aufstieg zu Fuß. Die kürzeste von 3 Routen beginnt an der Ash Pit Road, am Nordende des **Lake Rerewhakaaitu** (2 Std.). Die südlichen Buchten dieses flachen Sees eignen sich gut zur Beobachtung von Wasservögeln. In der Umgebung brüten Doppelband-Regenpfeifer (S. 173). Anstrengender ist der nördliche Aufstieg (3 Std.) vom Zeltplatz **Tarawera Outlet** (Anfahrt über Kawerau).

Lake Okataina: Lake Okataina hat keinen Abfluß und ist als einziger See der Umgebung ganz von ursprünglichem Wald umwachsen. Am Ufer sitzt der Götzenliest (S. 52) auf seiner Warte, auf demWasser sind Enten unterwegs. Die schmale Zufahrtsstraße führt durch ein Tunnel aus Fuchsienbäumen, Kamahi (S .86) und Baumfarnen (S. 117). Ein ausgedehntes Wegnetz durchkreuzt das attraktive Naturschutzgebiet. Hier kann man Waldvögel wie Maorifruchttaube und Maorischnäpper (S. 126) gut beobachten. Im Spätfrühling erklingt der Kuckucksruf und Honigfresser besuchen die blühenden Bäume. Nahe des Schullandheimes »Outdoor Education Centre« ④ beginnen mehrere kürzere Rundwege, die teilweise durch eindrucksvollen Podocarpaceen-Primärwald führen: Der **Ngahopoua Track** (1 Std.) vermittelt einen schönen Ausblick über zwei 3500 Jahre alte Kraterseen. Hier kann man fliegende Vögel wie die Sumpfweihe (S. 176) von oben betrachten. Von den Bäumen hängen epiphytische Orchideen (S. 115). Der **Tarawhai Track** (1 Std.) windet sich zwischen eindrucksvollen Urwaldriesen, die teilweise betitelt sind. Am Boden liegen abgefallene rote Blütenstände der Rewarewabäume (S. 52). Längere Wanderrouten verbinden die Seen Rotoiti und Okareka (7 Std.), sowie die Seen Okataina und Tarawera (4 Std.).

Die endemische, schwarzschnäbelige Maorimöwe nistet weit im Landesinneren und zieht im Winter an die Küste.

Die Strauchflechte »Coral Lichen« formt auf den Ascheböden oft einen auffallend weißen Teppich.

Weiche Zweige eines jungen Rimubaumes. Die älteren Bäume entwickeln kürzere und harte Blätter.

Die Blüte der Baumfuchsie zählt zu den ersten Frühlingsboten.

Das Hotel Okataina Lodge ist eine sehr naturnahe Unterkunft, die sich zur Beobachtung nachtaktiver Tammarwallabies und Fuchskusus (S.42) besonders empfiehlt. Im Laternenlicht jagt der Kuckuckskauz (S. 68) nach den großen, grünen Puririfaltern (S.71). Zelten ist in diesem Schutzgebiet verboten.

Lake Rotoma Lagoons: Über die Manawahe Road erreicht man einen Picknickplatz am nordöstlichen Ende des Rotoma-Sees. Bei niedrigem Wasserstand kann man nach

Der Langschwanzkoel verbringt den Winter auf den Tropeninseln der Südsee. Er ist ein Brutparasit.

Der Gesang des Honigfressers Makomako zählt zu den besonderen Freuden einer Wanderung im Regenwald.

Süden dem Seeufer entlang zur **Lagune Onewhero** ⑤ wandern (3 Std. hin und zurück). Hier leben zahlreiche Wasservögel wie Paradieskasarka (S. 143), Kanadagans, Maoritaucher und Maori-Ente (S. 147). Die Manawahe Road durchquert hoch über dem See einen schönen Waldbestand. Dort singt in den frühen Morgenstunden der seltene Graulappenvogel (S. 40).
Thermalgebiete: Die berühmten Thermalgebiete Rotoruas bieten eine Vielfalt von Natursehenswürdigkeiten.
Im Informationsbüro »**Tourism Rotorua**« erhält man Broschüren zu einzelnen Gebieten. Hier eine Auswahl im Überblick:
Whakarewarewa: Am Südostrand der Stadt befindet sich der berühmte Pohutu Geysir, dessen Eruptionszeiten man an der Kasse erfragen kann. An den Kanukabüschen sollte man nach Zwergmisteln Ausschau halten. Über die Frühlingsmonate blühen verschiedene Orchideenarten, hauptsächlich der Gattungen *Thelmitra* (S. 47) und *Microtis*. Im »Maori Arts and Craft Centre« zeigen Frauen die Verarbeitung von Harekeke, dem Neuseeland-Flachs.
Waimangu Valley: In dem Thermaltal kann man heiße Seen und dampfende Klippen bestaunen. Wegen seiner zahlreichen geothermalen Pflanzen ist dieses Gebiet ein Muß für botanisch interessierte Besucher. Farnfreunde finden hier 3 tropische Arten sowie eine der primitivsten Gefäßpflanzen der Erde, das wurzellose Gabelblatt aus der Ordnung der Psilotales.
Waiotapu: Dieses Schutzgebiet ist für seine besonders farbintensiven Thermalterrassen bekannt, die das Ergebnis unterschiedlicher chemischer Ablagerungen sind. An abgelegenen Teichen halten sich Stelzenläufer und andere Watvögel auf. Jeden Morgen um 10.15 Uhr wird der Lady Knox Geysir mit Seifenflocken in Aktion gesetzt.
Rainbow Mountain: Das wenig bekannte Reservat befindet sich nördlich von Waiotapu, an der Kreuzung der Highways 5 und 38. Es enthält eine abwechslungsreiche Flora mit besonders reizvoller Orchideenblüte (November). Mehrere Wanderwege erschließen den Thermalberg und führen durch ein artenreiches Vogelhabitat am nahen **Ngahewa-See**. Sie laden zu einsamen Naturexkursionen ein.
ACHTUNG: Wegen des unstabilen Untergrundes sollte man in Thermalgebieten die markierten Wege nicht verlassen!

Der endemische Maoritaucher kann lang unter Wasser bleiben. Man findet ihn nur auf der Nordinsel.

Praktische Tips

Anreise
Eine gute Orientierung vor Ort bietet die Karte »Rotorua Lakes« (Info Map 336-05).

Klima
Mild; feuchte Winter mit häufigem Frost und Nebel; jährliche Niederschläge im Tiefland etwa 1400 mm, an den Bergen mehr. Sommertemperaturen selten über 30°C. Beste Reisezeit Oktober bis April.

Unterkunft
Das DoC-Büro erteilt Auskunft über Hütten und naturnahe Campingmöglichkeiten in den Schutzgebieten der Region.

Adressen
Department of Conservation (DoC):
➩ Map & Track Shop, 67 Fenton St., Rotorua, Tel. 07-3491845.
Verkehrsbüro:
➩ Tourism Rotorua, 67 Fenton St., Rotorua, Tel. 07-3485179.

6 Urewera-Nationalpark

Größtes Primärwaldgebiet der Nordinsel; Naturheimat des Tuhoe-Stammes; Hochmoorbiotope mit seltener Flora; interessante Vogelbeobachtungen einschließlich Saumschnabelente.

Die »Ureweras« sind Teil des 700 km langen bergigen Inselrückens, der sich von Wellington bis zum Ostkap zieht. Das Grundgestein besteht hier hauptsächlich aus jurassischen Grauwacken, die sich entlang der Hauptachse verschiedener Verwerfungslinien aufschoben. Westlich schließen sich die jungen Eruptivgesteine der Taupo-Vulkanzone an. Im Bodenprofil des Urewera-Gebietes kann man deutlich die verschiedenen Ascheschichten historischer Vulkanausbrüche erkennen. Die östlichen Bergflanken fallen steil zum Wairau-Becken ab. Diese ausgedehnte Küstensenke wurde erst im frühen Pleistozän über den Meeresspiegel angehoben. In den vorangegangenen Jahrmillionen

Die Saumschnabelente lebt sehr territorial. Sie verläßt »ihren« Abschnitt eines Wildflusses nur selten.

konnten sich große Sedimentmassen ablagern, die heute eine 8 km tiefe Gesteinsschicht bilden.

Lake Waikaremoana liegt am Rand des Wairau-Beckens, rund 100 km südöstlich von Rotorua. Der See entstand vor ungefähr 2200 Jahren, nachdem ein Erdrutsch das Tal blockiert hatte. Der oligotrophe See (nährstoffarm, sauerstoffreich) bildet den Mittelpunkt des Urewera-Nationalparks. Dieses 212 673 ha große Schutzgebiet umfaßt den größten verbliebenen Primärwald der Nordinsel.

Das riesige Urwaldgebiet ist seit langer Zeit Heimat des Maoristammes der **Tuhoe**, die sich als »Kinder des Nebels« verstehen. Die Sammler und Jäger Ureweras lebten jahrhundertelang in enger Verbindung mit ihrem Ökosystem. Der Wald lieferte ihnen Nahrung, Medizin und Materialien zur Verarbeitung. Der Wissensschatz um Ressourcen, Bräuche und Mythologien wurde von Generation zu Generation weitergereicht. In der Abgeschiedenheit des unzugänglichen Urwaldes konnten die Tuhoe ihre natürliche Lebensweise länger erhalten als andere Maoristämme. Mit Ankunft der ersten Missionare begann jedoch auch hier ein Kulturwandel, der die traditionellen Lebensformen der Urewera-Bewohner verändern sollte. Später folgten Krankheiten, Kolonialtruppen und wirtschaftliche Not. Nach dem 2. Weltkrieg wanderten viele Bewohner ab, um in der Forstwirtschaft oder in den Städten Arbeit zu suchen. Einige Familien blieben zurück und leben auch heute noch in starker spiritueller Verbindung zu ihrer Naturumgebung.

In den natürlichen Uferzonen des Waikaremoana-Sees finden Wasservögel gute Nistplätze.

Die Waldrebe *Clematis paniculata* windet sich an den Ästen der Bäume bis in das helle Blattdach hinauf.

Pflanzen und Tiere

Primärwald – bedeutend für die kulturelle Identität des Tuhoe-Stammes – bedeckt fast den gesamten Nationalpark. Die nördlichen Täler reichen bis auf 150 m Höhe hinunter, während die südlichen Bergrücken bis auf 1400 m ansteigen. Diese verschiedenen Höhenstufen sowie Bodenart, Lokalklima und Standortaspekte verursachen unterschiedliche Waldgesellschaften. Sie weisen jeweils einen charakteristischen Stockwerkbau auf.

Der braun gefärbte Kuckuckskauz ist ein lautloser Nachtflieger. Er nistet in hohlen Baumstämmen.

In der reichen Strauchschicht bestimmen meist die Farne das Bild. Der Mischwald aus **Podocarpaceen** (S. 121) und **immergrünen Laubhölzern** um den Waikaremoana-See (585 m) ist typisch für die tieferen Lagen. Der Baumwürger »Northern Rata« (S. 115), die Harzeibe Rimu (S. 64) und das Lorbeergewächs Tawa dominieren hier. Entlang der Hauptstraße fällt der »Mountain Cabbage Tree« auf. Dieser agavenähnliche Schopfbaum der Gattung *Cordyline* ist im Spätfrühling oft mit weißen Blüten überladen. Die Maori sehen darin ein Zeichen, daß ein guter Sommer folgt. Sie fertigten früher aus den breiten Blättern Sandalen und Regenumhänge.
In den höheren Lagen (ab 700 m) werden Arten der **Südbuche** (S. 129) immer zahlreicher, bis sie schließlich die Kronenschicht des Bergwaldes formen. Die montane Waldstufe ist durch die Höhengrenze des Rimubaumes definiert (ungefähr 900 m). Selbst die höchsten Bergflanken sind bewaldet, wobei starker Moosbewuchs den verkrüppelten Südbuchen der »Silver Beech« ein märchenhaftes Aussehen verleiht.
Im Nationalpark befinden sich über 20 **Feuchtgebiete** mit charakteristischem Pflanzenbewuchs. Gut zugänglich sind die tundraähnlichen Torfmoore nördlich des Waikareiti-Sees. Dieser Vegetationstyp ist auf der Nordinsel einzigartig.
Die Umgebung des Lake Waikaremoana eignet sich sehr gut für ornithologische Beobachtungen. Über dem Wasser jagt die Neuhollandschwalbe (S. 40) ihre Insektenbeute. 5 Entenarten sind im Park zu finden, darunter die endemische **Saumschnabelente.** Maorifrauen benutzten die schönen Brustfedern früher als Nackenschmuck. In der Maorisprache nennen sie den Vogel

Das »Regenwald-Haus«

Neuseelands gemäßigte Mischwälder aus Koniferen und immergrünen Laubbäumen erstaunen durch ihren komplexen Aufbau. Europäer sind aus ihrer ebenfalls gemäßigten Klimazone artenärmere Wälder gewohnt. Das Gewirr von Lianen, Palmen (S. 118), Baumfarnen (S. 117), Kletterern und Aufsitzerpflanzen errinnert eher an einen tropischen »Dschungel«. Stellt man sich dieses mannigfaltige Ökosystem wie ein großes Haus vor, dann kann man deutlich verschiedene **Stockwerke** erkennen:
Große Überhälter, meist Koniferen, ragen weit über das Blattdach der **Kronenschicht** hinaus. Unter diesem etwa 20 m hohen Baldachin aus Laubbäumen liegt ein zweites Kronenstockwerk von kleinen Bäumen und hohen Baumfarnen. In der eigentlichen **Strauchschicht** darunter wachsen Jungbäume und immergrüne Sträucher. Kleinere Pflanzen wie Rippenfarne oder *Astelia* formen gelegentlich eine dichte **Krautschicht.** Am **Waldboden** gedeihen Laubmoose, Hautfarne, Flechten, Pilze und Orchideen. Holzlianen (S. 169) und Wurzelkletterer (S. 126) überbrücken verschiedene Stockwerke, an Stämmen und Ästen wachsen zahlreiche Epiphyten (S. 36). Die Tiere des Regenwaldes nutzen die Ressourcen ihres Lebensraums optimal; jede Art hält eine andere **ökologische Nische** besetzt: Honigfresser besuchen die Blüten der Kronenschicht, der Zwergschlüpfer sucht an Baumstämmen nach Insekten, Raupen fressen die Blätter der Sträucher und Laubbäume an, Wekarallen (S. 98) durchstreifen die Krautschicht und picken Schnecken auf – nur einige Beispiele der mannigfaltigen Waldbewohner. Der Boden ist das Revier von »Zersetzern« wie Würmern, Milben und Bakterien. Sie bereiten aus Totholz und Laub neue Nährstoffe auf. Waldvögel passen sich dem Nahrungsangebot der verschiedenen Jahreszeiten an und sind dementsprechend mobil. Viele bestäuben Blüten und verteilen Baumsamen. Unter den Tieren und Pflanzen, aber auch zwischen beiden besteht ein kompliziertes Netzwerk von Lebensbeziehungen. Die Sonne als Urkraft des Lebens liefert die notwendige Energie dazu.

Baumwürger keimen im hellen Geäst eines Wirtsbaumes. Im Bild die jungen Luftwurzeln einer Rata.

Der Schopfbaum »Mountain Cabbage« trägt einen Rock aus abgestorbenen Blättern.

»Whio«, ein Hinweis auf seinen heiser-schrillen Pfeifruf. Diese seltene Flußente ist mit ihrem weichen, biegsamen Schnabel speziell für Wildbäche ausgerüstet. Als geschickter Taucher kann sie selbst an Stromschnellen unter den Steinen Nahrung finden.

Die Blüte der Ruhmesblume (engl. »Kakabeak«) errinnert an den Papageienschnabel des Kaka.

Zur Beobachtung der zahlreichen Waldvögel empfiehlt sich besonders der Wanderpfad zum Waikareiti-See. Dort ist auch das Krächzen von Springsittich (S. 156) und Kaka (S. 151) zu hören. Das Weißköpfchen kommt in kleinen Schwärmen vor, meist in den Baumkronen. Es frißt neben Insekten auch Früchte und baut sein Nest an die Astenden. Hier ist es vor Räubern wie den europäischen Wieseln und Ratten etwas sicherer. Sein nächster Verwandter ist das seltene Gelbköpfchen der Südinsel. Es nistet in Baumlöchern und ist daher stärker gefährdet.
Abends kann man im Lichtschein der Zeltplatzlaternen große grüne Puririfalter erkennen. Wer Glück hat, sieht auch ihren lautlosen Flugjäger, den Kuckuckskauz. Sein charakteristischer Ruf gehört ebenso zu den Geräuschen der Nacht wie die schrille Stimme des Streifenkiwi (S. 161).

Im Gebiet unterwegs

Das moderne Besuchszentrum des Nationalparks befindet sich in Aniwaniwa, am Ostende des Sees Waikaremoana. Die Umgebung bietet reizvolle Wanderwege mit reichlichen Möglichkeiten zur Naturbeobachtung. Das Parkpersonal gibt gerne Auskunft, wo bestimmte Vogelarten wie z. B. die Saumschnabelente am ehesten zu finden sind.
Hinerau's Track ① (2 km, 45 Min.). Dieser Rundweg, der neben dem Besuchszentrum beginnt, empfiehlt sich zur Beobachtung der Saumschnabelente. Manchmal sieht man bereits an der Straßenbrücke über den Fluß Aniwaniwa ein Entenpaar, vielleicht sogar mit Jungen. Entlang des Wanderpfades sollte man auf den freundlichen Langbeinschnäpper (S. 150) achten. Auch Kaka (S. 151), Weißköpfchen und die heimischen Kuckucksarten zeigen sich gelegentlich. Gegenüber eines großen Felsblockes erkennt man im Bodenprofil der Wegböschung 3 deutliche Ascheschich-

Zwischen den mächtigen Baumfarnen des Regenwaldes fühlen Wanderer sich wie »Kinder des Nebels«.

ten. Sie stammen von verschiedenen Vulkanausbrüchen, u.a. der Taupo-Eruption vor fast 2000 Jahren (Mittelschicht).

Lake Waikareiti/Lake Ruapani ② (Rundweg, 12 km). Wegen der Vielfalt an Biotopen kann hier ein ganzer Tag zur Naturbeobachtung eingeplant werden. Nachdem man den Wald betreten hat, hört man schon bald in den Baumwipfeln Kakas (S. 151) und vielleicht auch Springsittiche (S. 156). Ab Oktober erscheinen die roten Blüten der Baumfuchsie (S. 64). Der winzige Zwergschlüpfer sucht an den Stämmen stattlicher Südbuchen nach Insekten. Unterwegs begegnet man vielleicht auch dem freundlichen Langbeinschnäpper (S. 150). Der Waikareiti-See liegt 300 m höher als Waikaremoana. Neben Augenbrauenente, Halbmond-Löffelente und Maori-Ente (S. 147) ist hier auch die Paradieskasarka (S. 143) zu Hause. Eine Abzweigung führt zu dem Weiher Ruapani, den ebenfalls primärer Südbuchenwald umgibt. Feuchtbiotope wie das kleine Hochmoor Waipai Swamp machen diese Rundwanderung auch für Botanikfreunde sehr empfehlenswert. Im Februar erfreuen dort blühende Orchideen und Sonnentaue (S. 86).

Kaipo Lagoon ③ (2 Tage). Wer insbesondere an der Vegetation interessiert ist, sollte eine Übernachtung in der Hütte Sandy Bay am Nordufer des Lake Waikareiti in Betracht ziehen (Schlafsack benötigt). Von hier bietet sich ein Abstecher (3 Std. hin und zurück) in das Hochmoorgebiet an, welches die Einheimischen »Tundra« nen-

Der Puririfalter gilt als archaisches Ur-Insekt.

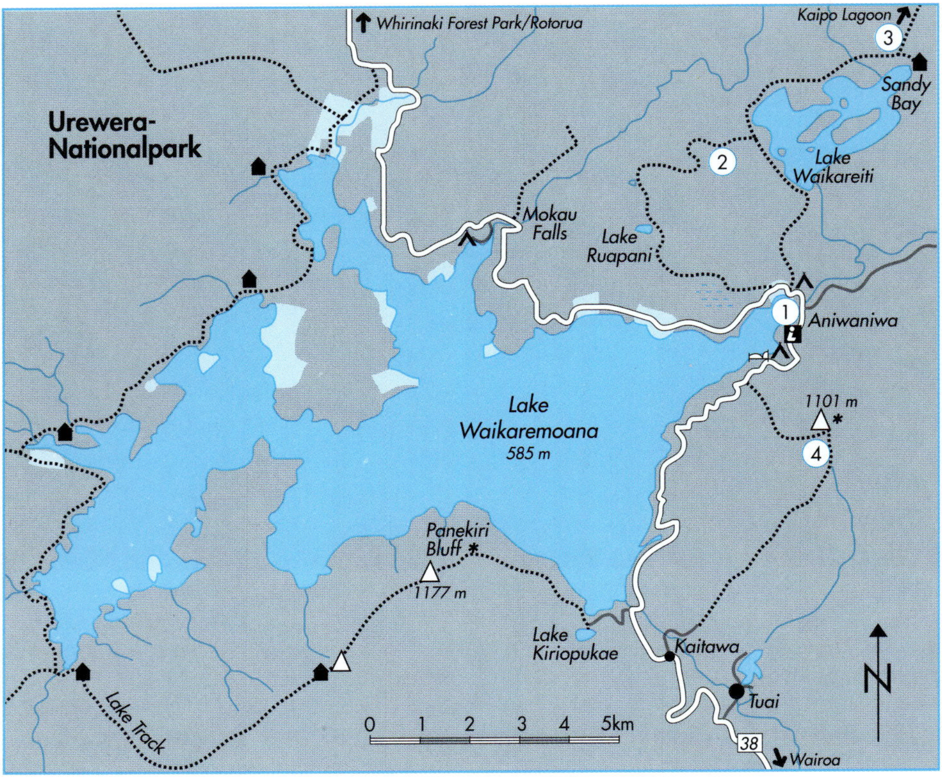

nen. Es handelt sich um ein altes, verschlicktes Seebecken, in dem eine ungewöhnliche Pflanzengesellschaft aus Sauergräsern, Sumpfmatten und Farnen vorkommt. Unterwegs durchquert man mehrere Torflichtungen, die eine interessante Vegetation subalpinen Charakters aufweisen. Die Moore umwächst meist ein niedriger Gebüschgürtel aus Berg-Podocarpaceen wie »Bog Pine« und Alpine Blatteibe.

BITTE BEACHTEN: Die Torfmatten sind leicht zertrampelt, daher die Wege nicht verlassen!

Ngamoko Track ④ (5–6 Std., Rundwanderung). Der Aufstieg zu dem lohnenden Aussichtspunkt Ngamoko (1101 m) führt durch Waldgesellschaften verschiedener Höhenstufen. Er beginnt in dichtem Podocarpaceen-Laubholz-Bewuchs, reich an Baumfarnen. Nach etwa 20 Minuten erreicht man einen eindrucksvoll verwachsenen Baumwürger, eine uralte »Northern Rata« (S. 115). Anschließend steigt der Pfad steil an und durchquert einen typischen Südbuchenwald der montanen Zone. Vom Gipfel folgt eine alternative Rückroute dem langen Bergrücken nach Kaitawa am Südende des Lake Waikaremoana. Diese Gratschulter markiert den Rand des Erdrutsches, welcher vor 2200 Jahren den großen See aufstaute.

Der Urewera-Nationalpark bietet ein ausgedehntes Wegenetz für längere Wandertouren. Sehr beliebt ist der »**Lake Track**« der den Waikaremoana-See in unterschiedlicher Höhe und Entfernung umrundet. Für die 51 km lange, relativ einfache Fernwanderung sollte man 3–4 Tage einplanen (5 Hütten unterwegs).

Praktische Tips

Anreise

Highway 38, meist ungeteert, durchquert den Nationalpark. Der See Waikaremoana liegt 160 km von Rotorua und 62 km von Wairoa entfernt.

Klima/Reisezeit

Häufig Nebel; Regenfälle je nach Topographie bis zu 2400 mm pro Jahr im Süden, im Winter Schneefälle in den Hochlagen. Durchschnittliche Temperaturmaxima im Sommer 20,4 °C, im Winter um 9 °C. Trockenster und wärmster Monat: Februar.

Unterkunft

Motorcamp des Nationalparks in Waikaremoana (Tel. 06-8373826) mit Zeltplatz, Cabins und beschränktem Motelangebot; Motel in Ruatahuna. Einfache Hütten entlang der Wanderwege.

Adressen

Department of Conservation (DoC):

➪ Aniwaniwa Field Centre, Lake Waikaremoana, Private Bag 2058, Wairoa, Tel. 06-8373803.

Naturbeobachtungen mit dem Kajak:

➪ Bay Kayaks, Lake Waikaremoana, Private Bag 2151, Wairoa, Tel. 06-8373737.

Blick in die Umgebung

Westlich des Nationalparks, etwa 100 km von Rotorua entfernt, liegt der **Whirinaki Forest Park**. In dem rund 60000 ha großen Schutzgebiet überleben Neuseelands beste Mischbestände riesiger Podocarpaceen (S. 121). Ausgangspunkt ist die Ortschaft Minginui mit Info-Zentrum des DoC, Zeltplatz, Unterkunft und geführten Wildnissafaris. Unter den vielen Wanderzielen empfiehlt sich besonders die traumhafte, von Kahikatea-Bäumen umwachsene Arahaki Lagoon (2 Std.).
Die Bevölkerung Minginuis lebte früher ausschließlich von der Forstwirtschaft, die seit der Einrichtung des Schutzgebietes Whirinaki stillsteht. In diesem Zusammenhang ist hier ein vermehrter, sanfter Tourismus wünschenswert: Er zeigt den staatlichen Stellen, daß ökologisch bedeutende Naturschutzmaßnahmen auch wirtschaftliche Vorteile einbringen.

Mächtige Kahikatea-Stämme umgeben den Arahaki-Sumpf im Waldreservat Whirinaki. Im Hintergrund konische Jungbäume mit heller Rinde. Sumpfwälder zählen zu den bedrohten Ökosystemen der Erde.

7 Tongariro-Nationalpark

Aktivste Vulkanregion und höchster Berg der Nordinsel, giftgrüne Kraterseen, rauchende Vulkanschlote, Thermalgebiet; Pflanzensukzession auf Lavaflüssen, wüstenähnliches Erosionsgebiet, isolierte Alpinflora und Tussock-Grasland; Podocarpaceen-Primärwald mit reicher Avifauna; Naturerbe der Menschheit.

Auf der Südseite des Taupo-Sees, im Zentrum der Nordinsel, erheben sich die beeindruckenden Vulkangipfel des Tongariro-Nationalparks. Sie sitzen auf einem erhöhten Plateau, das durch die Lava-Ausflüsse der letzten 2 Mio. Jahre entstand. Im Erdmantel, etwa 75 km tiefer, arbeitet sich die pazifische Kontinentalscholle langsam unter die indisch-australische (s. Grafik S. 11). Dabei dringen Gesteinsmassen bis auf eine Tiefe von 140 km hinunter, wo sie unter großer Hitze schmelzen. Das glutflüssige Magma findet dann seinen Weg durch Zerrungsbrüche in die obere Erdkruste. Von hier tritt es in Form von Lava-Eruptionen unterschiedlicher Stärke an die Oberfläche. Die Landformen des Nationalparks sind eindrucksvolle Zeugen dieser andauernden Prozesse.

Der individuelle Charakter der einzelnen Vulkane erzählt jeweils eine eigene Entstehungsgeschichte. Der schneebedeckte **Mt. Ruapehu** ist mit 2796 m der höchste Berg der Nordinsel. Aus mehreren Eruptionskanälen flossen über Jahrtausende Lavaergüsse. Das erstarrte Glutgestein sowie Schlamm- und Schuttablagerungen formten allmählich das breite Bergmassiv. Ein giftgrüner, warmer See füllt das zentrale Kraterbecken. Jede plötzliche Veränderung seiner Farbe und Temperatur kann einen bevorstehenden Ausbruch ankündigen. Nicht selten kommt es zu kleineren Explosionen. Sie stellen eine reelle Gefahr für die Skigebiete an den unteren Vulkanhängen dar.

Mt. Ngauruhoe (2291 m), etwa 2500 Jahre alt, ist die jüngste Erscheinung. Der perfekt geformte Schichtkegel besteht größtenteils aus weicher Asche und Schuttmaterial. Seine kontinuierliche Aktivität resultiert meist in leichten, manchmal auch imposanten und kilometerhohen Gasausstößen sowie gelegentlichen Ascheschauern.

◁ Wanderweg durch subalpines Buschwerk aus Olearien, Strauchveronikas und dem Bültengras »Red Tussock«.

Eisfelder umgeben den Kratersee des Mt. Ruapehu. Im ▷ Hintergrund der klassische Kegel des Mt. Ngauruhoe.

Der bräunliche Neuseelandpieper bevorzugt offenes Grasland.

Farbkontraste an den Flanken deuten auf junge Lavaflüsse hin. Diese können – wie letztmals im Jahr 1954 – mehrere Monate andauern.
Tongariro (1986 m), das älteste aktive Massiv, mag sehr wohl einmal die klassische Form seines Nachbarn gehabt haben. Gewaltige Explosionen der Vergangenheit sprengten jedoch Teile des Berges fort. Farbintensive Seen füllen heute einzelne Kratermulden. Der dampfende Schlot Red Crater und die zischenden Schlammlöcher des Thermalgrabens Ketetahi sind ein Hinweis darauf, daß auch dieses nördliche Gebiet keinesfalls zur Ruhe gekommen ist.
Die **Eiszeit** hinterließ ihre Spuren selbst in der Vulkanlandschaft. Im Pleistozän verwandelten sich Lavaergüsse über Schnee und Eis in schnellfließende Schlammbäche. Schuttablagerungen formten typische Ringebenen um die Vulkane. Besonders der ältere Tongariro-Komplex zeigt deutliche Glazialformen, z. B. Trogtäler und Moränenwälle.
Erosion spielt eine wichtige Rolle in der andauerenden Veränderung dieser Landschaft. Die dünne Vegetationsdecke steiler und lockerer Vulkanhänge wird leicht aufgerissen und abgetragen. Regen, Schmelzwasser, Frost und Wind sind die Hauptelemente dieses Naturprozesses. Nirgendwo sind seine Effekte so deutlich ausgebildet wie an den windgeblasenen, kargen Dünenkuppen des Ostens, einem Gebiet, das »Rangipo Desert« genannt wird.
Für die **Maori** haben die Vulkane eine besondere spirituelle Bedeutung. Legenden beschreiben ihre Entstehung und Generationen von Stammesführern liegen an ihren Flanken begraben. Die weise Voraussicht des Häuptlinges Te Heuheu Tukino legte den Grundstein für die Einrichtung des viertältesten Nationalparks der Welt. Um das heilige Stammesgebiet vor dem Zugriff landhungriger Siedler zu schützen, vermachte er 1887 die Umgebung Tongariros der Kolonialregierung. Das Geschenk hatte zur Bedingung, daß die Vulkanregion für immer geschützt bleiben sollte. Später kam mehr Land hinzu, einschließlich des erloschenen Kraterkegels Pihanga im Norden des Sees Rotoaira. Heute umfaßt der Tongariro-Nationalpark 78 651 ha. Die UNESCO ernannte das Gebiet 1990 zum Naturerbe der Menschheit. Dieser internationale Schutzstatus (»World Heritage«) wird Landschaften zugesprochen, die naturgeschichtliche Prozesse herausragend repräsentieren und ökologisch besonders wertvoll sind.

Pflanzen und Tiere

Die Pflanzenökologie des Parks reflektiert eine dynamische Vulkangeschichte – das ständige Wechselspiel zwischen Zerstörung und Wachstum. Enorme Auswirkungen hatte die Eruption des **Taupo-Vulkanzentrums** vor rund 1800 Jahren. Dabei handelte es sich um einen hochexplosiven, stürmischen Tephra-Auswurf, eines der katastrophalsten Vulkanereignisse menschlicher Geschichte. Seine Wirkung war so groß, daß selbst griechische und römische Schriftsteller atmosphärische Veränderungen beschrieben. Eine mächtige Druckwelle aus pyroklastischen (vom Feu-

Mattenpflanzen wie *Raoulia grandiflora* passen sich als »Bodenkriecher« dem rauhen Bergklima an.

er aufgebrochenen) Gesteinen, Vulkanbomben und Schweißschlacken zerstörte innerhalb von Minuten einen Großteil der Waldvegetation, um sie dann unter einer dichten Decke aus Bims zu begraben. Straßenböschungen zeigen heute noch Überreste verkohlter Baumstämme. Bis in die Gegenwart fehlt der ursprüngliche Südbuchen-Klimaxwald von den West- und Ostflanken Tongariros. An seiner Stelle wächst das Bültengras »**Red Tussock**«, das sonst eher über der natürlichen Baumgrenze gedeiht (s.S. 16).

Die Eruptionseffekte der Andesitschlote des Nationalparks sind lokalisierter. Im Mangetepopo-Tal zeigen die jungen Laveflüsse des Ngauruhoe faszinierende Muster der **Pflanzensukzession** (s.S. 99). Auf 30 Jahre alten Oberflächen finden wir bereits die ersten Vorboten pflanzlichen Lebens: Pilze, Flechten (S. 63) und Moose. Wenn sie absterben, bleibt organisches Material zurück, das Wasser auffängt und einen ersten Nährboden für höhere Polsterpflanzen wie *Raoulia* bildet. Als erster Strauch kolonisiert meist das Drachenblatt Inaka oder die Alpentotara aus der Familie der Podocarpaceen.

Die dominanten Westwinde führen zu einem deutlichen Klimagegensatz, den das Pflanzenmosaik des Nationalparks reflektiert. An den regenreichen, nach Westen exponierten Fußhügeln des Mt. Ruapehu wächst ein artenreicher **Podocarpaceen-Mischwald** (S. 121). In den höheren Lagen folgen **Südbuchen** (S. 129). Dort fällt auf, daß ganze *Nothofagus*-Bestände großflächig absterben, das Unterholz aber gesund bleibt. Die Ursache dieser Entwicklung ist ungeklärt; das Phänomen wurde bereits vor 80 Jahren von Botanikern beschrieben. Man nimmt daher an, daß es sich um einen natürlichen Kreislauf der Verjüngung handelt, der durch einen parasitischen Holzwurm beschleunigt wird.

Auf der Ostseite trocknen warme Fallwinde die Böden aus. Der kombinierte Effekt von gelegentlichen Ascheschauern, Erosion und Feuer hat die Vegetationsdecke dort so geschwächt, daß eine wüstenähnliche Landschaft entstanden ist. Nur besonders robuste Sträucher, wie der stickstoffbindende Tutu (S. 60), können hier überleben. Die Alpentotara stabilisert durch ihre breite Wuchsform und das starke Wurzelwerk den Boden.

Weil sie von den Bergregionen der Südinsel isoliert war, hat die Alpinzone Tongariros einen eigenständigen Florencharakter entwickelt. Sie bietet ein buntes Beobachtungsfeld, vor allem im Spätsommer, wenn zwischen grünem Strauchwerk und flechtenbewachsenem Gestein die Bergblumen blühen. Neben Hahnenfußarten und »Mountain Daisies« (S. 139) finden sich zahlreiche weißblühende Vertreter der Gattung *Ourisia* (S. 84) und Enziane (S. 111). Unter den Sträuchern ist die »Pygmy Pine« als kleinste Konifere der Welt botanisch besonders interessant. Diese flach streichende Harzeibe bevorzugt Moorstandorte und wird nur wenige Zentimeter hoch.

Zwischen Büscheln von »Red Tussock« baut der insektenfressende Neuseelandpieper ein tunnelartiges Nest. Hier ist auch der endemische Maorifalke in seinem Jagdelement. Er ernährt sich von Mäusen, Ka-

Blick von Whakapapa auf den Mt. Ngauruhoe. Der Krater dieses Vulkans speit immer wieder Feuer.

ninchen und kleinen Vögeln. Seine Flügel sind abgerundet und der Schwanz ist für einen Falken relativ kurz. Dadurch erreicht der Flugjäger eine größere Mobilität im Wald. Sein Nest baut er häufig auf abgestorbenen Bäumen. Die Wildbäche, der westlichen Vulkanhänge sind Lebensraum der Saumschnabelente (S. 67). Der Doppelband-Regenpfeifer (S. 173) nistet auf der trockeneren, wüstenähnlichen Ostseite. Die Regenwälder der unteren Vegetationszonen produzieren viel Nahrung in Form von Früchten und Nektar. So erstaunt es kaum, daß sie den größten Vogelreichtum aufweisen (s. S. 69).

Im Gebiet unterwegs

Ein guter Ausgangspunkt für kürzere Wanderungen ist das Dorf Whakapapa (1125 m) an der Westseite des Mt. Ruapehu. Das Besuchszentrum des Nationalparks, oberhalb des Hotels **Chateau**, stellt u. a. ein interessantes Reliefmodell der Vulkanregion aus. Hier sollte man sich auch für längere Wandertouren anmelden und über die Wetterlage informieren. Falls

Die Alpentotara trägt im Spätherbst zahlreiche Früchte – für viele Vögel eine frühe Winternahrung.

Mineralien im Wasser, vor allem Schwefel, verleihen den Emerald-Seen ihre reizvollen Farbtöne.

es in Whakapapa regnet, kann das Wetter auf der Leeseite des Berges durchaus besser sein. Ein Anruf bei der Rangerstation Ohakune gibt Auskunft, ob sich ein Tagesausflug in dieses Gebiet empfiehlt. Generell gilt für die Wanderausrüstung: Zu jeder Jahreszeit sollte man mit einem eiskalten Schneesturm rechnen! Vorsicht auch vor Sonnenbrand!
Das gilt besonders für die Hochtour **Mangatepopo-Ketetahi Crossing** ① (7–8 Std.). Die anstrengende, alpine Traverse gehört zu den eindrucksvollsten Naturerlebnissen einer Neuseelandreise. Sie erschließt fast alle Vegetationszonen des Nationalparks und führt durch eine aktive Vulkanregion. Verschieden alte Kraterbecken, erstarrte Lavaflüsse und bizarre Andesitformen vermitteln das Gefühl einer »Mondlandschaft«. Mineralien färben die Kraterseen in grellen Farben. Eindrucksvolle Landschaftsformen verdeutlichen die geologische Entstehungsgeschichte des Parks. Im Mangatepopo-Tal überlagert jüngeres Eruptionsmaterial teilweise die eiszeitlichen Moränenwälle. Darüber erhebt sich Mt. Ngauruhoe, der aktivste Vulkan des

Der kleine Hahnenfuß *Ranunculus insignis* blüht als eine der ersten Bergblumen des Nationalparks.

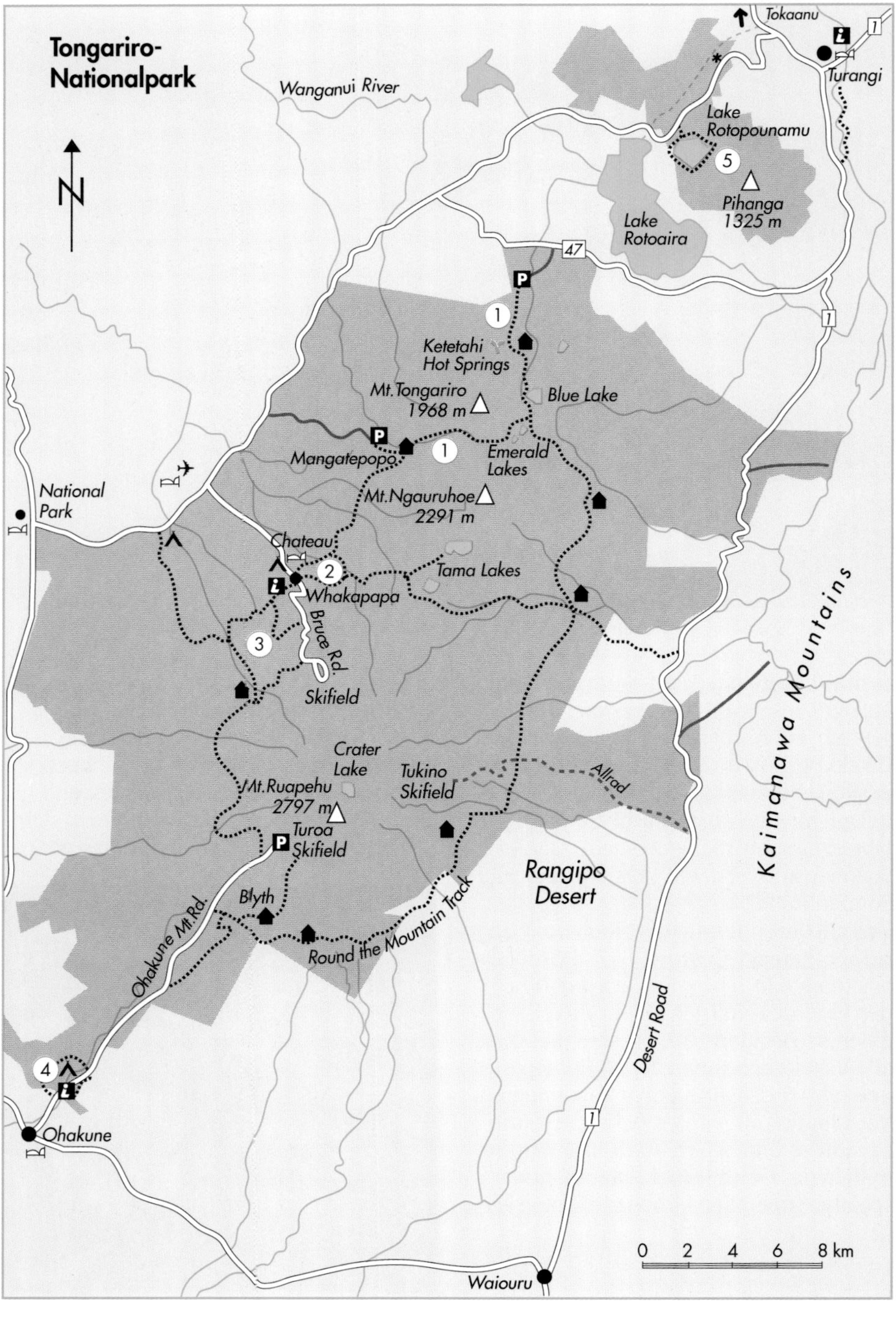
Tongariro-Nationalpark
Wanganui River
Tokaanu
Turangi
Lake Rotopounamu
5
Pihanga 1325 m
Lake Rotoaira
47
1
Ketetahi Hot Springs
Mt.Tongariro 1968 m
Blue Lake
Mangatepopo
Emerald Lakes
National Park
Mt.Ngauruhoe 2291 m
Chateau
2
Tama Lakes
Whakapapa
3
Bruce Rd.
Skifield
Kaimanawa Mountains
Crater Lake
Tukino Skifield
Allrad
Mt.Ruapehu 2797 m
Turoa Skifield
Rangipo Desert
Blyth
Ohakune Mt.Rd.
Round the Mountain Track
Desert Road
4
Ohakune
0 2 4 6 8 km
Waiouru

Der endemische Maorifalke nistet im Bergwald.

Landes. An seinen Flanken zeugen schwarze Lavabahnen von frischen Ausbrüchen. Verschiedene Stadien der Pflanzensukzession sind erkennbar. Der Abstieg von den heißen Ketetahi-Quellen zum Totarawald zeigt deutlich die vegetative Höhenstufung an der Nordflanke Tongariros.

ACHTUNG: Diese anspruchsvolle Alpintraverse wird nur bergerfahrenen Besuchern bei sicheren Wetterverhältnissen empfohlen. Ein Wanderbus für den Rücktransport kann vorbestellt werden (Alpine Scenic Tours, Turangi, Tel. 07-3868918).

Für kürzere Ausflüge in dieses Gebiet empfehlen sich Abstecher von den entsprechenden Parkplätzen; entweder zu den Sodaquellen im Tal **Mangatepopo** (2 Std. hin und zurück) oder zum Thermalgebiet **Ketetahi** (5 Std. hin und zurück).

Um das Besuchszentrum **Whakapapa** (1125 m) erschließen kurze Wanderungen die reizvolle Umgebung. Der **Taranaki Falls Walk** ② (2,5 Std.) oder der **Silica Springs Walk** ③ (3 Std. via Bruce Road) führen durch Südbuchenwald, Tussockgras und abwechslungsreiches Strauchwerk. Beide Rundwege vermitteln einen guten Einblick in die subalpine Flora. Im Herbst fallen die rotblühenden Heidesträucher auf. Sie wurden während des 1. Weltkrieges zur »Verschönerung der Landschaft« eingeführt. Die Adventivflora verdrängt heute heimische Pflanzengesellschaften, vor allem in dem feuergeschwächten Tussock-Grasland.

Ohakune ist das südliche Tor des Nationalparks. Entlang der Bergstraße zum Skigebiet Turoa führen reizvolle Wege in unterschiedliche Höhenzonen. Als Allwetterwanderung empfiehlt sich besonders der **Mangawhero Forest Walk** ④ (1,5 Std.,Rundweg) gegenüber der kleinen Ranger-Station. Zwischen uralten Kraterschloten wächst herrlicher Primärwald aus beeindruckenden Podocarpaceen-Riesen und immergrünen Laubhölzern. In einer tertiären Kalksteinklippe kann man fossile Meerestiere erkennen. Zu den häufigeren Waldbewohnern gehören die zutraulichen Schnäpperarten und die Maorifruchttaube.

Lake Rotopounamu ⑤ (2 Std., Rundweg) eignet sich besonders gut zur Vogelbeobachtung. In nur 20 Minuten erreicht man einen kleinen See, der von dichtem Regenwald aus Podocarpaceen umgeben ist. Vor allem im Frühling suchen kleine Schwärme von Weißköpfchen (s.S. 70) die Baumkronen auf. Im Unterholz sind häufig einzelne Zwergschlüpfer, Fächerschwänze und Langbeinschnäpper (S. 150) zu sehen. Kaka (S. 151) und Springsittich (S. 156) sind besonders in den frühen Morgenstunden aktiv. Am Waldboden wächst das größte Laubmoos *Dawsonia* (S. 45) und von den Bäumen hängen epiphytische Orchideen (S. 115). Wer ein Fernglas mitbringt, entdeckt auf dem See vielleicht Maoritaucher (S. 65) und verschiedene heimische Entenarten. Auch der Maorifalke besucht dieses Gebiet, das schon wegen seines herrlichen Primärwaldes unbedingt einen Zwischenstop lohnt.

Die Schuppenzeder wächst vor allem in feuchten Bergwäldern, an der Westküste auch im Tiefland.

Praktische Tips

Anreise
Highway 1 passiert den Nationalpark im trockeneren Osten («Desert Road«), eine Ringverbindung umfährt die Vulkangipfel. Von Ohakune bzw. Whakapapa (Chateau) erschließen geteerte Stichstraßen Ski- und Wandergebiete über der Baumgrenze.

Klima
Feuchtes und kühles Gebirgsklima mit großen Temperaturschwankungen (Tag/Nacht). Niederschläge jahreszeitlich gleichmäßig verteilt, nach Süden und Osten hin abnehmend. Whakapapa zählt 200 Regentage und 204 Frostnächte pro Jahr. Beste Reisezeit für Wanderungen: November bis April; alpine Blüte im Hochsommer (Januar/Februar).

Unterkunft
Whakapapa bietet ein Motorcamp und mehrere Unterkünfte verschiedener Preisklassen. Weitere Motels und Hotels in den Ortschaften der Umgebung.
Naturnahe, einfache DoC-Zeltplätze: »Mahuia« (Highway 47, Nationalpark) und »Mangawhero« (Mountain Road, Ohakune).

Adressen
Department of Conservation (DoC):
- Tongariro Conservancy Centre, Private Bag, Turangi, Tel. 07-3868607;
- Whakapapa Visitor Centre, Bruce Rd., Mt. Ruapehu, Tel. 07-8923729;
- Ohakune Ranger Station, Mountain Rd., Ohakune, Tel. 06-3858578.

Verkehrsbüro:
- Information Centre, Turangi, Tel. 07-3868999.

Am Wegrand begegnet man oft dem Schirmfarn *Sticherus cunninghamii*.

8 Egmont-Nationalpark

Klassisch geformter Stratovulkan, zweithöchster Berg der Nordinsel; durch lange Isolation geprägte Alpinflora, interessante Höhenstufung der Vegetation, floristisch reiche Feuchtbiotope; ausgedehntes Wegenetz.

Der 2518 m hohe Vulkan Mt. Taranaki dominiert die Landschaft des Egmont-Nationalparks. Er erhebt sich sanft über einer breiten Landzunge an der Westküste der Nordinsel, 20 km südlich von New Plymouth. Den perfekt geformten, konischen Schichtkegel erkennt man bei gutem Wetter sogar von den nördlichen Hügeln der Südinsel aus.

Eine Maorilegende erzählt davon, daß Taranaki früher bei den Vulkanen Ruapehu und Tongariro im Zentrum der Nordinsel stand. Nachdem er einen Kampf um die Gunst der benachbarten Pihanga verloren hatte, schleppte er sich nach Westen, der untergehenden Sonne entgegen. Dabei grub er das lange Flußbett des Wanganui aus und füllte es mit seinen Tränen.

Der deutsche Naturforscher Ernst Dieffenbach bezwang 1839 als erster Europäer den Gipfel. Ungefähr 50 Jahre später wurde das Land in einem Umkreis von 9,6 km unter Naturschutz gestellt. Nach späteren Ergänzungen enstand der fast kreisrunde Nationalpark von 33534 ha (S. 24). Er umfaßt auch die stark abgetragenen Bergzüge der beiden älteren Vulkanherde Kaitaki und Pouakai. Mt. Taranaki bildet das jüngste Zentrum dieser südöstlich verlaufenden Aktivitätslinie. Er besteht aus einem noch gut erhaltenen, klassischen Kegel, den abwechselnde Schichten aus erkalteter Lava und Ascheschlacken aufbauen.

Der Stratovulkan entwickelte seine heutige Form während der letzten 70 000 Jahre als Folge verschiedener Kratereinbrüche und Eruptionen. Immer wieder verteilte sich Lockermaterial und Asche ringförmig um den Berg. Dadurch entstanden in der

Bergnebelwald aus moosbewachsenen Kamahi-Bäumen. Hier könnte man »Elfen« vermuten.

Die großblättrige *Ourisia* zeigt ihre weißen Blüten im Spätfrühling.

umliegenden Ebene fruchtbare Böden, Grundlage einer hochproduktiven Landwirtschaft.
Mehr als 50 Flüsse und Bäche entwässern die Flanken des Vulkankegels. Erosionsprozesse, die vulkanischen Schutt und Schlamm abschwemmen, verändern bis heute Landformen und Vegetation. Der bisher letzte Ausbruch fand 1775 statt, seither gilt Taranaki als ruhender Vulkan. Er liegt westlich der tektonischen Abtauchzone und befindet sich daher höher über dem Magmaherd als das eruptionsaktive Tongariro-Gebiet. Dennoch kann man nicht ausschließen, daß eines Tages auch Taranaki wieder Feuer speien wird.

Pflanzen und Tiere

Von anderen Alpinregionen isoliert, hat Mt. Taranaki einen inselähnlichen Florencharakter entwickelt. Manche Pflanzen kommen als eigenständige Unterarten nur hier vor, andere Familien wie die Südbuchen fehlen vollständig (s.S. 18). Vulkanismus und Erosion förderten Pflanzenmuster, die fortdauernd den Prozeß der Sukzession wiederspiegeln (s.S. 99). Das feuchte Meeresklima und die salzgeladenen Winde sind weitere Hauptfaktoren die das Vegetationsbild des Nationalparks beeinflussen. Bereits entlang der Bergstraßen fällt die markante **Höhenstufung,** der Vegetation auf: **Tieflandwald** verschiedener Zusammensetzung bedeckt ungefähr die Hälfte der Parkfläche. Um Mt. Taranaki liegt die Parkgrenze auf 490 m Höhe. Hier umgibt ein bis zu 4 km breiter Waldgürtel den Berg. Bestandbildend sind meist Kamahi und Ratabäume sowie überstehende Rimu-Riesen. Ein interessantes »lebendes Pflanzenfossil« dieser Zone ist die farnverwandte *Tmesipteris*. Der kleine Epiphyt bewächst häufig die Stämme der Baumfarne (s.S. 117). Da sie kein eigenes Wurzelwerk entwickelt, zählt diese Pflanzen zu den primitivsten Florenformen der Erde.
Der **Bergwald**, ab 760 m, besteht vor allem aus Kamahi und Bergtotara. In der höheren Nebelzone werden die Baumstämme kürzer und knorrig. Epiphytische Wuchsformen treten besonders häufig auf. Ein grüner Mantel aus Laubmoosen, Hautfarnen und Lebermoosen bedeckt selbst die Äste. Wegen seiner märchenhaften Erscheinung wird dieser Waldtyp oft als »goblin forest« (Elfenwald) bezeichnet. Nahe der fließenden Baumgrenze (um 1100 m) kommen Schuppenzedern (S. 82) und der »Broadleaf«-Baum aus der Gattung *Griselinea* hinzu. Dann folgt ein breites Band von niedrigem **subalpinem Gebüsch**. Hier dominieren die »Leatherwood«-Sträucher aus den Gattungen *Brachyglottis* und *Olearia*. Bergwanderer werden an den Asterngewächsen ledrige Blätter mit pelzig-weißen Unterseiten bemerken. Diese Anpassungen an das rauhe Alpinklima schützen gegen Austrocknung und Kälte.
Das **Tussock-Grasland** zwischen 1400 m und 1600 m birgt die schönsten Bergblumen. Im Frühsommer sieht man oft die weißen Blüten der großblättrigen *Ourisia* aus der Familie der Rachenblütler. In der isolierten Hochlage finden sich auch einige lokalendemische Arten wie z.B. »Egmont-Broom«. **Alpine Matten** mit Moos-

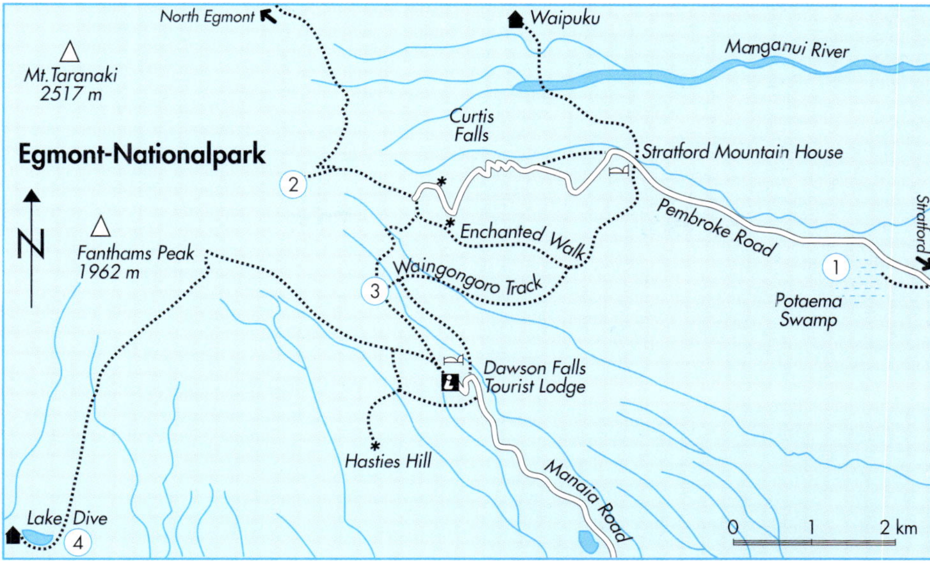

feldern und Polsterpflanzen steigen bis auf eine Höhe von 1675 m an. In tieferen Lagen markieren sie Fließbahnen der Vulkanausstöße. Verschiedene »Mountain Daisies« (S. 139), alpine Verwandte des Gänseblümchens, sind häufig vertreten. Auf den höheren **Schutthalden** wird die Vegetation aus einzelnen Schuttpflanzen zunehmend sporadischer. Pflanzliches Leben in Form winziger Flechten und Moose kommt jedoch bis auf eine Höhe von 2500 m vor. Selbst die rote Färbung auf der **Schneekappe** des Kraters rührt von einer einzelligen Alge her.

Kleinere **Feuchtgebiete** liegen auf unterschiedlichen Höhenstufen. Diese floristisch vielfältigen Biotope umgibt meist ein Band aus Neuseeland-Flachs.

Weitverbreitete heimische Vogelarten der Schnäpper, Gerygonen und Honigfresser bewohnen die Wälder des Nationalparks. Die Maorifruchttaube nutzt das saisonale Beerenangebot und fliegt dabei bis in den Bergwald hoch. Im Frühling kehren Langschwanzkoel (S. 64) und Bronzekuckuck aus ihren tropischen Überwinterungsgebieten zurück. Im Herbst suchen kleine Schwärme von Weißköpfchen (s. S. 70) und Mantelbrillenvögeln den Baldachin auf. Dem Neuseelandpieper (S. 76) begegnet man im offenen Gelände über der Baumgrenze. Er hat die Angewohnheit, seinen Schwanz flink auf und ab zu bewegen. Über den Tussock-Hängen zieht manchmal die Sumpfweihe (S. 176) ihre Kreise. Der Nationalpark beherbergt außerdem eine große Vielfalt von Insekten. Sommerbesucher werden vor allem den Gesang der heimischen Zikaden bemerken oder dem schön gezeichneten Admiralfalter begegnen. Auf den Bergpfaden fallen die vielen Heuschrecken auf.

Im Gebiet unterwegs

Kein anderer Berg Neuseelands ist so gut zugänglich wie Mt. Taranaki. Geteerte Straßen führen von Norden, Osten und Südosten auf den Vulkankegel. Sie enden jeweils nahe der Baumgrenze und ermöglichen kurze Aufstiege in die subalpine Zone. Ein 320 km langes Wegenetz erschließt den Nationalpark.

Der Mantelbrillenvogel besucht oft auch Vorgärten und Stadtparke.

Kamahi ist der häufigste Laubbaum des Landes. Er blüht lange, oft bis in den Herbst hinein.

ACHTUNG: Oberhalb der Baumgrenze kommt es oft völlig unerwartet zu Nebel oder extremem Temperatursturz mit Schneefall. Längere Hochwanderungen, insbesondere der 5-stündige Aufstieg zum Kratergipfel, erfordern Bergerfahrung und entsprechende Ausrüstung. Für solche Vorhaben kann man vor Ort Bergführer(innen) engagieren.
Die Zentren des DoC in North Egmont, Dawson Falls und der Ortschaft Stratford informieren über die vielfältigen Wandermöglichkeiten im Detail. Im folgenden einige Vorschläge.
Stratford Mountain House (846 m): Während der 14 km langen Auffahrt zu diesem Berghotel empfiehlt sich ein lohnender Zwischenstop: Etwa 2 km nach der Parkgrenze führt ein kurzer Fußweg in das Sumpfgebiet **Potaema Swamp** ①. Ein Restbestand des heute seltenen Kahikatea-Tieflandwaldes (S. 73) umrahmt diesen artenreichen Biotop. Zwischen den Seggen blühen im Sommer blaue Orchideen der Gattung *Thelmitra*. Den Sonnentau erkennt man an seinen klebrigen Haaren. Am Ende der Bergstraße (1147 m) befindet sich eine Aussichtsplattform. Frühaufsteher können dort den Sonnenaufgang über den Tongariro-Vulkangipfeln bewundern. Schnell erreicht man auch die subalpine Zone mit ihren reizvollen Bergblumen, z. B. den 1580 m hohen Grat **Curtis Ridge** ② (1,5 Std.). Man sollte jedoch stets auf Nebel und Kälte vorbereitet sein. Im Tussock-Grasland hüpft der flinke Neuseelandpieper (S.76) umher. Weitere Fußwege, meist durch Kamahi-Wald, erschließen die Umgebung des Hotels.

◁ Sonnentaue auf stickstoffarmem Moorboden. Sie beziehen Nährstoffe, indem sie Insekten verdauen.

Morgenstimmung am Taranaki-Vulkan. Blick über ein Bültengrasfeld aus »Snow Tussock«. ▷

Der Epiphyt *Tmesipteris* ist ein kaum veränderter Nachkomme der ersten Landpflanzen aus dem Devon.

Dawson Falls (902 m): An der Südostflanke des Nebengipfels Fantham Peak steht ein Informationszentrum des Nationalparks und ein gemütliches Berghotel. Zahlreiche Wanderwege erschließen Wald- und Berglandschaft. Der kurze Aufstieg nach **Wilkies Pools** ③ führt durch abwechslungsreiche Vegetation zu einem alten Lavabett (30 Min.). Im Frühsommer blühen am Wegrand Orchideen. **Lake Dive** ④ (907 m) ist ein kleiner Gebirgsteich nahe der Baumgrenze. Der Pfad dorthin durchquert Bergwald, subalpines Gebüsch und Moosmatten. Er ist nur im Sommer bei schneefreien Bedingungen zu empfehlen (5 Std. hin und zurück).

North Egmont (936 m): Das informative Besuchszentrum des Nationalparks liegt 29 km südlich von New Plymouth. Mehrere kürzere Wanderwege führen von hier in den Elfenwald der Nebelzone und das alpine Hochland.

Praktische Tips

Anreise
Von New Plymouth oder Hawera über Highway 3. Geteerte Bergstraßen führen von Egmont Village nach North Egmont, von Stratford nach Stratford Mountain House (East Egmont) und von Eltham/Kaponga nach Dawson Falls.

Klima/Reisezeit
Feuchtes Meeresklima, Niederschläge generell mit der Höhe zunehmend: im Jahresdurchschnitt 6500 mm auf 1000 m, 8000 mm auf 2000 m; am trockensten sind die Süd- und Ostflanken des Vulkans. Durchschnittliche Temperaturen in den Bergresorts (850 m) : um 13,6 °C im Sommer und 3,7 °C im Winter; in den höheren Lagen große Tag/Nacht-Unterschiede und viel Nebel. Beste Reisezeit für Wanderer: Dezember bis März; regenärmster Monat: Januar.

Unterkunft
Gemütliche Berghotels in naturnaher Lage bilden ideale Ausgangspunkte für Wanderungen:
- Dawson Falls Tourist Lodge, P.O. Box 91, Stratford, Tel. 06-7655457;
- Mountain House Motor Lodge, Pembroke Rd., Stratford, Tel. 06-7656100.

Einfache Hütten im Park; Hotels, Motels und Hostels in den Ortschaften der Umgebung.

Adressen
Department of Conservation (DoC):
- Field Centre, R.D. 21, Stratford, Tel. 06-7655144;
- Visitor Centre, North Egmont, Tel. 06-7568710;
- Display Centre, Dawson Falls, Tel. 025-430248.

Bergführung
Berghotels und DoC-Büros vermitteln professionelle Führer(innen).

9 Marlborough Sounds

1500 km Riaküste entlang eines »versunkenen« Mittelgebirges; größtes Primärwald-Relikt der Provinz Marlborough; zahlreiche Seevögel mit guten Beobachtungsmöglichkeiten für Kormorane, einschließlich Warzenscharbe; Inselreservate mit seltenen, endemischen Arten.

Beim Blick auf die Karte fällt sofort das eigenartig ausgefranste Buchtenlabyrinth im Nordosten der Südinsel ins Auge. Die Marlborough Sounds bestehen aus einem System »untergetauchter« Täler, das durch die geologische Absenkung eines Mittelgebirges entstanden ist. Am Ende der letzten Eiszeit überflutete das ansteigende Meerwasser die Talbuchten und formte eine fast 1500 km lange Riaküste. Von dem ursprünglichen Gebirge zeugen noch steile Bergkämme, die heute als schmale Halbinseln zwischen tiefen Meeresarmen vorspringen. Diese Topographie bot früher gute Standorte für die befestigten »Pa«-Dörfer der Maori. Aus den Steinbrüchen der Insel D'Urville gewannen sie Tonschiefer zur Herstellung steinzeitlicher Werkzeuge.

Als erster Europäer erkundete Captain Cook das Gebiet. Eine kleine Bucht im äußeren Queen-Charlotte-Sund sollte sein beliebtester Ankerplatz werden. Während seiner 3 Weltumsegelungen verbrachte er insgesamt über 100 Tage hier. Heute findet man in den »Sounds« Einzelgehöfte und kleine Streusiedlungen. Die wenigen Bewohner ernähren sich vom Fischfang, der Landwirtschaft und dem Forstwesen, manche züchten Muscheln oder Lachs. Der Fremdenverkehr spielt (noch) eine relativ untergeordnete Rolle.

1972 wurden 120 einzelne Schutzgebiete im Marlborough Sounds Maritime Park vereint. Er umfaßt mit 52 000 ha etwa 1/3 der gesamten Insel- und Festlandfläche.

Pflanzen und Tiere

Zu Cooks Besatzung gehörten auch die beiden Forschungsreisenden Joseph Banks und David Solander, die in diesem Gebiet viele Pflanzen sammelten. Banks beschrieb in seinem Tagebuch den morgendlichen Vogelgesang als »....die melodienreichste Wildnis-Musik, die ich jemals gehört hatte.« Leider mußte später ein Großteil des ursprünglichen Regenwaldes den Äxten oder dem Feuer der Pionierfarmer weichen. Stattdessen wurden viele Hänge mit den Monokulturen kalifornischer Monterey-Kiefern aufgeforstet, die den heimischen Vögeln wenig Nahrung liefern. Entsprechend bescheidener ist auch der »Vogelchor« geworden.

In den meisten Schutzgebieten wächst ein niedriger Sekundärwald, den häufig Kanuka und Manuka (S. 36) dominieren. Junge

Kapsturmvögel verfolgen oft das Fährschiff zwischen Nord- und Südinsel.

»Fivefinger«-Bäume gedeihen auf den trockenen Hügelkuppen besonders gut. Entlang der Wanderwege finden lichtliebende Orchideen (S. 47) und Pilze ideale Standorte. Das Gebiet zählt zu einer botanischen Übergangszone zwischen Nord- und Südinsel. Die verbliebenen **Podocarpaceen-Südbuchen-Urwälder** sind daher sehr artenreich. Ein typischer Vertreter ist der endemische Kohekohe-Baum, der hier nahe seiner südlichen Verbreitungsgrenze wächst. Als Neuseelands einzige Art der Familie Meliaceae ist er mit dem tropischen Mahagoni verwandt. Im frühen Winter treiben an Ästen und Stamm grünlich-weiße Blüten aus. Kohekohe-Bäume waren ursprünglich auf der Nordinsel weit verbreitet. Ihre Bestände wurden jedoch durch den australischen Fuchskusu (S.42) stark dezimiert.

Heute sind die Marlborough Sounds vor allem wegen der Seevögel ein abwechslungsreiches Beobachtungsgebiet. Den Australtölpel (S.29) erkennt man leicht an seinem Flugverhalten: Er kann sich aus 40 m Höhe plötzlich in das Meer stürzen. Um Fische zu erbeuten, taucht er dann bis 10 m tief. Ein spezielles Luftpolster unter

Die Marlborough Sounds – ein Labyrinth ertrunkener Flußtäler. Die Sunde markieren den früheren Talverlauf. Als die Hügelketten überflutet wurden, entstanden lange Halbinseln und eine typische Riaküste.

Rachen und Brust dämpft dabei die Wucht des Wasseraufpralls. Ein ähnlich guter Tauchjäger ist der Flattersturmtaucher. Dieser Vertreter der Röhrennasen ruht zwischen seinen Tauchstößen gern auf dem Wasser. Am Himmel fällt er durch einen flatterhaft schnellen Flügelschlag auf, dem er auch seinen deutschen Namen verdankt. Die Sunde erlauben sehr gute Beobachtungen von heimischen Kormoranarten. Tüpfelscharbe (S.52), Kräuselscharbe und Elsterscharbe sowie der kosmopolitische Kormoran sind besonders häufig. Sie benützen für ihre Nistplätze meist sonnige Felsvorsprünge oder überhängende Bäume. Gelegentlich kann man sie beim Trocknen des Gefieders beobachten. Seltener ist die etwa 75 cm große Warzenscharbe, deren Gesamtpopulation auf einige Felsriffe der Cook-Straße beschränkt ist.

In der oberen Gezeitenzone lebt eine Vielfalt von Meeresalgen, Schnecken und Seeigeln. An die Felsen heftet sich häufig die schmackhafte Grünlippen-Miesmuschel oder die kleinere Blaue Miesmuschel. Beide formen dichte Kolonien, die anderen Meeresorganismen als Lebensraum dienen. Rattenfreie Inseln beherbergen eigene endemische Tierarten. Der winzige Hamilton-Urfrosch, ein archaisches Amphibienrelikt (S.20), existiert nur auf den Schutzinseln Maud und Stephens. Die beiden Naturrefugien bieten auch einen neuen Lebensraum für bedrohte Festlandarten. Dadurch sind sie für den Naturschutz international bedeutsam (s.S.38).

Das Blatt des Rangiora-Baumes hat eine weiße Unterseite. Pioniersiedler schrieben ihre Briefe darauf.

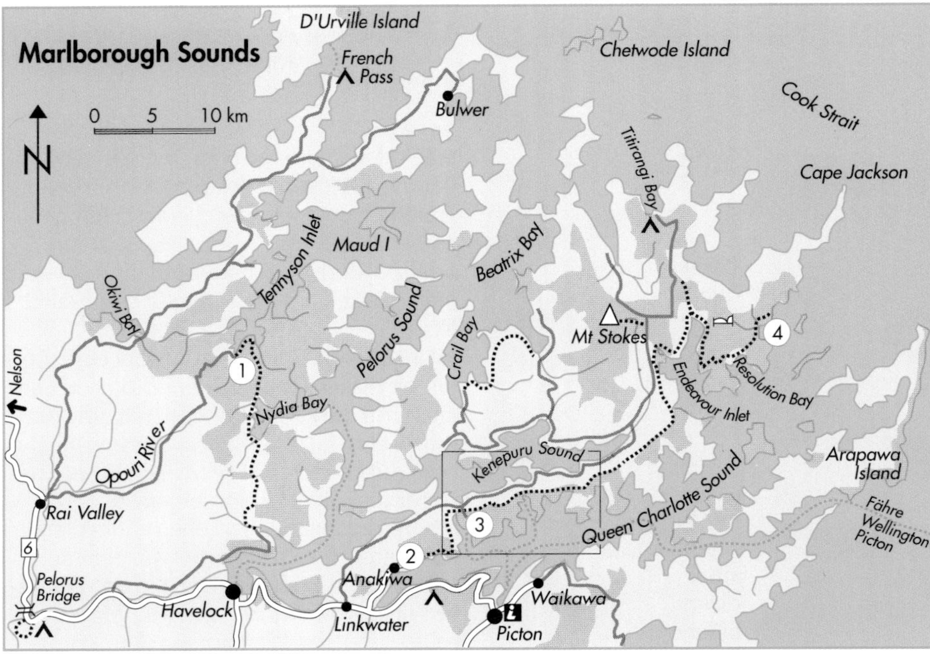

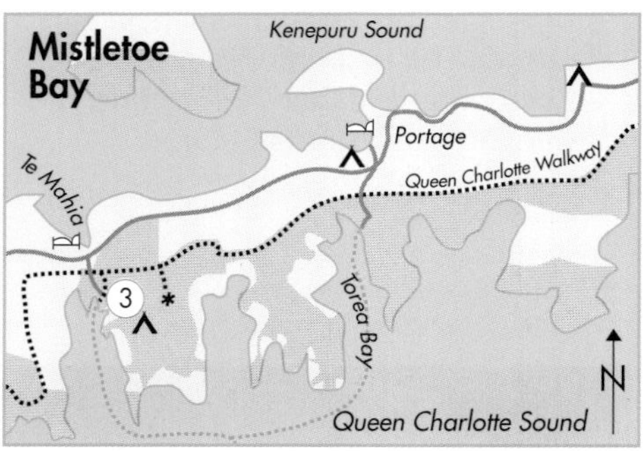

Im Gebiet unterwegs

Im Auto: Ein Ausflug in die Marlborough Sounds sollte mit einem Besuch der DoC-Informationsbüros in Picton oder Havelock beginnen. Die beiden Hafenorte verbindet die schmale Küstenstraße **Queen Charlotte Drive.** Selbst wer keine Zeit für einen längeren Aufenthalt hat, sollte sich diese reizvolle Strecke nicht entgehen lassen. Kleine Spaziergänge führen zu der steinigen Küste hinunter. In Momorangi Bay befindet sich ein Motorcamp des DoC. Auf dem Schlickwatt bei Linkwater kann man Watvögel beobachten. Hier zweigt auch der 75 km lange **Kenepuru Drive** zum Farmpark Titirangi ab. Diese schmale und kurvenreiche Stichstraße über den Mt.-Stokes-Sattel ist nur bis zum Hotel Portage geteert. Am Südufer des Kenepuru-Sund hat das DoC einfache Zeltplätze eingerichtet. **Opouri Road**, die leichteste und kürzeste Zufahrt, zweigt in Rai Valley vom Highway 6 ab. Über einen Sattel erreicht man zunächst Harvey Bay (Camping) und kurz später die Duncan Bucht, inmitten des 6240 ha großen Urwaldreservats Tennyson Inlet.

Wanderungen: Von **Duncan Bay** ① empfiehlt sich der schöne Fußweg zur einsamen Ngawhakawhiti-Bucht (1 Std.). Hier reicht der artenreiche Primärwald aus Podocarpaceen und Südbuchen bis an die Küste. Über dem Wasser jagt der Götzenliest (S. 52) und aus dem Mischwald ertönt der

schrille Ruf von Wekarallen (S. 98). Der 22 km lange Nydia Track (2 Tage) führt weiter bis nach Kaiuma bei Havelock. Diesem Weg sollte man zumindest für einige Minuten landeinwärts folgen und den herrlichen Regenwald bewundern.
Von **Anakiwa** ② aus wandert man durch immergrünen Laubwald in nur 35 Minuten nach Davies Bay. Die kleine Bucht eignet sich besonders bei Ebbe gut zur Beobachtung des Götzenliest (S. 52), der einzigen Eisvogelart Neuseelands. Die **Mistletoe-Bucht** ③ erreicht man auch per Auto oder Kursschiff (2 mal täglich von Picton). Dieses attraktive Schutzgebiet bietet einige kürzere Wanderwege. Der Aufstieg zum

Die Brückenechse, ein lebendes Fossil

Im Oberjura, etwa zur selben Zeit als die ersten Dinosaurier sich zu verbreiten begannen, bevölkerten Vorfahren der Brückenechse bereits die Erde. Der neuseeländische »Tuatara«, wie die Maori den »Stachelträger« nennen, hat sich in den vergangenen 200 Mio. Jahren nur unwesentlich verändert. Als einziger Vertreter der archaischen Ordnung der Schnabelköpfe ist er tatsächlich ein »lebendes Fossil«.
Sein Körperaufbau zeigt primitive Merkmale wie Kloakenöffnungen anstatt ausgebildeter Begattungsorgane. Der deutsche Artname bezieht sich auf die knöchernen Schläfenbrücken, die andere Schuppenkriechtiere nicht mehr besitzen. Der Vorderschädel trägt außerdem ein Loch, über dem sich eine Zirbeldrüse mit ausgebildeter Linse und Netzhaut befindet. Manche Theorien beschreiben dieses mysteriöse Organ als das zurückgebildete »dritte Auge«.
Brückenechsen bewegen sich wenig und sehr langsam, bevorzugen aber mit 12° C deutlich kühlere Temperaturen als andere Reptilien. Die nachtaktiven Tiere ernähren sich hauptsächlich von Gliederfüßern, Regenwürmern und Landschnecken.
Früher waren die Brückenechsen über ganz Neuseeland verbreitet, leben aber heute nur noch auf etwa 30 steilen Küsteninseln. Teilweise bewohnen sie Nisthöhlen von Sturmvögeln oder Sturmtauchern und fressen auch deren Eier und Küken. Erfolgreich brüten sie nur dort, wo es keine Ratten gibt.

Ohne international bedeutsame Schutzinseln wie Stephens Island wäre die Brückenechse ausgestorben.

Die Höhenwanderung von Mistletoe Bay nach Portage bietet herrliche Ausblicke über den Kenepuru-Sund.

417 m hohen Aussichtspunkt (Lookout, 1,5 Std.) durchquert zunächst abwechslungsreichen Primärwald (James Vogel Track). An den sonnigeren Wegpartien sollte man auf Orchideen achten (Blüte: Dezember/Januar). Ein Pfad entlang des Bergkammes verbindet Mistletoe Bay mit der **Torea-Bucht** (Schiffshalt). Diese aussichtsreiche Wanderung (8 km) läßt sich von Picton aus mit der täglichen »Beachcomber«-Kreuzfahrt »Round the Bays« kombinieren.
Ship Cove ④, den naturbelassenen Ankerplatz Captain Cooks, erreicht man bis heute nur per Schiff (»Cougar Line«). Von hier kann man zu den reizvollen Buchten Resolution Bay (2 Std.) und Endeavour Inlet (5 Std.) wandern. Der Pfad erschließt eine abwechslungsreiche, teilweise ursprüngliche Küstenvegetation (Hotel, Taxischiff in Endeavour Inlet). Die Wanderungen ② bis ④ sind Teilstrecken des 58 km langen Fernweges **Queen Charlotte Walkway**, der verschiedene Hotels und Gästehäuser verbindet.
Zu Wasser: Vom Boot aus lassen sich Seevögel, Nistplätze und Ufervegetation am besten beobachten. Einen ersten Vorgeschmack bekommt man auf der **Interisland-Fähre** zwischen Wellington und Picton: Neben zahlreichen Möwen oder gelegentlich einem Albatros folgen oft Kapsturmvögel und dunkelbraune Hallsturmvögel den Bugwellen des Dampfers. Weißgesicht-Sturmschwalben sieht man eher bei rauhem Seegang. Empfehlenswert sind die **Postbootkurse**, die regelmäßig von Picton (»Beachcomber«) oder Havelock (»Pelorus Mail«) zahlreiche Buchten anlaufen. Diese Schiffahrten kann man auch vorteilhaft mit Wanderungen kombinieren (s.o.). Die Nistfelsen der seltenen Warzenscharbe werden einmal wöchentlich von Havelock aus angefahren. Während dieser Schiffstour sieht man manchmal Schwarzscharben sowie Feensturmvögel und andere Röhrennasen.
Die geschützten Meeresarme bilden ideale Gewässer für reizvolle **Kajakfahrten**. Unternehmen in Picton und Havelock verleihen Boote und führen Paddel-Exkursionen zu interessanten Beobachtungsorten durch (s.u.).

Praktische Tips

Anreise
Zur Orientierung empfiehlt sich die Karte »Infomap 336-07«, die Wanderwege, Hotels und Campingplätze zeigt.

Klima/Reisezeit
Mildes Meeresklima mit etwa 5 Frosttagen im Winter; ganzjähriges Wandergebiet.

Der »Fivefinger«-Baum trägt im Frühling zahlreiche Früchte. Wenn sie reifen, färben sie sich schwarz.

Niederschläge variieren zwischen 1200 und 2000 mm (Berglagen) pro Jahr. Häufig Windböen und nahe der Cook-Straße starke Stürme. Beste Reisezeit: Frühling bis Herbst; Haupturlaubszeit (Weihnachten bis Ende Januar) möglichst vermeiden.

Unterkunft

Zahlreiche Gästehäuser, oft sehr abgelegen und teilweise nur per Boot erreichbar (Anruf). Besonders naturnah gelegen ist: Furneaux Lodge, Endeavour Inlet, Tel. 03-5798381 (Abholservice von Picton). Im Maritimpark einfache Campingplätze; Liste mit Übersichtskarte von DoC.

Adressen

Department of Conservation (DoC):

➪ Picton Field Centre, The Foreshore, P.O. Box 161, Picton, Tel. 03-5737582;

➪ Havelock Field Centre, Mahakipawa Rd. Havelock, Tel. 03-5742019.

Kursschiffe:

➪ Beachcomber & Pelorus Cruises, The Waterfront, Picton, Tel. 03-5736175;

➪ Cougar Line, The Waterfront, Picton, Tel. 03-5737925.

Verkehrsbüro:

➪ Information Centre, The Foreshore, Auckland St., Picton, Tel. 03-5737477.

Kajak:

➪ Marlborough Sounds Adventure Company, 1 Russell St., Picton, Tel. 03-5736078;

➪ Wildtrack & Water Adventures, P. O. Box 33, Port Havelock, Tel. 03-5742610;

➪ Sea Kayaking Adventure, Anakiwa Road, Picton R. D. 1, Tel. 03-5742765.

Gut getarnter Kletterer: Ein Marlborough-Baumgecko im Blattwerk eines Mahoebaumes.

10 Abel-Tasman-Nationalpark

Fotogene Granitküste mit malerischen Sandbuchten, zahlreichen Ästuaren, Wattflächen und Sandnehrungen; gute Möglichkeiten zum Beobachten von Wekaralle und Purpurhuhn; im Hochland Karstlandschaft mit Südbuchen-Mischwald.

Der Abel-Tasman-Nationalpark, etwa 70 km von Nelson entfernt, ist mit 22541 ha der kleinste des Landes. Das Gebiet umfaßt die vorspringende Landmasse zwischen den beiden großen Buchten Tasman und Golden Bay. Die herrliche Küstenlandschaft macht diese Region zu einem der populärsten Feriengebiete Neuseelands.

Ausgedehnte Wattflächen an den Mündungstrichtern der Flüsse (Ästuare) wechseln mit meist goldgelben Sandstränden und einer stark zerklüfteten Felsküste. Die geologische Grundlage bildet ein grober Granit, der an der Küste stark exponiert ist. Hier formen Brandung und Wind bizarre Felsskulpturen, die anschaulich verschiedene Stadien des Erosionsprozesses verdeutlichen.

Auch die Farbe der Strände verweist auf den Granit als das dominante Grundgestein. Durch mechanische Verwitterung zerfällt dieses bereits im Hügelland in seine 3 Hauptbestandteile: Feldspat, Quarz und Glimmer. Über die Wasserläufe gelangen diese Mineralien dann ins Meer, wo die Strömung sie an die Sandstrände schwemmt.. Wer genau hinsieht, kann in den Bachbetten und am Strand winzige milchweiße Quarzpartikel oder golden funkelnden Glimmer entdecken. An der Westgrenze des Parkes geht der Granit in ein älteres Marmorgestein über. Die Hochfläche des Takaka Hill (»Marble-Mountain«) zeigt Karstformen, die von der erstaunlichen Wasserlöslichkeit des Marmors erzählen.

Als Europäer Mitte des 19. Jh das Gebiet besiedelten, veränderten sie die Landschaft: Die natürliche Vegetation mußte vielfach dem Farmland weichen, Baumriesen lieferten Holz für die expandierende Bootsbau-Industrie. Erst im Jahre 1942 gelang es engagierten Naturschützern, anläßlich des 300. Jahrestages der Entdeckung durch Abel Tasman, einen Nationalpark einzurichten. Die Hauptgefahr für diese »Landschaft in Genesung« ergibt sich heute durch die Unvorsicht der Besucher mit offenem Feuer. Sie führte in den letzten Jahren immer wieder zu gefährlichen Bränden, die große Buschflächen und zahlreiche Tiere vernichtet haben.

Pflanzen und Tiere

In seinem Pflanzenkleid nimmt Abel Tasman unter den neuseeländischen Nationalparks eine Sonderstellung ein. Vor allem an weiten Teilen der Küste herrscht statt Urwald eine modifizierte **Sekundärvegetation** vor. Zunächst erstaunt die starke Verbreitung eingeführter Arten: Der gelbblühende Stechginster wurde ursprünglich von Engländern als Heckenpflanze nach Neuseeland gebracht. Die sonnenliebende Pionierart kolonisiert besonders erfolgreich brandgerodetes Brachland. Bis zu 40 Jahre können die Samen keimfähig bleiben, um dann unter Lichteinfluß zu sprießen. An etwas feuchteren Standorten mit tieferer Bodendecke findet sich der Adlerfarn als dominanter Pionier. Seine stärkehaltigen Rhizome dienten den Maori als wichtige Nahrungsquelle. Die »Teatrees« Kanuka und Manuka (S. 36) sind wie der Stechginster Pionierarten, die sonnige

Blick über die Sandnehrung am Eingang des Wainui-Ästuars. Im Vordergrund verläuft der Coast Track.

Am Strand von Totaranui. Wetter und Wellen haben aus Küstengranit Skulpturen geschaffen.

Die Wekaralle hat einen lauten, schrillen Ruf.

Standorte bevorzugen. Daher trifft man sie entlang des »Coast Track« besonders häufig an.
Einzelne Küstenpartien blieben von den Rodungsfeuern der Pionierfarmer verschont. In den etwas feuchteren Talrinnen überlebten Flecken ursprünglicher **Podocarpaceen-Hartholz-Mischwälder**. Der Baumwürger »Northern Rata« (S. 115) sowie Baumfarne (S. 117) und Nikaupalmen (S. 118) verleihen diesen Beständen ein subtropisches Aussehen. An den trockeneren Landzungen und im Hochland dominieren **Südbuchen** (s. S. 129), von denen alle heimischen Arten im Park vertreten sind. Eine besonders interessante **Vegetationsinsel** ist das Moa-Park-Becken. Zwischen Grasbüscheln des »Red Tussock« (s. S. 16) gedeihen auf weniger als 1000 m Höhe dort typische Bergblumen. Auch subalpine Sträucher und die Baum-Astern der Gattung *Olearia* (»Tree Daisies«) errinnern an eine Gebirgsregion.
Unter den Vögeln des Parks fällt die flugunfähige Wekaralle durch ihre Neugier auf. Der hühnergroße Vogel ist vor allem um die Zeltplätze und Hütten aktiv. Sein Hauptinteresse gilt den Essensresten, aber auch der Ausrüstung (!) von Parkbesuchern. Der freundliche Graufächerschwanz begleitet die Wanderer durch den Busch, um aufgescheuchte Insekten zu erhaschen.
Lange Sandnehrungen wie Wainui oder Awaroa bieten ideale Beobachtungsorte. Auf den schmalen Halbinseln rasten oft Schwärme von Taraseeschwalben. Die flinken Flugkünstler brüten in Neuseeland und ziehen jeweils im Herbst nach Australien. Ausgedehnte Ästuare eignen sich gut zur Beobachtung von Watvögeln. Hier begrüßt uns häufig der kurze schrille Warnruf der Austernfischer. Auf dem weiten Watt erkennt man den graziösen Weißwangenreiher (S. 36) und die kleineren Stelzenläufer mit ihren langen Beinen und schlanken Stocherschnäbeln.
Die flinke Schlammkrabbe bewohnt runde fingerdicke Löcher im Schlick. Sie wird bei Ebbe besonders aktiv, um ihre Höhle gegen Eindringlinge zu verteidigen. Das hochbeinige Krustentier hat eine hervorragende Sehkraft und flüchtet blitzschnell in ein Loch, wenn Wanderer das Watt überqueren.

Im Gebiet unterwegs

Die Hauptattraktion des Parks ist der 49 km lange, gut befestigte <u>Coast Track</u> zwischen Marahau und Wainui (3–4 Tage). Wegen der überfüllten Hütten empfiehlt es sich vor allem im Sommer, ein Zelt mitzutragen. Ein regelmäßiges Küstenschiff verkehrt, mit Zwischenstops an verschiedenen Stränden, von Kaiteriteri nach Totaranui. Schöne Kurzwanderungen entlang der Küste kann man mit reizvollen Bootsfahrten verbinden.
Ausgangspunkt im Süden ist der Parkplatz <u>Marahau</u>. Von hier läuft man in 30 Minuten zur Tinline Bay. Wer von dort morgens per Schiff nach **Anchorage** oder zum Ästuar **Torrent Bay** ① fährt, kann auf dem Küstenweg gemütlich zum Parkplatz zurückwandern (3–4 Std.). Um die herrliche Granitküste besonders intensiv kennenzulernen, sollte man ein **Kajak** mieten. Unternehmen

Sukzession

Wenn sich Lebensbedingungen an einem Ort verändern, wird die vorherrschende Pflanzengemeinschaft durch eine andere abgelöst. Diese zeitliche Abfolge bezeichnet man als **Sukzession**. Sie beginnt mit der Kolonisierung durch **Pioniere**, häufig Flechten (S. 63) und Moose. Sie endet mit einer stabilen, dauerhaften Lebensgemeinschaft, der **Klimax**.
Bei der Erstbesiedlung exponierter Kahlflächen handelt es sich um eine **Primärsukzession,** in deren Verlauf sich zunächst ortsgemäßer Boden bilden muß. Neuseeland bietet sehr gute Beispiele dieses Naturvorganges auf Lavafeldern (S. 28 und S.57), nach Gletscherrückzügen (s.S. 122) oder auf jungen Sanddünen (s.S. 128).
Als **Sekundärsukzession** bezeichnet man die Wiederbesiedlung eines gut entwickelten Bodens, nachdem das ursprüngliche Pflanzenkleid entfernt wurde. Ursache sind meist menschliche Einwirkungen (Brandrodung, Kahlschlag, Beweidung), seltener natürliche Ereignisse (Windwurf, Bergrutsch, Feuer).
Am Beispiel der Marlborough Sounds und des Abel-Tasman-Nationalparks läßt sich die Revegetation brachliegenden Farmlandes sehr gut beobachten. Als Pionier findet man dort neben dem robusten Adlerfarn oft den lichtliebenden, eingeschleppten Stechginster. Er bessert durch Stickstoffbindung den Boden auf und bildet großflächig eine Ersatzgesellschaft, die zunächst naturfremd erscheint. Unter diesem Schutzdach siedeln sich aber bald Jungpflanzen von »Teatrees« (S. 105) an, die eher schattentolerant sind. Sie »überholen« bereits nach wenigen Jahrzehnten den Erstbesiedler, der seinerseits wegen des Lichtmangels unter ihren Kronen abstirbt. Bereits nach 50 Jahren gedeiht ein niederer Sekundärwald aus einheimischen Laubbäumen. Ihn ersetzt wiederum die ortsbedingte Klimaxgesellschaft am Ende dieser **progressiven Sukzessionsreihe.**

in Marahau organisieren auch ganzjährig spezielle »Wildlife Trips« zur Beobachtung der Seebären (S. 133) und Seevögel.
Die kurvenreiche Anfahrt zum Nordende des Parks ist landschaftlich äußerst reizvoll. Auf der Paßhöhe des Takaka Hill durchqueren wir zunächst eine bizarre Karstlandschaft (s.u.). In Takaka unterhält das DoC ein hilfreiches Informationsbüro. Eine meist holprige Schotterstraße führt weiter durch schöne Waldpartien nach Totaranui. Unterwegs lohnt ein Zwischenhalt am Wainui-Ästuar. Beim Parkplatz des Coast Track beginnt eine reizvolle Kurzwanderung. Sie führt an Watt, Sandnehrung und offener Küste (tidenabhängig) entlang zum ehemaligen Maoridorf **Taupo Point** ② (1 Std.). Am Wegrand erkennt man die hellgrünen, runden Stachelfrüchte des endemischen »Corkwood«-Baumes (S. 50). Der Name verweist auf das geringe Gewicht des Holzes.
Der Campingplatz von Totaranui ③ ist ein idealer Ausgangspunkt für küzere Ausflüge. Das **Besuchszentrum** nahe der Bootsanlegestelle informiert über Flora, Fauna, Wanderwege oder Tidenstand. Dahinter befindet sich eine Allee alter Platanen und Monterey-Zypressen. Hoch in den Wipfeln erkennt man Misteln. Auf den umliegenden Rasenflächen zeigt sich häufig das Purpurhuhn und die neugierige Wekaralle. Vom Zeltplatz wandert man in südlicher Richtung teilweise durch Primärwald zum

Awaroa-Ästuar (1,5 Std.). Dieses herrliche Watt läßt sich wie alle Ästuare des Parks, barfuß durchwaten (ACHTUNG: nur 2 Stunden vor bis spätestens 2 Stunden nach Niedrigwasser!). Am Wattrand bilden Kräuter und Sukkulenten wie der Queller reizvolle Salzwiesen. Auch diese Wanderung könnte man mit einer Schifffahrt kombinieren, z. B. nach Tonga Beach (Tidenzeiten beachten!).
Nördlich von Totaranui führt der Coast Track durch subtropisch anmutenden Regenwald mit Nikaupalmen und Pukateabäumen. Nach etwa 45 Minuten erreicht man die malerische Sandbucht Anapai. Unterwegs fällt ein riesiges Baumexemplar der »Northern Rata« (S. 115) auf.
Der Zeltplatz am Ende der Canaan Road bildet den westlichen Zugang zum Park, der die Karstformen des Hochlandes erschließt. Für geologisch Interessierte empfiehlt sich ein etwas rauher Fußpfad zum **Harwoods Hole** ④ (45 Min.). Dieser 50 m breite und 176 m tiefe Karstschlot markiert das ehemalige Schwundloch eines Wasserfalles. Im wahren Sinn des

Leicht zu beobachten: der flinke Graufächerschwanz.

Raupen durchlöchern die Blätter des »Pepper Leaf«.

◁ Das feuchte, kühle Tussock-Becken von Moa Park wirkt wie eine subalpine Insel im Südbuchenwald.

Das Purpurhuhn ist ein Sumpfbewohner. ▷
Es stakt jedoch auch häufig über Weideland.

Wortes einen botanischen Höhepunkt bietet die subalpine Vegetation von **Moa Park** ⑤ (1,5–2 Std.). Hier kann man Pflanzenarten studieren, die normalerweise nur in höheren Gebirgslagen vorkommen. Im kühlen Mikroklima dieses Moorbeckens gedeihen »Tree Daisies«, Drachenblattbäume (S. 108) und das spitzblättrige »Speargras« (S. 141). Der Bergwald aus »Mountain Beech« (s. S. 129) wächst, in Umkehrung der normalen Höhenstufung, oberhalb des »Red Tussock« (s. S. 16). Die Baumgrenze liegt etwa 300 m tiefer als an benachbarten Gebirgszügen.

Praktische Tips

Anreise

Von Motueka führt eine kleine Küstenstraße über Kaiteriteri nach Marahau, dem **südlichen** Tor zum Park. Länger, aber landschaftlich noch reizvoller ist die **nördliche** Zufahrt über die kleine Ortschaft Takaka (Verpflegung, Info) und das Ästuar Wainui Inlet nach Totaranui. Unterwegs auf dem Takaka-»Paß« zweigt eine kurvige, 11 km lange Stichstraße zum Parkplatz Canaan ab (**westlicher** Zugang).
Kursschiffe verkehren von September bis Mai täglich zwischen Kaiteriteri, Tinline Bay (Marahau) und Totaranui, sonst nach Bedarf; Schnellboot Takaka – Nelson (Via Totaranui); Öffentliche Busverbindungen von Nelson, Motueka und Takaka zum Nationalpark.

Klima/Reisezeit

Ganzjähriges Wandergebiet, im Winter leichte Frostbedingungen; rund 2200 Sonnenstunden pro Jahr sorgen für ein ange-

Attraktiver »Pillenlieferant«: Das Nachtschattengewächs »Poroporo« enthält Östrogen.

Mit Vorsicht zu geniesen: An dem Nesselbaum ▷
»Ongaonga« kann man sich schmerzhaft verbrennen.

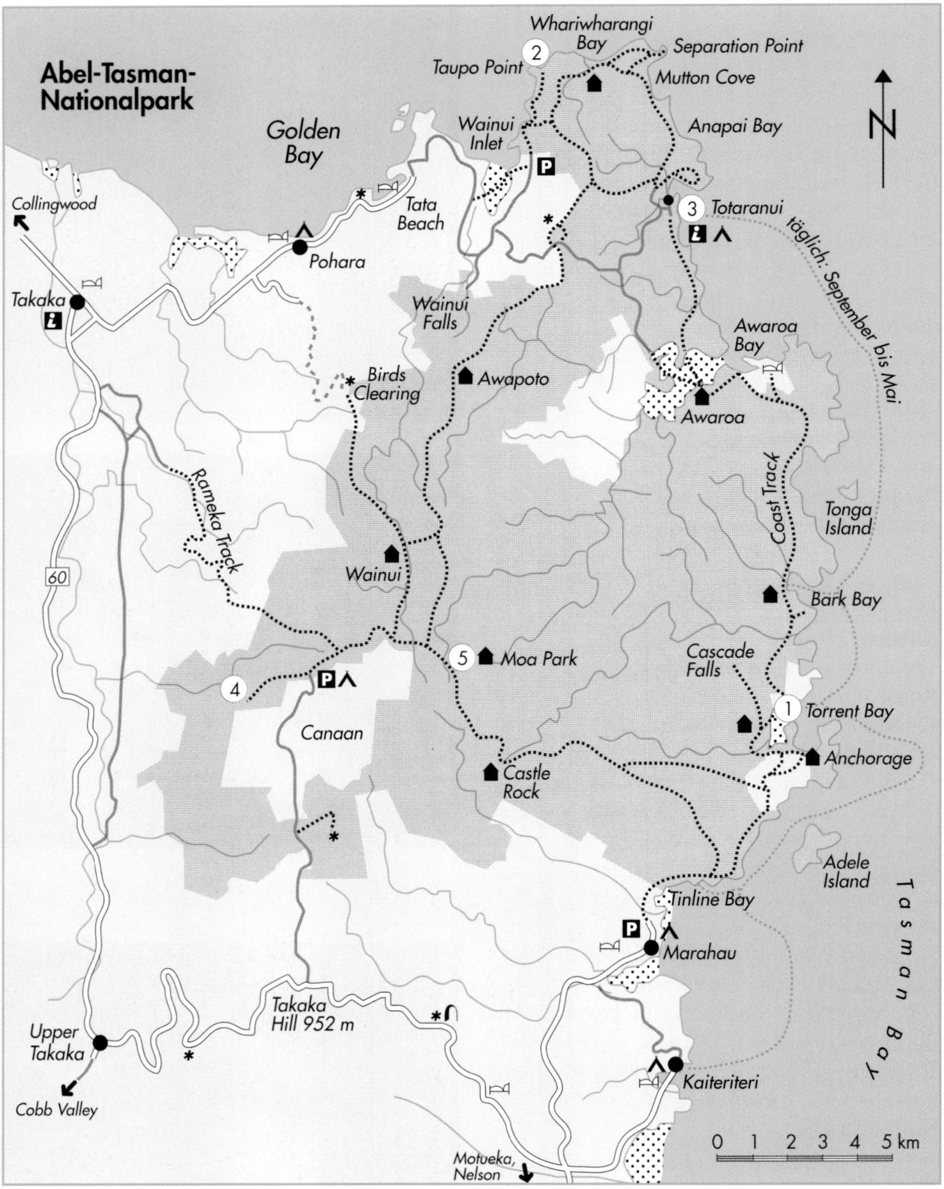

nehmes Klima; etwa 1800 mm Regen gleichmäßig über das Jahr verteilt; von Dezember bis April Schwimmen im Meer (um 20°C). Haupturlaubszeit zwischen Weihnachten und Ende Januar vermeiden.

Unterkunft

➪ Awaroa Lodge: naturnahe Unterkunft, Restaurant, Naturbeobachtung in herrlicher Nationalpark Umgebung (Tel. 03-5288758);

Die harmlose »Nurseryweb«-Spinne webt ihr weißes Nest oft zwischen die Zweige der »Teatrees«.

- Kimi Ora Healthresort (deutschsprachig), Kaiteriteri, Tel. 03-5278027.

Motel-Unterkünfte und Motorcamps in den Ortschaften der Umgebung; schön gelegener DoC-Campingplatz in Totaranui (Voranmeldung); Hütten (meist überfüllt) und Zeltplätze im Park.

Adressen

Department of Conservation (DoC):

- Nelson Information Counter, cnr Halifax & Trafalgar St., Tel. 03-5469335;
- Motueka Field Centre, cnr King Edward & High St., Tel. 03-5289117;
- Takaka Field Centre, 1 Commercial St., Tel. 03-5258026 oder 03-5258162;
- Totaranui Visitor Centre & Campground, Tel. 03-5288083

Küstenschiff:

- Abel Tasman N. P. Enterprises, Old Cedarman House, Riwaka, Tel. 03-5287801.

Kajak:

- Ocean River Adventure Co, Marahau Beach, R.D. 2 Motueka, Tel. 03-5278266;
- Abel Tasman Kayaks, Harveys Rd., Marahau, Tel. 03-5278022.

Blick in die Umgebung

Etwa 20 km südlich von Motueka zweigt von der Westbank-Road eine steile Stichstraße in das Graham Valley ab. Der hoch gelegene Parkplatz Flora Saddle ist ein schöner Ausgangspunkt für reizvolle Wanderungen im Karstgebiet des **Mt. Arthur** (1795 m). Durch montanen Südbuchenwald, der mit dem bizarr wirkenden Drachenblattbaum »Mountain Neinei« (S.108) durchsetzt ist, erreicht man schnell das alpine Grasland. Hier blühen vor allem im Januar zahlreiche Bergblumen.

Die endemischen Taraseeschwalben sind akrobatische Flugkünstler. Sie fischen meist in Schwärmen.

11 Golden Bay

Farewell Spit: Feuchtgebiet internationaler Bedeutung mit über 100 Vogelarten; Kahurangi-Nationalpark: herausragende botanische Region mit Primärvegetation und etwa 70 lokalendemischen Pflanzen; geologisch interessantes Gebiet mit teilweise glazial geprägtem Karst, artesischen Quelltöpfen und den ältesten Gesteinen Neuseelands; malerische Kulturlandschaft und schöne Strände.

Auf der Karte betrachtet, errinnert der schmale Nordwestzipfel der Südinsel an den Schnabel eines Kiwis (S. 161). Zwischen diesem langezogenen Sandhaken des Farewell Spit und den Hügeln des Abel-Tasman-Nationalparks erstreckt sich – wie ein perfekter Halbmond – die Bucht Golden Bay. Die einzige Zufahrt in dieses malerische Naturgebiet führt von Motueka über die schmale Paßstraße des Takaka Hill. Dies mag erklären, warum die »Bay«, wie die Einheimischen ihre Heimat liebevoll nennen, vom Tourismus bisher wenig berührt und nur dünn besiedelt ist.
Etwa 4500 Einwohner verteilen sich über den schmalen, flachen Küstenstreifen und die Talkessel der beiden Hauptflüsse Takaka und Aorere. Dahinter erheben sich die dicht bewaldeten Bergflanken der Tasman Mountains, deren zerklüftete Gipfel über 1500 m hoch ansteigen. Sie sind Teil des **Kahurangi-Nationalparks**, der etwa 500 000 ha umfaßt und sich nach Westen bis zum Tasmanischen Meer erstreckt. Naturschützer haben dieses riesige, intakte Wildnisgebiet zur Nominierung als Naturerbe der Menschheit vorgeschlagen. Seine Bedeutung liegt nicht nur in der öko-

Imposante Zeugen der Brandungserosion: Felsinseln am Wharariki-Strand.

Blick über die Schlickflächen des Naturreservats Farewell Spit. Im Vordergrund Sekundärgebüsch aus »Teatrees«.

logischen Vielfalt, sondern auch in einer äußerst komplexen Geologie. Hier sind die ältesten Gesteine Neuseelands exponiert, die eine verblüffende Ähnlichkeit mit Felsen im Südwesten Fiordlands aufweisen.

Tatsächlich lagen die Gebirgsblöcke der beiden Regionen, die heute fast 500 km voneinander entfernt sind, einst zusammen. Tektonische Spannungen bewirkten neben vertikalen Aufwerfungen und Senkungen auch horizontale Bewegungen in der Erdkruste. Auf diese Weise riß »Ur-Fiordland« vor Jahrmillionen in einer spektakulären **Seitenverschiebung** auseinander: In ihrem Verlauf »wanderte« ein Teil dieses Gesteinsblockes entlang der Hauptverwerfungslinie des »alpine fault« an seine heutige Position im Nordwesten der Südinsel (s. Grafik S. 12).

In der Folge brachten Gebirgsbildungen, Faltung sowie Umwandlung unter Hitze und Druck weitere Veränderungen mit sich. Massive Sedimentüberlagerungen schufen große Kalk- und Marmorvorkommen, aus denen Wasserkraft das vielfältigste Karstsystem des Landes formte. Eines der längsten Höhlenlabyrinthe der Erde, artesische Flußläufe, tiefe Schwundlöcher und glattgeschliffene Marmorkuppen zählen ebenso zu den geologischen Attraktionen wie die ältesten Fossilienfunde Neuseelands.

Zwischen wildem Hinterland und reizvoller Kulturlandschaft bietet Golden Bay viel Gelegenheit zur besinnlichen Beobachtung. Primärwälder, Alpinmatten, Bergseen, Wattflächen, Sanddünen, Granitküsten, Karsthöhlen und vieles mehr laden zu interessanten Naturentdeckungen ein. Eine solche Vielfalt nahezu ursprünglicher Ökosysteme auf kleinstem Raum ist selbst im abwechslungsreichen Neuseeland kaum zu übertreffen.

Pfuhlschnepfen brüten in Sibirien oder der Arktis und ziehen im Herbst um die halbe Welt.

Pflanzen und Tiere

Mannigfaltigkeit in den Standortfaktoren Grundgestein, Bodentyp, Topographie und Klima hat eine besonders reiche Flora begünstigt. Mehr als die Hälfte aller neuseeländischen Pflanzen sind in Northwest Nelson vertreten, darunter 69 Arten, die in ihrer Verbreitung auf diese Region beschränkt sind. Pflanzengeographische und geschichtliche Einflüsse erklären den hohen Grad an Lokalendemismus: Australische Neuankömmlinge, vor allem Orchideen, setzten sich häufig zunächst in diesem »Ankergebiet« fest. Während der Eiszeiten bestand mehrmals eine breite Landbrücke zur Nordinsel. Der Nordwesten der Südinsel wurde zu einem wichtigen botanischen Rückzugsgebiet. Nördliche wie südliche Arten, die hier »überwinterten«, sind heute teilweise von ihren Ursprungsregionen isoliert. Mehrere Pflanzen erreichen außerdem ihre geographischen Verbreitungsgrenzen. Der endemische Pukatea-Baum, der durch seine breiten Brettwurzeln auffällt, wächst hier an seinem südlichen Extrem. Seine einzigen nahen Verwandten sind 2 Baumarten aus Chile. Sie weisen darauf hin, daß die Gattung ursprünglich aus Gondwanaland stammt. Podocarpaceen (S. 121) dominieren die verbleibenden artenreichen Tieflandwälder, vor allem an der Westküste und im Aorere-Tal. Auf unfruchtbareren Böden und in den höheren Lagen wachsen Südbuchen (S. 129), darüber ein schmales Band subalpiner Sträucher wie Alpentotara (S. 78), Strauchveronikas und Drachenblätter.

Besonders reizvoll sind die Bültengrasfelder der weiten Hochplateaus und Berghänge. Hübsche Kräutermatten laden zum Botanisieren ein. Zu den zahlreichen Alpinpflanzen, die hier ihre nördliche Verbreitungsgrenze erreichen, gehört der stattliche Bergenzian *Gentiana montana*. Er ist einer der 31 neuseeländischen Enziane, die im Gegensatz zu ihren europäischen Verwandten fast alle weiße Blüten tragen. Sie blühen meist als letzte Bergblumen und erfreuen Wanderer von Ende Januar bis in den Herbst hinein.

Am Rand der bewirtschafteten Täler findet man staunasse, nährstoffarme Böden. Sie wurden mehrmals abgebrannt und schließlich von zwergwüchsigen »Teatrees« (s.S. 33) kolonisiert. Dieser Vegetationstyp ist nutzwirtschaftlich wertlos, daher bezeichnen die Neuseeländer ihn etwas abfällig als »Pakihi«. Er bildet jedoch einen wichtigen Lebensraum, nicht nur für Wekarallen (S. 98) und Neuseelandpieper (S. 76), sondern auch für den selteneren Farnsteiger. Dieser kleine Insektenfresser ist ein schlechter Flieger, dessen Bestand durch die Trockenlegung vieler Sümpfe reduziert wurde. Im dichten Gestrüpp schützt ihn seine braune Tarnfarbe vor Feinden.

In den Urwäldern des Hinterlandes leben zahlreiche Vögel. Der riesige Park bietet Arten mit großem Platzbedarf, wie Kaka (S. 151) und Maorifalke (S. 81), ein wichti-

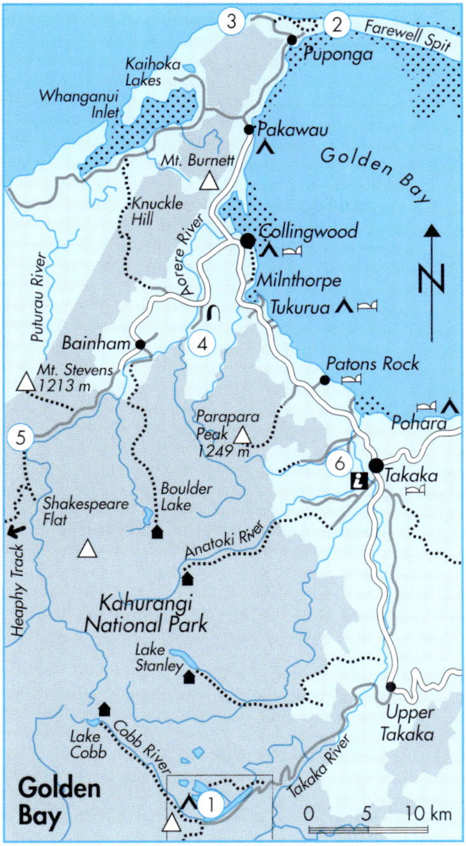

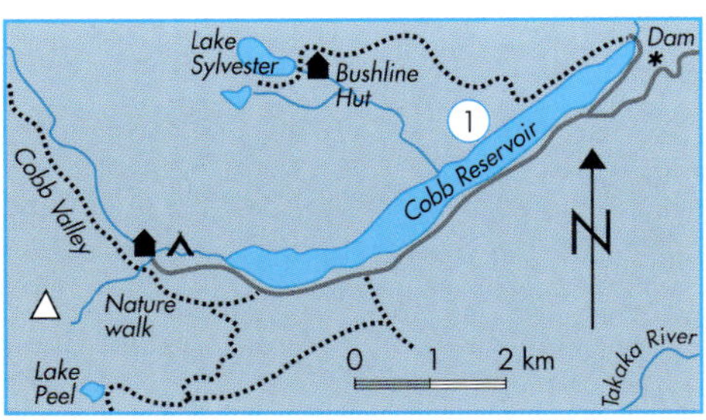

ges Zufluchtsgebiet. Um die Wanderhütten, besonders entlang des Heaphy Tracks, hört man nachts den Ruf des Haastkiwi (s.S. 159). Biologisch faszinierende Waldbewohner sind die verschiedenen Landschnecken der endemischen Gattung *Powelliphanta*. Ihre schön gezeichneten Gehäuse können einen Durchmesser von fast 10 cm erreichen. Sie gehören zu den ältesten Vertretern der neuseeländischen Tierwelt, die wie Kiwi und Brückenechse aus Gondwanaland stammen. Die karnivoren (!) Weichtiere jagen nachts Würmer und verstecken sich tagsüber unter Baumstämmen oder Laub.

Die Küste, insbesondere das international bedeutende Naturreservat Farewell Spit, bietet gute Voraussetzungen zur Beobachtung von Watvögeln. Ausgedehnte Schlickflächen locken mit ihrem reichen Nahrungsangebot zahlreiche Zugvögel an. Am Sandstrand hört man den schrillen Warnruf der Austernfischer, auf den vorgelagerten Felsen rastet der anmutige Weißwangenreiher (S. 36). Die Bucht selbst ist bekannt für ihre Delphine, die manchmal erstaunlich zahm sind. An den Flachstränden ereignen sich immer wieder dramatische Walstrandungen, deren Ursachen kaum erforscht sind. Es kann vorkommen, daß weit über 100 Grindwale »trocken liegen«. Dann werden viele helfende Hände benötigt, um die großen Meeressäuger bis zur nächsten Hochtide am Leben zu erhalten.

Im Gebiet unterwegs

Golden Bay und ihr Hinterland umfaßt eine solche Fülle abwechslungsreicher Naturräume, daß die Auswahl von Vorschlägen schwer fällt. Das kleine Büchlein »Golden Bay Walks« von Derek Shaw vermittelt – mit detaillierten Kartenskizzen und guten Beschreibungen – eine erstklassige Übersicht. Das **DoC-Informationsbüro** in Takaka erteilt Auskunft über den Zustand der Wege oder hilft mit Kartenmaterial und nützlichen Publikationen weiter.

Die folgenden Wanderideen sollen der Erkundung unterschiedlicher Ökosysteme dienen:

Cobb Valley ①: Der Cobb-Stausee ist ein idealer Ausgangspunkt für Wanderungen

Drachenblattbaum »Mountain Neinei«.

Immer zu einem Spaß aufgelegt – der Kea (s.S. 151).

in die faszinierende Alpinzone des Kahurangi-Nationalparks. Die 28 km lange, kurvenreiche Zufahrt beginnt in Upper Takaka. Sie führt teilweise durch primären Mischwald zu einem schönen Aussichtspunkt: Im Süden erstreckt sich das weite, mit Tussockgras bewachsene Hochplateau des Mt. Arthur Tableland (s. S.111). Nordwestlich des Staubeckens lädt das glaziale Trogtal des Cobb-Flusses zur Erkundung ein.

Eine schöne Wanderung beginnt beim Damm am Ostende des Staubeckens, inmitten gelber Blütenfelder der »Maori Onion«. Durch reizvollen Südbuchenwald erreicht man bald das hübsche Tussockgras-Becken um die Karseen **Sylvester Lakes** ① (1–2 Std.). Freunde alpiner Berg-

Der scheue Farnsteiger bewohnt dichtes Gestrüpp.

Powelliphanta – Urahnin der Landschnecken.

Die Karseen der Sylvester Lakes füllen ehemalige Gletschermulden.

blumen werden in Golden Bay, besonders im Dezember und Januar, kaum einen lohnenderen Tagesausflug finden. Von den Hängen grüßt die seltene »Mountain Daisy« *Celmisia traversii*, die einem übergroßen Gänseblümchen gleicht. Gelegentlich hört man den Warnruf des Kea. Vor dem Aufstieg sollte man den Pflanzengarten (»Plant Garden«) auf der Nordseite des Staudammes besuchen, um sich mit der einzigartigen Vegetation des Cobb-Gebietes vertraut zu machen.

Eine Schotterstraße folgt dem Seeufer zum Westende des Staubeckens. Hier beginnt der **Myttons Nature Walk**, für den eine sehr informative Beschreibung erhältlich ist. Der Naturlehrpfad vermittelt einen hervorragenden Einblick in die Ökologie des Südbuchenwaldes. Neben Honigfressern ist hier auch der flinke Zwergschlüpfer unterwegs. Das Kalkgestein der Umgebung enthält 530 Mio. Jahre alte Trilobiten, die ältesten Fossilien Neuseelands. Für geologisch Interessierte Besucher hält das DoC-Büro ebenfalls eine aufschlußreiche Broschüre bereit.

Farewell Spit Nature Reserve ②: Die Welt-Naturschutz-Union I.U.C.N. hat diese 28 km lange Sandzunge und die angrenzende, fast 10 000 ha große Tidenebene als Feuchtgebiet internationalen Ranges eingestuft. Meeresströmungen entlang der Westküste transportieren ständig riesige

»Maori Onion« findet man an feuchten Standorten.

Sandmassen heran und sorgen dafür, daß der junge Strand weiter anwächst. Auf diese Weise ist zwischen offenem Meer und seichtem Watt eine eindrucksvolle Dünenlandschaft entstanden. An ihrer Südseite bieten die Tidenbänke aus Schlick und Sand ein reiches Nahrungsangebot. Neben Krustentieren und Molusken findet man hier ausgedehnte Unterwasserwiesen aus grünem »Eel Grass«. Dieses nährstoffreiche Seegras der Gattung *Zostera*, dessen Rhizome den Sand durchziehen, lockt zahlreiche Schwarzschwäne an. Unter den 45 000 Limikolen, die den Sommer hier verbringen, sind Knutt, Pfuhlschnepfe und Steinwälzer die häufigsten. Die Vogelwelt des »Spit« umfaßt weit über 100 Arten.

Das Naturreservat läßt sich auf 2 Arten erkunden: Im herrlich gelegenen Cafe und Besuchszentrum erfährt man Tidenzeiten. Unten beim Parkplatz beginnen mehrere **Wanderrouten**. Es empfiehlt sich bei zunehmender Tide an der Hafeninnenseite entlangzugehen, um die Watvögel beim Fressen anzutreffen. Erst zur Flut, wenn die Vögel an der nördlichen Küste rasten, sollte man die Dünen überqueren und am Spülsaum des Ozeans zurückwandern (Rundgang, 2–3 Std.). Ein gutes Fernglas sei unbedingt empfohlen, ebenso Schutz gegen Sonne und extrem starken Wind. ACHTUNG: Nur die etwa 3 km lange Zone am Westende des Schutzgebietes darf betreten werden. Bitte die Hinweis-Schilder beachten!

Von Collingwood aus werden täglich **Allrad-Fahrten** zum Leuchtturm des Reservats durchgeführt. Vogelfreunde sollten sich unbedingt nach Spezialtouren wie »Wader Watch« und »Gannet Walk« erkundigen. Sie erschließen u.a. das selten besuchte Tölpelbrutgebiet am Ostende des Sandhakens (Voranmeldung erforderlich).

Wharariki Beach ③: Diesen einsamen Westküstenstrand, der herrliche Fotomotive bietet, sollte man bei Ebbe besuchen (20 Min. Fußweg). Bizarre Felsskulpturen, Höhlen und Tunnel zeugen von der Erosionskraft der Wellen, während der Wind ständig neue Vordünen formt. Landeinwärts beginnt eine interessante Pflanzenfolge, die von Pioniergräsern bis zu windgepeitschten »Teatree«-Büschen reicht. Neuseeländische Seebären (S. 133) rasten an den vorgelagerten Felsinseln (Fernglas!). Der aussichtsreiche **Hilltop Walk** (2–3 Std.) verbindet Wharariki mit Farewell Spit ②. Das Besuchszentrum kann einen »Shuttle Bus« für den Hinweg organisieren.

Aorere Goldfields ④: Die Wege durch dieses ehemalige Goldschürfgebiet sind nicht nur von historischem Interesse. Sie durchqueren dichtes Pakihi-Gebüsch, ein ideales Habitat für den Farnsteiger. Der scheue Vogel, der sich durch seinen eher schwachen »tick tick tick«-Ruf zu erkennen gibt, ist am ehesten während der heißen Mittagszeit zu beobachten. Am Wegrand deutet ein schwaches Glitzern auf den Sonnentau (S. 86) hin. Zarte Orchideen, meist aus der Gattung *Thelmitra* (S. 47), wirken wie kleine Farbwunder.

Brown Hut ⑤: Der Parkplatz am Anfang des Heaphy Track ist ein guter Ausgangspunkt, um beindruckenden Urwald zu erleben. Der beschriftete **Brown River Nature Walk** (15 Min.) zeigt neben Kahikatea- (s.S. 122) und Rimu-Riesen auch große Exemplare der Südbuche »Red Beech«. Eine längere Route führt in das Aorere-Tal nach **Shakespeare Flat** (3 Std.). Hier kann man Golden Bay's besten Tieflandbestand an Podocarpaceen (S. 121) bestaunen. Diese intakten Primärwälder liefern den Waldvögeln reichlich Nahrung. Maorifruchttaube, Tui und Zwergschlüpfer sind einige der Bewohner, die hier nach Früchten, Nektar oder Insekten suchen.

Pupu Springs ⑥: Das größte Quellsystem Neuseelands bezieht seinen Zulauf über ein artesisches Tunnellabyrinth im Marmorgestein. Das Quellwasser stammt vor allem von Versickerungen des Takaka-Flusses und verschiedener Bäche sowie aus wasserdurchlässigen Erdschichten.

Wie die meisten neuseeländischen Gebirgsblumen trägt auch der Bergenzian weiße Blüten.

Über submarine Quellöffnungen in der Bucht dringt Meerwasser hinzu, das einen leichten Salzgehalt hervorruft. In den Quellbecken, die durch einen attraktiven Rundweg (20 Min.) erschlossen sind, gedeihen Algen, Moose und höhere Pflanzen. Die eingeführte Brunnenkresse wird regelmäßig gejätet, da sie die heimischen Wasserpflanzen verdrängt. Pakihi-Gebüsch und ein eindrucksvoller Podocarpaceen-Bestand prägen die Umgebung des Reservats.

Praktische Tips

Anreise: Siehe oben.

Klima/Reisezeit
Mild und sonnig; ganzjähriges Wandergebiet (Tiefland); Niederschläge etwa 1400 mm pro Jahr; je nach Windrichtung sollte man lokale Wetter-Variationen (Ost-West) beachten. Beste Reisezeit: November bis April.

Unterkunft
Strand-Motels in Tata Beach, Pohara und Patons Rock; weitere Unterkünfte in den Hauptorten Takaka und Collingwood. Campingplätze an den Stränden Pohara, Tukurua, Collingwood und Pakawau; einfacher Zeltplatz am Cobb-Stausee.

Adressen
Department of Conservation (DoC):
- Takaka Field Centre, 1 Commercial St., Takaka, Tel. 03-5258026.

Farewell Spit:
- Collingwood Safari Tours, Tasman St., Collingwood, Tel. 03-5248257.
- Collingwood Bus Service, Post Office, Collingwood, Tel. 03-5248138

Blick in die Umgebung

Fernwandungen sind zweifellos die reizvollste Art, nach Golden Bay zu gelangen. Drei Routen, die jeweils mehrere Tage erfordern, bieten sich an: Der leichte **Abel Tasman Coast Track** (s.S. 98) führt von Marahau der Küste entlang nach Wainui am Ostende der Bucht. Der gut ausgebaute **Heaphy Track** erfreut durch seine abwechslungsreiche Pflanzenwelt. Er verbindet die Westküste (Karamea, s.S. 181) mit dem Aorere-Tal (Bainham). Eine wenig begangene Route führt vom Flora-Sattel (s.S. 103) über den **Flora und Balloon Track** zum Cobb-Stausee. Sie durchquert das eindrucksvolle subalpine Hochplateau des Mt. Arthur Tableland.
Diese kleine Auswahl umfaßt nur einige der zahlreichen Hüttenrouten, die den Nordwesten der Südinsel zu einem wahren Trekking- Paradies machen.

12 Paparoa-Nationalpark

Beeindruckende Karstlandschaft mit üppigem Tieflandregenwald, primär erhaltene Vegetationsfolge von der Küste zum Gebirge; Kalksteinhöhlen mit endemischer Fauna; zahlreiche Waldvögel, Beobachtung des Westlandsturmvogels.

Zwischen Westport und Greymouth wartet eine wildromantische Landschaft: Parallel zur Küste verläuft der bis 1500 m hohe Faltengebirgsgürtel der Paparoas. An seinen westlichen Flanken schließt sich die Mulde eines geosynklinalen Senkgebietes (s. S. 164) an, das mit Sedimentgesteinen, vor allem aus Kalk, überlagert ist. Fruchtbare Böden ließen hier einen vielfältigen Tieflandwald gedeihen, den nur ein schmaler Streifen Küstengebüsch vom Meer trennt. Canyonartige Schluchten bieten den einzigen Zugang in das zerklüftete Bergland. Von einzelnen Jägern und Trappern abgesehen war bis vor wenigen Jahren noch kaum jemand mit dieser Region näher vertraut. Engagierten Naturschützern ging es vor allem um die Erhaltung der einzigartigen Tieflandvegetation, als sie 1987 die Einrichtung des 30 327 ha großen Paparoa-Nationalparks durchsetzten.

Berühmt sind die Kalkfelsen der Pancake Rocks, nahe der kleinen Ortschaft Punakaiki. Wind und Meer haben hart am Gestein gearbeitet, weichere Zwischenschichten aus Ton oder Sand angegriffen und bizarre Turmskulpturen geformt. Naturfreunde sollten es jedoch nicht bei dieser Attraktion bewenden lassen. Der umliegende Kalksteingürtel trägt alle Merkmale einer herrlichen Karstlandschaft, die zu weiteren faszinierenden Entdeckungen einlädt.

Pflanzen und Tiere

Karst ist weltweit verbreitet, selten aber findet man ihn von einem so üppigen Tieflandwald bedeckt wie hier bei Punakaiki. Podocarpaceen (S. 121) dominieren in der Küstenregion und den unteren Kalkschluchten. Dieser Bewuchs zeigt alle vermeintlichen Merkmale eines subtropischen Regenwaldes (s. S. 69). Den Wanderer empfängt ein dichtes Gewirr von Lianen,

Auf den reichen Kalkböden im Pororari-Tal gedeiht besonders üppiger Tiefland-Regenwald.

Die Strauchveronika *Hebe elliptica* wächst auf Küstenklippen. Sie blüht von November bis März.

Wurzelkletterern und Epiphyten. Die Holzliane »Supplejack« wächst bis in das niedrige Walddach hinauf. Wer ihre geschmeidigen, fingerdicken Stämme zum Licht hin verfolgt, kann längliche Blätter und vielleicht kleine rote Früchte entdekken (S. 169). Zwischen den Laubbäumen des niedrigen Walddaches fällt neben dem Mamaku-Baumfarn vor allem das saftig grüne Blattwerk der **Nikaupalme** auf. Diese südlichste aller Palmenarten wächst hier nahe ihrer Verbreitungsgrenze. Am Stamm haben die Narben abgestoßener Blätter charakteristische Ringmuster gezeichnet. Es ist möglich, an einer Pflanze verschiedene Stadien der Fruchtentwicklung zu erkennen (S. 49). Über das Blattdach ragen die Baumriesen der Podocarpaceen, vor allem Miro und Rimu, hinaus. In den Sommermonaten fügt das rote Blütenmeer überstehender Ratabäume einen reizvollen Farbkontrast hinzu.
Weiter im Inland werden diese Wälder zunehmend von Südbuchen (S. 129) durchsetzt. Wegen Variationen des Grundgesteins, der Landformen sowie lokalen Klimadifferenzen entstand hier ein komplexes Mosaik klar abgegrenzter Pflanzengesellschaften, das einmalig ist. Bis zur Baumgrenze in nur 1000 m Höhe wachsen die Südbuchen »Silver« oder »Mountain Beech« (S. 129). Darüber folgt ein subalpiner Strauchgürtel, dann Tussock-Grasland und schließlich alpine Matten.
Am Tasmanischen Meer, wo diese unveränderte Höhenstufung einheimischer Flora ihren Beginn nimmt, trifft man auf abwechslungsreichen Küstenbewuchs. An sonnigen Standorten bilden Küstenkräuter wie das Primelgewächs *Samolus* oder die kriechende *Selliera* ausgedehnte Flachmatten. Dahinter schließt sich ein dichtes Band von Neuseeland-Flachs an. Verschiedene Rippenfarne haben sich ebenfalls an das Küstenklima angepaßt. Gemeinsam ist dieser Vegetation Ihre Toleranz gegenüber salzigem Sprühwasser. Das artenreiche Pflanzenkleid bietet, besonders im Tiefland, einen idealen Lebensraum für Waldvögel. Die Maorifruchttaube mit ihrer Vorliebe für die roten Mirofrüchte (S. 52) oder die Honigfresser Tui (S.45) und Makomako (S. 64) sind häufig

Die endemische Mittagsblume »Horokaka« blüht rosa oder cremefarben. Sie hat sukkulente Blätter.

Leicht zu übersehen: *Dendrobium cunninghamii*, eine der 6 epiphytisch wachsenden Orchideenarten.

zu sehen. Graufächerschwanz und Maorischnäpper (S. 126) nutzen die Wanderwege zur Insektenjagd. Auch die neugierige Wekaralle (S. 98) ist hier unterwegs. Zwischen Oktober und Februar hört man den Sommerruf des kleinen Bronzekuckucks. Wie viele Kuckucke ein Brutparasit, bevorzugt er die Maorigerygone (S. 145) als Ziehmutter seiner Eier. Anfang März sucht er den tropischen Südpazifik auf, um dort zu überwintern. Erst 1945 entdeckten Naturschützer die einzige Brutkolonie des endemischen, schwarzen Westlandsturmvogels. Seine Nisthöhlen befinden sich auf steilen Abhängen, von denen er gut zum Flug abheben kann.
An Lichtungen findet man den roten Admiralfalter, besonders in der Nähe von Brennesseln, seinen Futterpflanzen. Die laute Captain-Cook-Zikade gehört ebenfalls zu den auffälligeren Vertretern der Sommerinsekten.
Besonderen Schutz erfordern die **Kalkhöhlen-Ökosysteme** im Karst. In Cavernen, die nicht überflutet werden, überlebt eine hochspezialisierte Tierwelt. Hierzu zählt auch die »Cave Weta« aus der Familie der Höhlenschrecken (s. S. 22). Durch den Verlust der Augen und die Ausbildung langer Fühler hat dieses Insekt sich evolutionär an die besonderen Lebensbedingungen seiner ökologischen Nische angepaßt.

Im Gebiet unterwegs

Punakaiki ist der beste Ausgangspunkt für eine Erkundung der Karstregion. Das DoC unterhält hier ein kleines Besuchszentrum mit informativen Beschreibungen zur Na-

Der Baumwürger »Northern Rata« beginnt sein Leben ▷ als kleiner Epiphyt. Seine breiten Luftwurzeln umschlingen schließlich den Wirtsbaum vollkommen.

◁ Pancake Rocks, geologisches Schaustück des Parks.

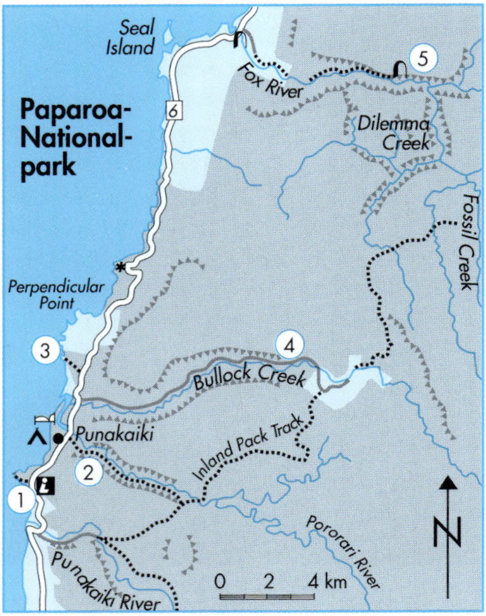

turgeschichte des Parks. Gegenüber, zwischen Nikaupalmen und Kiekie-Wurzelkletterern (S. 126), beginnt der Fußweg zu den **Pancake Rocks** ① (Rundweg, 20 Min.). Kurz vor dem Tidenhöchststand und bei etwas stürmischem Seegang sind die Druckwasserfontänen zwischen den Klippen am eindrucksvollsten. Im Frühsommer kann man Taraseeschwalben (S. 103) an ihren Nistplätzen beobachten. Fliegende Dunkelsturmtaucher (S. 158) erkennt man an dem Silberstreifen auf der Flügelunterseite. Die feinen Flachmatten aus heimischen Mittagsblumen, Primelgewächsen und weißblühender *Selliera* sind leicht zertreten – bitte den Weg nicht verlassen!

Pororari River ②: Den Unterlauf dieses wildromantischen Flusses erforscht man am besten mit einem Kanu (Verleih: Tel. 03-7311870). An der Sandnehrung beim herrlich gelegenen Campingplatz nisten im September und Oktober Doppelband-Regenpfeifer (Vorsicht, nicht stören!). An den Vordünen überlebte die seltene orangefarbene Sandsegge Pingao (S. 127). Der Wanderpfad entlang des südlichen Flußufers vermittelt einen ausgezeichneten Einblick in die vielfältigen Regenwaldassoziationen des Tieflandes. Zwischen verschiedenen Baumfarnarten gedeihen zahlreiche Nikaupalmen. Die Maorifruchttaube fällt durch ihren lauten Flügelschlag auf. Im September locken die gelben Kowhaiblüten (S. 143) viele Honigfresser an. Beachtenswert sind die zahlreichen Epiphyten, vor allem auf den Ratabäumen, sowie die Orchideenblüte ab Ende Januar. Ein längerer Rundweg führt weiter durch Südbuchenbestände zum Punakaiki-Fluß. Er erreicht wieder die Küstenstraße 2 km südlich des Zeltplatzes (3 Std., Flußdurchquerung).

Truman Track ③: In nur 15 Minuten gelangt man zu einer wild skulpturierten Küste, die sich in nördlicher Richtung erforschen läßt (ACHTUNG: nur bei abnehmender Tide!). Der Pfad gibt einen guten Einblick in die Pflanzenfolge von den Kräuterpolstern der Klippen, über Neuseeland-Flachs und *Coprosma*-Gebüsch zum Regenwald aus Podocarpaceen. Unter den Baumriesen fällt ein Matai auf, der von dicken Luftwurzeln umschlungen ist. Sie stammen von einer epiphytischen »Northern Rata«, die hier nahe ihrer südlichen Verbreitungsgrenze wächst. Im Herbst verrät ein süßlicher Duft die Blütezeit der »Easter Orchid«.

Bullock Creek ④: Eine rauhe Piste führt durch eine Karstschlucht etwa 12 km landeinwärts. Nach Einbruch der Dunkelheit kann man hier Haastkiwi (s. S. 159) und Kuckuckskauz (S. 68) belauschen.

Fox River Cave ⑤ (1,5 Std.): Am Nordufer des Fox-Flusses, wo im Frühling die Kamahi-Bäume (S. 86) weiß blühen, verläuft eine rauhe Wegroute. Wer eine Taschenlampe hat, kann in der Kalksteinhöhle vielleicht eine »Cave Weta« entdecken. VORSICHT: Nur die obere Passage ist sicher!

Die unberührten **Höhlensysteme** des Nationalparks behüten eine faszinierende Naturwelt. Weitere Exkursionen werden jedoch nur unter professioneller Führung (s. u.) empfohlen.

Baumfarne

Die Stammesgeschichte der Farne reicht bis in das Erdaltertum zurück, viel länger als die der Blütenpflanzen. Giganten dieser primitiven Pflanzengruppe beherrschten die Erdvegetation bereits während der feuchtwarmen Kohlezeit. Mächtige Baumfarne und andere Urpflanzen bildeten in den Kohlesümpfen Europas Steinkohlelager.
Heute umfassen die echten Baumfarne knapp 900 Arten, die hauptsächlich in tropischen und subtropischen Regenwäldern vorkommen. Obwohl Baumfarne bereits innere Leitungsbahnen entwickeln, unterscheiden sie sich von Bäumen: Sie haben keine echte Rinde, kaum Äste und bilden kein ausgeprägtes Wurzelsystem aus. Am Erdsproß treten häufig kleine Adventivwurzeln hervor, die den Stamm verdicken und schützen. Wie andere Farne vermehren sich auch die Baumfarne durch Sporen. Diese entstehen an den Blattunterseiten.
Die beiden ähnlichen Familien der Cyatheaceae und Dicksoniaceae sind auf Neuseeland mit insgesamt 8 Arten vertreten. Am besten bekannt ist der »**Silver Fern**«, dessen ausgewachsene Wedel unten weiß gefärbt sind und ein Nationalsymbol bilden. Am größten wird der bis 20 m hohe »**Mamaku**«, der wie viele Baumfarne die alten Wedel abstößt. Sein schwarzer Stamm weist daher sechseckige Stielnarben auf. Beim »**Whekiponga**« formen die alten dürren Wedel ein braunes Kleid. Eine dicke Schicht aus Adventivwurzeln umgibt seinen Stamm, aus dem die Maori früher Hütten und Zäune bauten. Der »**Wheki**«, der regelmäßigen Frost ertragen kann, hat einen rauhen Stamm aus abgebrochenen Wedelstielen.

Der »Mamaku«, der größte Baumfarn Neuseelands.

Die Paparoa-Region bietet schöne Möglichkeiten für mehrtägige **Wildniswanderungen**, wie den »Inland Pack Track«. Auf diesen Routen muß man zahlreiche Flüsse durchwaten und benötigt ein Zelt. Nähere Informationen erteilt das Besuchszentrum in Punakaiki.
ACHTUNG: Manche Flüsse werden bereits nach 30 Minuten Regen unpassierbar. Bei Ausflügen in die Bergregion sollte man auch jederzeit mit einem plötzlichen, kalten Wettersturz rechnen.
Bootsausflug: Bei ruhigem Seegang bietet Kiwa Sea Adventures (Tel. 03-7687765) »Nature Tours« entlang der herrlichen Steilküste an. Höhepunkte sind verspielte Hectordelphine (S.173), Nistfelsen der Tüpfelscharbe und eine Pelzrobbeninsel.

Die endemische Nikaupalme wächst an Küstenstandorten und in tiefliegenden Regenwäldern.

BITTE BEACHTEN: Das Nistgebiet der **Westlandsturmvögel** darf ohne Genehmigung nicht betreten werden. Spezielle ornithologische Exkursionen werden jedoch vor Ort angeboten (s. u.).

Praktische Tips

Anreise

Von Greymouth oder Westport entlang des Highway 6 nach Punakaiki (ACHTUNG: Im Ort keine Tankstelle).

Klima/Reisezeit

Im Tiefland mildes, feuchtes Küstenklima; jahreszeitlich geringe Temperaturschwankungen, hohe Sonnenstundenzahl. Niederschläge: 2000–3200 mm pro Jahr zunehmend zum Gebirge hin, in den Bergen bis 8000 mm pro Jahr. Beste Reisezeit zwischen Weihnachten und Ostern sowie im Spätherbst.

Unterkunft

Am Strand von Punakaiki schön gelegener Campingplatz des DoC mit Bungalows und Hütten (Tel. 03-7311894). Motels in Charleston, Punakaiki und Barrytown. Camping ist nur an dafür vorgesehenen Orten erlaubt.

Adressen

Department of Conservation (DoC):
- Field Centre, P.O. Box 1, Punakaiki, Tel. 03-7311893.

Geführte Höhlenexkursionen:
- Nordwest Adventures, 41 Domett St., Westport, Tel. 03-7896686;
- Buller Adventure Tours, Highway 6, Westport, Tel. 03-7897286.

Westlandsturmvogel Exkursionen:
- Paparoa Nature Tours, P.O.Box 36, Punakaiki, Tel. 03-7311826.

Blick in die Umgebung

Cape Foulwind: Nahe des schönen Strandes Tauranga Bay, 12 km südlich von Westport, befindet sich eine der nördlichsten Brutkolonien des Neuseeländischen Seebären (S. 133). Sie umfaßt zwischen 200 und 300 Tiere. Ein Wanderweg (4 km) führt oberhalb der Steilküste entlang zu einem Leuchtturm.

13 Westland-Nationalpark

»Naturerbe der Menschheit« als herausragendes Beispiel der Evolutionsgeschichte und geologischer Prozesse; meeresnahe Talgletscher; archaische Podocarpaceen-Wälder, artenreiche Tieflandvegetation auf jungglazialen Landformen, komplette botanische Höhensequenz von der Küste zur Nivalzone; artenreiche Vogelwelt.

»...eine große, hoch aufgeworfene Landmasse...« schrieb Abel Tasman in sein Bordbuch, als er im Dezember 1642 als erster Europäer Neuseeland sichtete. Sein Kommentar bezog sich zweifellos auf die markante, langgezogene Gebirgskette der **Südalpen**. Südlich von Hokitika, nur 30 km hinter der Westküste, steigen ihre Gipfel abrupt auf eine Höhe von 3 500 m an. Das junge Faltengebirge entstand entlang des »**alpine fault**«, einer über 600 km langen Verwerfungslinie, die von Fiordland bis in den Norden der Südinsel reicht. Sie ist so deutlich in die Landfläche gezeichnet, daß man ihren Verlauf selbst auf einem Satellitenfoto noch gut erkennen kann. Diese Linie markiert die Kollissionszone, an der die pazifische Kontinentalplatte auf die indo-australische zudriftet (s. Grafik S. 11). Derselbe geologische Prozeß, der auf der Nordinsel für den aktiven Vulkanismus verantwortlich ist, hat hier im Süden eine Serie dramatischer Gebirgsbildungen hervorgerufen. Die Südalpen wurden in den letzten 20 Mio. Jahren über 18000 m (!) hoch aufgeworfen und von

Traumbild für Frühaufsteher. Alpengipfel und Urwald spiegeln sich im Lake Matheson.

Vom Cone Rock überblickt man den Eisfluß des Fox-Gletschers.

ausgleichenden Erosionskräften teilweise wieder abgetragen.
Als natürliche Wetterbarriere ist der Hochgebirgskamm für eines der extremsten Niederschlagsregime der Erde verantwortlich. In den Nährgebieten oberhalb der Schneegrenze sammeln sich große Eismassen. Sie bilden schnellfließende **Talgletscher**, von denen manche 2–3 m pro Tag vordringen. Der Fox-Gletscher und der Franz-Josef-Gletscher schieben sich – einzigartig in den gemäßigten Breiten – bis auf eine Meereshöhe von 300 m hinunter. Aus ihren Gletschertoren ergießt sich das Schmelzwasser in einen subtropisch anmutenden **Regenwald** (s.S. 69). Während des Pleistozäns, letztmals vor ungefähr 14 000 Jahren, erreichten die Eiszungen viermal das Tasmanische Meer. Im Rückzug schufen sie eine typische **Glaziallandschaft** aus Moränenwällen, Schotterterrassen, abgeschliffenen Rundhöckern und Muldenseen. Entlang der Küste findet man lange Sandnehrungen, hinter denen sich **Lagunen** gebildet haben.
Die meisten der 58 benannten Gletscher des Parks sind schwer zugänglich. Aus dem Eis ergießen sich wilde Gebirgsflüsse in steile Schluchten. Sie transportieren tonnenschweren Erosionsschutt in die breitgefächerten **Schotterebenen** des schmalen Küstenstreifens. Hier kommt es immer wieder zu schweren Überschwemmungen. Wenn Brücken fortgewaschen werden, ist die kleine Bevölkerung des Südwestens oft tagelang von der Außenwelt isoliert.

Aus dem Stirntor des Fox-Gletschers tosen Gebirgsbäche und Schmelzwasser.

Podocarpaceen – archaische Koniferen

Die Podocarpaceae bilden eine sehr alte Familie von Koniferen, die vorwiegend auf der südlichen Hemisphäre verbreitet ist. Ihre Ahnenlinie führt ununterbrochen etwa 190 Mio. Jahre zurück. Vorfahren der heutigen Podocarpaceen dominierten bereits die Gondwanaland-Wälder der Kreidezeit, in denen Dinosaurier umherstreiften. Der lateinische Name bedeutet »Fußfrucht«: Der harte Same sitzt einzeln auf einem meist wulstigen Stil, manchmal von einem fleischigen Mantel umwachsen. Männliche Pflanzen entwickeln kleine Zapfen, sogenannte Strobili.

Die archaische Familie ist mit 8 Gattungen in Neuseeland gut vertreten. Sehr häufig trifft man auf den Rimubaum (S. 64), der zu den Harzeiben zählt. Seine schuppenartigen Blätter errinern an eine Zypresse. Die stattliche Totara aus der Gattung der Steineiben stellt für die Maori ein Symbol der Stärke dar. Eine Sonderstellung halten die Blatteiben, die anstatt Blätter kurze, abgeflachte Sprosse (Phyllocladien) ausbilden. Sie sehen einem Blatt sehr ähnlich und übernehmen auch dessen Funktionen der Photosynthese und Verdunstung.

Reife Kahikatea-Samen sitzen auf einem hellroten Wulst. Die Signalfarbe lockt hungrige Vögel an.

Zu den 18 neuseeländischen Podocarpaceae-Arten zählen auch 2 subalpine Sträucher. Die Alpentotara (S. 78) hat sich während der Anpassung an Klima und Lebensraum von ihrer Proto-Art fortentwickelt (adaptive Radiation). Die »Pygmy Pine«, ein flach streichender Busch, gilt als kleinste Konifere der Welt.

Im Koniferen-Hartholzwald dominieren die Baumriesen der Podocarpaceen. Ein Blattvergleich der 5 bekanntesten Arten:
① Rimu
② Kahikatea
③ Totara
④ Matai
⑤ Miro

Der 117 547 ha große Westland-Nationalpark umfaßt eine junge, aktive Landschaft, in der kaum eine Oberfläche älter als 20000 Jahre ist. Wasser und Eis sorgen für eine fortdauernde Dynamik, der auch die Entwicklung der Pflanzen- und Tierwelt letztendlich unterworfen ist.

Pflanzen und Tiere

Noch vor 15 000 Jahren bedeckte eine ausgedehnte Eisschicht den Nationalpark. Pflanzen und Vögel waren in isolierte Refugien zurückgedrängt. Mit den zurückschmelzenden Gletschern begann sich die Vegetation wieder auszubreiten. Dieser Prozeß läßt sich auch heute noch anschaulich beobachten. Flechten, Moose, Weidenröschen und *Raoulia*-Polster (S. 77) bilden die Anfangsstufen der **Sukzession** (s.S. 99). Es folgen Strauchpioniere wie Tutu (S. 60) und die stickstoffbindende *Carmichaelea*. Bereits nach 100 Jahren besteht ein niedriger Hartholzwald aus »Southern Rata« und Kamahi, nach 3000 Jahren entwickelt sich eine Klimaxgesellschaft, in der Podocarpaceen vorherrschen.
Wo Mineralien eine harte, undurchlässige Grundschicht formen, entstehen staunasse Böden, die als »Pakihi« bezeichnet werden.

Der australische Maskenkiebitz ist bei Farmern unbeliebt. Er frißt gerne Wurzelgemüse.

Am Rand solcher **Torfmoor-Biotope** wächst eine zwergwüchsige Vegetation aus Manuka (S. 36) und Podocarpaceen. Die Gewöhnliche Blatteibe, die zypressenähnliche »Yellow Pine« und die konisch wachsende »Silver Pine« vertreten hier die archaische Koniferenfamilie.
Zwischen Büscheln des Bültengrases »Red Tussock«, verschiedenen Binsen, Sauergräsern und Schirmfarnen (S. 82) finden sich Sumpfpolster, die man eher in der subalpinen Zone erwartet. In dieser sauerstoffarmen Umgebung gedeihen konkurrenzschwache Pflanzen wie die 3 neuseeländischen Sonnentauarten. Sie beziehen Nährstoffe aus der Insektenbeute, die sich in den klebrigen Haaren ihrer Blätter verfängt (S. 86).
Die unterschiedlichen Klimabedingungen von der Küste bis in die Alpen verursachen eine **Höhenstufung der Vegetation**. Die botanisch reichste Waldstufe findet sich im Tiefland. Bestandbildend sind hier die erwähnten Podocarpaceen, mit einem Baldachin aus Rimu, Miro und Totara. Vor allem Kamahi (S. 86), aber auch »Southern Rata« und »Westland Quintinea«, zählen zu den immergrünen Laubvertretern dieser Waldformation, in der sich die meisten Besucher des Parks aufhalten.
Bemerkenswert sind die eindrucksvollen **Kahikatea-Sumpfwälder** (S. 73) aus schlanken, geraden Stämmen, deren Brettwurzeln eng miteinander verflochten sind. Die höchsten Bäume Neuseelands zählen als Vertreter der archaischen Gattung *Dacrycarpus* ebenfalls zur Familie der Podocarpaceen. Ihre Erblinie führt mehr als 120 Mio. Jahre zurück auf den Urkontinent Gondwanaland. Der Vegetationstyp solcher Sumpfwälder war früher in den alluvialen Tieflandregionen beider Hauptinseln weit verbreitet, mußte aber fast überall dem Farmland weichen. Heute sind nur noch 2 % der ursprünglichen Kahikatea-Bestände erhalten.
Die einzigartige Vegetationsfolge von den Küstensümpfen bis zum »Snow Tussock«,

Von den Küstensümfen bis zu den Berghängen erstreckt sich eine einmalige Pflanzenfolge.

dem Bültengras der Alpinzone, bietet vielfältige Lebensräume. Das Handbuch des Nationalparks listet 61 Vogelarten auf. Um die Gletscher-Parkplätze hört man den Flugruf des Bergpapageien, ein lautes »keaa«. Zwischen den nahen Felsen hüpft der winzige Felsschlüpfer (S. 138) umher. Maorifruchttaube, Honigfresser oder Insektenjäger wie die Schnäpper finden in den **Regenwäldern** ein reiches Nahrungsangebot. Seltenere Arten wie Kaka (S. 151) und Springsittich (S. 156) überleben in alten Waldbeständen.

Unter den Küstenvögeln findet man Raubseeschwalben und Doppelband-Regenpfeifer (S. 173), an den **Stränden** leben Seebären (S. 133). Der endemische Dickschnabelpinguin (S. 134), der seltenste Schopfpinguin der Erde, brütet im dichten **Küstengebüsch**. Seine Gesamtpopulation wird auf weniger als 7000 Brutpaare geschätzt. An **Lagunen**, Sandnehrungen und Haffen trifft man Limikolen. Im **Sumpfdickicht** finden Südsee- oder Zwergsumpfhuhn, Farnsteiger (S. 108) und die scheue Australische Rohrdommel Unterschlupf. Purpurhuhn (S. 101) und Maskenkiebietz besuchen das umliegende Farmland.

An den zahlreichen **Glazialseen** lassen sich Wasservögel gut beobachten. Ein gelegentlicher Besucher dieser friedlichen Ecken ist der Silberreiher (S. 2). Seine einzige neuseeländische Nistkolonie, nördlich der Lagune Okarito, zählt etwa 100 Brutpaare (s. S. 126). Die Süßwasser-Ökosysteme des Parks beherbergen außerdem 16 Fischarten. Die meisten verbringen einen Teil ihres Lebenszyklus im Meer. Von September bis November sieht man an den Flüssen außerhalb der Schutzgebiete, Fischer mit Netzreusen. Sie fangen die winzigen zurückkehrenden Jungfische, die als »whitebait« bekannt sind und von den Neuseeländern als Delikatesse geschätzt werden.

Im Gebiet unterwegs

Der Nationalpark bietet zahlreiche Wanderwege durch unterschiedliche Vegetationszonen. Die Täler der beiden Gletscher **Franz Josef** und **Fox** sind durch Schotterstraßen erschlossen. Von Parkplätzen führen kurze Wanderwege zu den beeindruckenden **Gletschertoren**. Sie überqueren junge Oberflächen mit einem niedrigen Bewuchs aus Strauchpionieren wie Tutu (S. 60) und *Carmichaelia*. Talabwärts stehen steile Felshöcker aus harten Gesteinen, die der glazialen Schleifkraft widerstanden. Wer sie besteigt, kann deutlich verschiedene Stadien der Pflanzensukzession erkennen (s. S. 99). Nur wenige Kilometer entfernt warten auf die Naturfreunde faszinierende Küstenbiotope. Die beiden

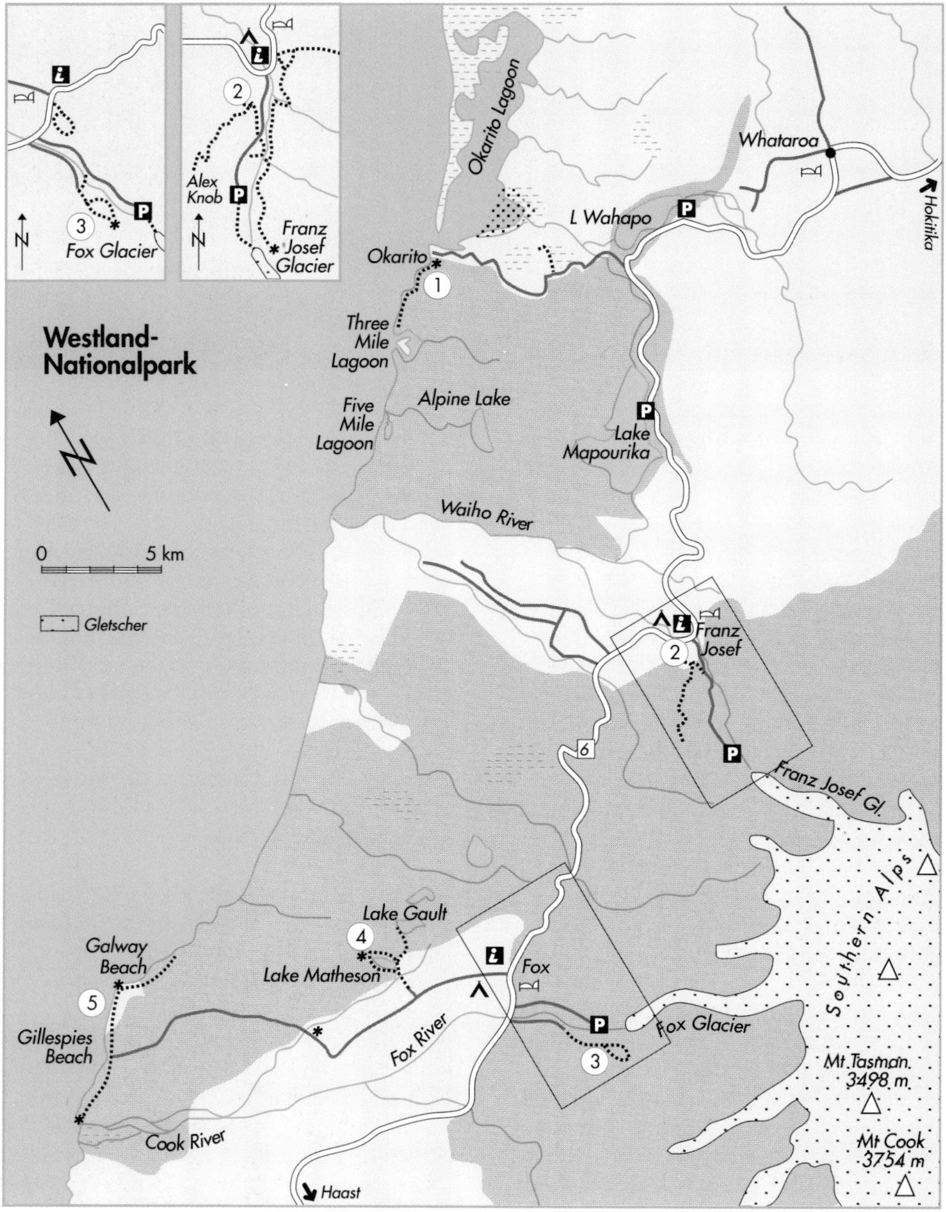

Besuchszentren des Nationalparks halten Informationsmaterial bereit, einschließlich Broschüren zur Pflanzenbestimmung. Es folgt eine Auswahl von Wegen die verschiedene Ökosysteme erschließen.

Okarito: Die Lagune eignet sich gut zur Vogelbeobachtung, besonders im Leihkajak oder auf einer naturkundlichen Bootexkursion (s.u.). Am Ufer kann man Austernfischer, Doppelband-Regenpfeifer

(S.173) und Raubseeschwalben beobachten. Gelegentlich stakt auch der Silberreiher über den Schlick. Pfuhlschnepfe (S.106) und Knutt sind arktische Sommerbesucher. Der Aussichtspunkt **Okarito Trig** (45 Min.) bietet einen fotogenen Blick über Tieflandregenwald zur schneebedeckten Alpenhauptkette. Ein guter Fußweg ① führt weiter zur Three-Mile-Lagune. Nur bei Ebbe (!) sollte man eine Rückkehr entlang der Steinküste wagen (Rundweg 3 Std.).

Franz Josef Glacier: Der kurze Fußweg durch Tieflandregenwald zum **Lake Wombat** ② lohnt sich vor allem für Vogelfreunde (1 Std.). Neben schönen Rimu-Beständen beeindrucken die verwachsenen Stämme der Ratabäume. Im Baldachin krächzt manchmal der Kaka (S.151). Auf dem verträumten Waldsee ziehen heimische Enten ihre Kreise. Er entstand vor 9000 Jahren als sich Schmelzwasser zwischen Moränenkuppen sammelte. Ein steiler Pfad steigt weiter zu dem fast 1300 m hohen Gipfel **Alex Knob** auf (4 Std.). Diese Ganztageswanderung sollte man nur bei gutem Wetter unternehmen. Sie erschließt alle Waldstufen des Nationalparks und die Alpinvegetation (!) über der Baumgrenze. Wegen der herrlichen Aussicht empfiehlt sich ein früher Start.

Fox Glacier: Ein steiler, rauher Pfad führt über eine 250 Jahre alte Moräne auf den **Cone Rock** ③. Die harte, vom Eis glattgeschliffene Felskuppe steht 277 m über dem Talboden. Teilweise sichern Seile den Aufstieg. Vom Gipfel genießt man einen hervorragenden Blick auf das gesamte Gletschersystem des Fox. Zum Abstieg empfiehlt sich der **Chalet Lookout Track** (Rundweg, 2,5 Std.).

Ein gut befestigter Waldweg (1,5 Std.), an dessen Rand Orchideen (S.14) gedeihen, umkreist den berühmten Spiegelsee **Lake Matheson** ④. Wer die Reflektion der Alpengipfel fotografieren will, sollte kurz nach der Morgendämmerung dort sein, bevor der Wind aufkommt. Über dem Wasser fliegen Libellen und am Uferrand

Der Streifenfarn »Hen and Chicken« pflanzt sich auf kuriose Weise fort. Die winzigen »Babyfarne« keimen auf den Wedeln aus, bevor sie abfallen.

lebt die Augenbrauenente. Im Wald begegnet man Maorischnäpper und Graufächerschwanz.

Gillespies Beach: Von der kleinen Ortschaft Fox Glacier führt eine 20 km lange Stichstraße zum Strand. Es lohnt sich die **wilde Küste** ⑤ in nördlicher Richtung bis Galway Beach zu erforschen (2 Std.). Unterwegs empfiehlt sich ein Abstecher zum herrlichen Aussichtspunkt und im Winter ein Besuch der nahen Seebärenkolonie (bitte die Tiere nicht stören!).

»Everlasting Daisies« bewachsen oft Moränenschutt.

Der »Kiekie«-Strauch klettert mit Hilfe seiner schaukelnden Luftwurzeln an Baumstämmen empor.

Praktische Tips

Anreise

Highway 6 von Hokitika (115 km) oder Haast (109 km).

Klima/Reisezeit

Im Tiefland sehr feuchtes, wechselhaftes, aber relativ mildes Meeresklima. Niederschläge von der Küste (3000 mm pro Jahr) nach Osten hin zunehmend (Franz Josef und Fox: 4700 mm) , in der Alpinregion über 11 000 mm(!), meist als Schnee. Regenreichste Jahreszeit Frühling bis Frühsommer, regenärmste Monate Juni bis August.

Unterkunft

Hotels, Motorcamps und Hostels in Fox und Franz Josef Glacier, Farmübernachtung in Whataroa, Jugendherberge in Okarito. Camping an den Seen Wahapo, Mapourika und bei Okarito.

Adressen

Department of Conservation (DoC):

- Visitor Centre, P.O. Box 14, Main Rd., Franz Josef Glacier, Tel. 03-7520796;
- Visitor Centre, Main Rd., Fox Glacier, Tel. 03-7510807.

Naturexkursionen/Leihkajak:

- Okarito Nature Tours, Private Bag 777, Hokitika, Tel. 03-7534014.

Blick in die Umgebung

White Heron Colony: Nördlich des Nationalparks kann am Fluß Waitangiroto eine Brutkolonie von Königslöfflern und Silberreihern besucht werden. Die Reiher versammeln sich hier ab September, um ihre Brutplätze hoch in den Kahikatea-Bäumen zu bauen. Nach der Brutzeit, bis Ende Februar, verlassen Eltern und Jungvögel das Brutgebiet und ziehen nordwärts. Sie verteilen sich über das ganze Land an die Tieflandseen, Wattflächen und Mangrovengewässer. Jetboot-Exkursionen zur Brutkolonie beginnen in Whataroa (Voranmeldung empfohlen: Tel. 03-7534120).
Hari Hari Coastal Walk: Bei Hari Hari, an der Mündung des Wanganui-Flusses, beginnt ein aussichtsreicher Rundweg (3 Std.). Unterwegs laden Kahikatea-Wald, Pakihi-Torfmoor und ein Flußästuar zu interessanten Naturbeobachtungen ein.

Der insektenjagende Maorischnäpper ist ein freundlicher Weggefährte.

14 Haast Pass/World Heritage Highway

»World Heritage Highway« durch eine herrliche Naturlandschaft; überwachsenes Dünensystem, Küstenmoor mit Kahikatea-Wald, primäre Vegetationsfolge von Podocarpaceen über Mischwald zu reinem Südbuchenbestand; Dickschnabelpinguine und zahlreiche Waldvögel; reizvolle Kulturlandschaft um den Wanaka-See.

Der 563 m hohe Haast-Paß bildet die niedrigste Verkehrsroute über die Südalpen. Der uralte Übergang war bereits jahrhundertelang von verschiedenen Maori-Stämmen benutzt worden, bevor ihn der deutsche Geologe Julius von Haast im Jahr 1863 benannte. Erst etwa 100 Jahre später wurde schließlich eine durchgehende Straßenverbindung zwischen Westland und Otago fertiggestellt. Sie ist heute ein Teilstück des berühmten »**World Heritage Highway**«. Diese Touristenroute erschließt den schmalen Küstenstreifen westlich der höchsten Südalpengipfel, eine der naturgeschichtlich interessantesten Ökoregionen Neuseelands (s.S.119). Das vorliegende Reisegebiet umfaßt den südlicheren Streckenabschnitt, von der Haast-Küste zum Wanaka-See.

Das Landschaftserlebnis beeindruckt sehr: Highway 6 verläuft zunächst zwischen den langgezogenen Kuppen überwachsener Sanddünen, parallel zu einem der einsamen, scheinbar endlosen Westküstenstrände (Waita Beach). Die Ebene am Gebirgsfuß besteht etwa zur Hälfte aus Sumpfland und kleinen Moorseen, die sich hinter dichtem Tieflandwald verstecken. Die 737 m lange Brücke über den Haast River zählt zu den längsten des Landes. Ein Blick über die Schottermassen der Flußverwilderung (s.S.135) macht deut-

Goldgelbe Büschel der Sandsegge Pingao markieren den Beginn der Pflanzenfolge auf den Vordünen.

lich, daß natürliche Erosion ihren festen Platz in dieser rauhen Gebirgswelt hat. Das breite Strombett läßt auch ahnen, zu welcher Zerstörkraft die Wassermassen während einer typischen »Westcoast Flood« anschwellen können.
Die Strecke wendet sich nun nach Osten, dem Alpenhauptkamm zu. Sie verläuft zunächst entlang der Nordgrenze des **Mt.-Aspiring-Nationalparks** (s.S. 145), der mit einer Fläche von über 355 000 ha der drittgrößte des Landes ist. Er vereint mehr als 100 Gletscher und einige der höchsten Südalpengipfel. Der Park bildet die Kernregion des internationalen Schutzgebietes »Te Wahipounamu«. Es umfaßt etwa 10% der neuseeländischen Landfläche und wurde 1990 zum Naturerbe der Menschheit erklärt (s.S. 76).
Die Einfahrt in das weite Trogtal des Haast-Flusses enthüllt immer mehr glaziale Landformen. Steile Talflanken mit Wasserfällen und abgehobelten Bergschultern (»Bluff«) zeugen von dem enormen Schliffeffekt der pleistozänen Eismassen. Als Neuseelands längster Eisfluß hier vor 15 000 Jahren zurückschmolz, hinterließ er eindrucksvolle Spuren im Fels. Die riesige Eiszunge war aus dem Landsborough-Tal über 125 km bis zur Küste vorgedrungen – eine Ausdehnung, die moderne »Gletscherreste« wie den 27 km langen Tasman Glacier (S. 136) in eine andere Perspektive rückt.
Wo sich der mächtige Gebirgsfluß des Landsborough mit dem Haast River vereinigt, dreht die Paßstraße nach Süden ab. Sie durchquert zunächst eine wildromantische Schlucht (»Gates of Haast«), die sich bald zur bewaldeten Paßhöhe hin öffnet. Auf der Südseite verläuft das Makarora-Tal ebenfalls in Fließrichtung eines eiszeitlichen Gletschers. Sein tiefes Zungenbecken füllt der 45 km lange Wanaka-See.
Der Kontrast zwischen den saftig grünen Regenwäldern der Westküste und dem sonnengetrockneten Grasland der Provinz Otago sticht sofort ins Auge. Fast abrupt endet die faszinierende, im wesentlichen intakte Naturkulisse, die den Reisenden durch South-Westland begleitet hat. An ihre Stelle treten braungebrannte Schafweiden. Sie lassen erkennen, daß der Mensch für den Vegetationswechsel verantwortlich ist. Am Südende einer 235 km langen Touristenstraße, die den Namen »World Heritage Highway« trägt, mutet der Übergang zur Kulturlandschaft besonders abrupt an.

Pflanzen und Tiere

Dem abwechslungsreichen Landschaftsbild entspricht ein vielfältiges Vegetationskleid. Die küstennahen Feuchtgebiete nördlich des Haast-Flusses bieten ideale Standorte für Kahikatea-Koniferen (s.S. 122). In den ausgedehnten Hochmooren dominieren *Sphagnum*-Moose, an ihrem Rand wachsen verkümmert Podocarpaceen wie Rimu und »Silver Pine«.
Die Straße verläuft hier nahe der Küste. Ein kurzer Spaziergang zum Strand (z.B. vom Parkplatz Ship Creek) zeigt eine interessante Pflanzenfolge: Windgepeitschter Küstenbestand aus Podocarpaceen besiedelt die ältesten Dünenkuppen hinter einem Schutzband aus heimischem Strauchwerk. Salztolerante Pflanzen wie Stechginster, Neuseeland-Flachs und Binsen dringen näher zum Meer vor. Auf den äußeren Sandkuppen überleben nur extrem robuste Pioniere wie der endemische Pingao. Diese primitive Segge ist dem rauhen Küstenklima perfekt angepaßt: Ihre goldenen Büschel neigen sich unter starkem Wind und werden vom Flugsand begraben. Die stabilen Halme schlagen jedoch unentwegt neue Sprosse und fördern so die Dünenbildung.
Entlang der Inlandstrecke findet man einen Mischwald, den meist Südbuchen dominieren. Durch klimatische Unterschiede entstanden auf beiden Seiten der Wasserscheide verschiedenartige Pflanzengesellschaften. Podocarpaceen (S. 121) und

Südbuchen

Wie die europäischen Buchen und Eichen zählen auch die Südbuchen der Gattung *Nothofagus* zur Familie der Fagaceae. Die Verbreitung der Südbuchen vom westlichen Südpazifik über Australien und Neuseeland bis nach Südamerika deutet auf ihre Herkunft vom Urkontinent Gondwanaland hin. Pollen- und Fossillienfunde in der Antarktis bestätigen diesen archaischen Ursprung.
Neuseelands Südbuchen sind im Gegensatz zu den meisten chilenischen Arten alle immergrün. Man unterscheidet 4 Arten und eine Unterart, die jeweils eine Vielfalt von Standorten besiedeln können:
»**Red Beech**« kann bis 40 m hoch werden und bevorzugt feuchte, fruchtbare Böden in tiefen und mittleren Höhenlagen. »**Silver Beech**«, die häufigste Art, wird auf Meereshöhe etwa 30 m hoch und wächst als Krüppelholz bis an die Baumgrenze. **»Hard Beech«** und **»Black Beech«** dringen auf tiefen bis mittleren Höhenlagen am weitesten nach Norden vor. **»Mountain Beech«**, eine Unterart der »Black Beech«, kann selbst unfruchtbarste Böden tolerieren. Sie gedeiht, häufig in Reinbeständen, bis in die Subalpinzone hinauf.
Mit den Südbuchen leben einige typische **Parasiten**. Schildläuse bohren in der Rinde, um Saft zu saugen. Sie produzieren einen wohlriechenden Honigtau, den eine pelzig-schwarze Pilzschicht überzieht. Die Zweige der »Silver Beech« tragen häufig kleine orangefarbene Galläpfel, Fruchtkörper des »Strawberry Fungus«. Rot- oder gelbblühende Misteln aus der vorwiegend tropischen Gattung *Elytranthe* bilden schöne Farbtupfer in den immergrünen Südbuchenkronen.

Fruchtkörper des parasitischen »Strawberry Fungus«.

Die Blätter der immergrünen Südbuchen sind kleiner als unsere Buchenblätter. Alle 5 neuseeländischen Arten im Vergleich:

① Hard Beech
② Black Beech
③ Red Beech
④ Mountain Beech
⑤ Silver Beech

Typische Flußverwilderung am Arawata River. Solche Naturlandschaften bieten wichtige Lebensräume.

Harthölzer sind vor allem im Westen vertreten, während sich reiner Südbuchenwald aus »Silver Beech« von der Haast-Schlucht über die Paßhöhe nach Süden zieht. Wegen des trockeneren, aber kalten Ostklimas dominiert im unteren Makarora-Tal die »Mountain Beech«.

Das Tussock-Grasland um die Glazialseen Otagos ist in seiner Zusammensetzung durch Feuer und Überweidung stark verändert. An steileren Hängen wächst Adlerfarn oder eine sekundäre Mischgesellschaft von einheimischen und exotischen Sträuchern. Einzelne Waldflecken aus der Südbuche »Mountain Beech« bilden wertvolle Restbestände natürlicher Vegetation. Sie weisen auf das trockenere, aber kalte Ostklima hin.

Die Tieflandwälder der Westseite haben ein besonders reiches Vogelleben. Dies erstaunt kaum, wenn man erfährt, daß **ein** Kahikatea-Baum jährlich bis zu 800 kg Früchte (S.121) produziert. Die Maorifruchttaube ist ein typischer Nutznießer solchen Überflusses. Der artenärmere »Silver Beech«-Südbuchenwald um den Haast-Paß lockt eher insektenfressende Vögel an. Dort sieht man gelegentlich die kleinen Finschia kopfüber von einem Zweig hängend. Sie suchen Rinde und Blattunterseiten nach Nahrung ab. Ihr naher Verwandter, das seltene Gelbköpfchen, ist besser im Winter zu beobachten, wenn es statt dem Blattdach die Strauchschicht aufsucht (s.S. 151).

Natürliche Wildflußbetten, wie die breiten Unterläufe des Haast oder Makarora, sind international als bedrohter Lebensraum eingestuft. Schwarzstirnseeschwalben, Stelzenläufer und Regenpfeifer finden hier

auf Schotterbänken geeignete Brutstellen. Die eingeführte Kanadagans nistet eher in den grasbewachsenen Talsohlen um den Wanaka-See.
Wer einen Zwischenhalt einlegt, wird bald mit charakteristischen Vertretern der lokalen Insektenfauna vertraut: »**Sandflies**« sind winzige schwarze Mücken, die eine kleine, juckende Bißwunde zufügen. Sie kommen besonders zahlreich an Wasserläufen vor, da Millionen ihrer Larven unter dem Flußgestein leben. Nur das Weibchen beißt, denn es benötigt vor dem Ablegen der Eier die Hormonstimulanz einer Blutmahlzeit. Es würde normalerweise einen Vogel attackieren, Naturfreunde sind jedoch lohnendere Opfer. Zum Trost: Die Stiche sind ungefährlich und ein Abwehrgel wie »Dimp« bietet Schutz.

Im Gebiet unterwegs

Die meisten Touristen legen die Strecke zwischen der Westküste und Wanaka in weniger als 4 Stunden zurück. Die faszinierende Naturlandschaft entlang des »World Heritage Highways« kann man jedoch nicht ausschließlich durch ein Autofenster oder vom Fahrradsattel erleben. Wer genügend Zeit hat, sollte einige Tage in dieser Wildnis übernachten oder zumindest einen kleinen Abstecher nach Süden, Richtung Jackson Bay, unternehmen (s.u.). Entlang des Highway 6 laden zahlreiche Parkplätze und Wandermöglichkeiten zu kürzeren Naturentdeckungen ein. Ausführliche Hinweise findet man in dem empfehlenswerten Naturführer »World Heritage Highway Guide« von Andy Dennis. Die folgenden Vorschläge erschließen eine Reihe verschiedener Ökosysteme (von Norden nach Süden):
Ship Creek ①: Dieser Parkplatz etwa 14 km nördlich der Haast-Brücke lohnt unbedingt einen Zwischenhalt. Zwei informative Naturlehrpfade (je 20 Min.) bieten die

Am Knights Point dringt dichtes Buschwerk bis zur Küste vor. Neuseeland-Flachs im Vordergrund.

Möglichkeit, **Sumpfwald** und **Dünenland** näher kennenzulernen. Die Ökologie des vogelreichen Kahikatea-Primärwaldes wird anschaulich erläutert. Der satte Moosbewuchs und die zarten, hängenden Äste junger Rimubäume schaffen eine märchenhafte Atmosphäre. Am Ufer eines Dünensees lassen sich verschiedene

Rote Farbflecken in den Südbuchenkronen – eine halbparasitische Mistel der Gattung *Elythrante*.

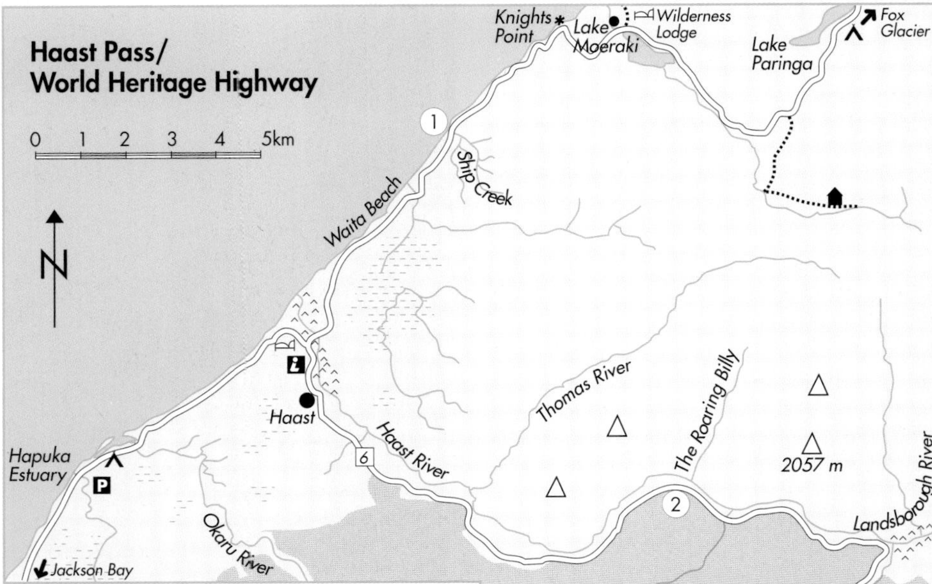

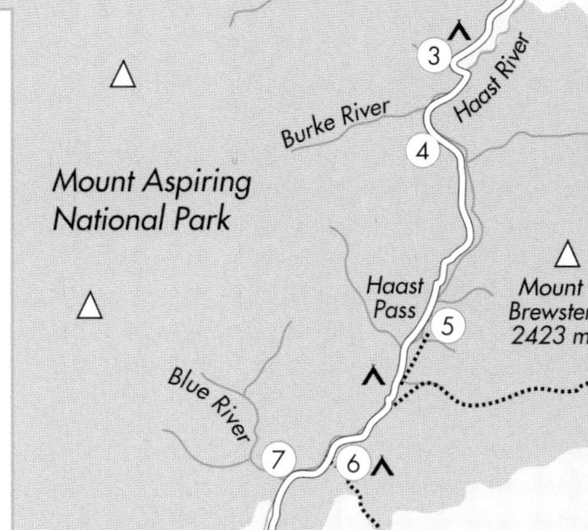

Pflanzen an ihren zonalen Standorten beobachten: halbüberflutete Binsen werden von Neuseeland-Flachs, »Teatree«-Windflüchtern (S.105) und schließlich Baumbewuchs abgelöst. Am Seeufer leben Augenbrauenente und Götzenliest (S.52). Mit einem Fernglas kann man in der Meeresbrandung häufig Dickschnabelpinguine, Seebären oder Hectordelphine (S.173) erkennen. Auf den Vordünen wächst die orangene Pingao-Segge. Der Bretterweg wurde angelegt, um diesen seltenen Dünenbewuchs vor trampelnden Füßen zu schützen!

Haast: Bei der Abzweigung nach Jackson Bay steht das Besuchszentrum der »South Westland World Heritage Area«. Es informiert über die Ökologie der Region, Wanderwege, Campingmöglichkeiten und das Zimmerangebot.

Roaring Billy ②: Ein Spaziergang (10 Min.) führt durch herrlichen Mischwald aus Podocarpaceen und der Südbuche »Silver Beech« zum Haast-Fluß. Gegenüber stürzen Wasserfälle von eindrucksvollen Hängetälern. Auf der fruchtbaren Alluvialterrasse finden sich schöne Exemplare der Koniferen Matai und Miro sowie zahlreiche Baumfarne. Die Pflanzen sind teilweise beschildert.

Pleasant Flat ③: Der Blick vom Camping- und Picknickplatz reicht über den Landsborough-Fluß bis zu den Schneefeldern der Südalpen. Am Parkplatz (WC, Schutzhütte) kann man an den Südbuchen rotblühende Mistelparasiten erkennen (Dezember bis Januar). Im breiten Flußbett läßt sich die Paradieskasarka (S. 143) gut beobachten.

Thunder Creek Falls ④: Die Oberkante dieses hübschen Wasserfalles markiert die alluviale Erosionsgrenze: Über dem Fall schliff pleistozänes Eisgeröll die Talwand zurück, unterhalb war später das Flußwasser am Werk. Zwischen Südbuchen der Art »Silver Beech« findet man Kamahi-Bäume (S. 86) und Podocarpaceen, die zur Paßhöhe hin immer seltener werden. In diesem artenreichen Waldbestand sollte man nach Papageien (Kea, Kaka), Sittichen und Honigfressern Ausschau halten.

Bridle Track und Haast Pass ⑤: Ein alter Saumpfad (1,5 Std.) führt durch reinen Südbuchenwald aus »Silver Beech« zum 4 km südlich gelegenen Campingplatz **Davis Flat** (WC, Picknick). Der botanische Kontrast zu den artenreicheren Tieflandwäldern der Westküste ist auffallend. In der Paßregion zwitschern Finschias und Maorigerygonen (S. 145). Entlang des Pfades begegnet man zutraulicheren Insektenfressern wie dem Maorischnäpper (S. 126). Moose, Bodenfarne und Flechten schaffen eine märchenhafte Atmosphäre.

Cameron Flat ⑥: Der kurze Fußweg (20 Min.) zum Aussichtspunkt durchquert einen Südbuchenbestand, der für seine reiche Population an Zwergschlüpfern bekannt ist.

Blue Pools ⑦: Ein reizvoller Spaziergang (15 Min.) führt zu einem glasklaren Flußbecken, in dem man eingeführte Regenbogenforellen beobachten kann. Unterwegs achte man auf die zartweißen Blüten der Bodenorchideen (Sommer) und den Ruf des seltenen Springsittichs (S. 156). Eine längere Wanderroute in die Blue-River-Talsohle (1,5 Std.) erschließt das wilde Hinterland.

Makarora: Neben dem Campingplatz findet sich ein kleines Besuchszentrum des

Der Neuseeländische Seebär zählt zu den Ohrenrobben.

Der »Lancewood«-Baum ist wie viele neuseeländischen Pflanzen dimorph. Er entwickelt am Ende der Jugendphase eine völlig neue Blattform (links im Bild).

Nationalparks. Ein empfehlenswerter Naturlehrpfad (20 Min.) führt durch beeindruckenden Podocarpaceen-Wald. Solche Reliktbestände sind östlich der Wasserscheide als seltene botanische Elemente anzusehen, insbesondere in einem Tal, das von Südbuchen dominiert wird.
»Siberia Experience« heißt eine Abenteuertour, die von Oktober bis April angeboten wird: Ein kurzer Flug in den Nationalpark wird mit einer schönen Wanderung und Jetboot-Fahrt kombiniert (Auskunft im Tearoom, Tel. 03-4438372).

Praktische Tips

Anreise: Siehe oben.

Klima
Mildes Meeresklima im Westen, wärmere Sommer und kältere Winter östlich der Wasserscheide. Klimatische Unterschiede spiegeln sich im Pflanzenkleid wider (s.o.). Jährliche Niederschläge variieren erheblich von der Westküste (3630 mm) über die Haast-Schlucht (5840 mm) nach Makarora (2440 mm).

Unterkunft
Hotel oder Motel in Haast, Haast Beach und Makarora; Wilderness Lodge (s.u.) am Lake Moeraki. Zahlreiche naturnahe Campingmöglichkeiten entlang Highway 6.

Zu hoch für einen Sprung...? Dickschnabelpinguin-Pärchen auf dem Weg zum Meer.

Adressen
Department of Conservation (DoC):
➩ World Heritage Visitor Centre, Highway 6, Haast, Tel. 03-7500809;
➩ Makarora Ranger Station, Highway 6, Makarora, Tel. 03-4438365.

Blick in die Umgebung

Am **Lake Moeraki**, 24 km nördlich von Haast, empfiehlt sich ein Zwischenhalt, um durch eindrucksvollen Primärwald zur Küste Monro Beach zu wandern (1,5 km). Am Nordende dieses Sandstrandes nistet der seltene Dickschnabelpinguin. Am späten Nachmittag kehren die Tiere aus dem Meer zurück (August bis November). ACHTUNG: Nur versteckt, mit Fernglas und aus der Distanz beobachten; Fotografen benötigen ein Teleobjektiv.
Lake Moeraki Wilderness Lodge, ein Hotel in herrlicher Wildnislage, bietet empfehlenswerte Naturexkursionen unter fachkundiger Leitung an (Voranmeldung notwendig, Tel. 03-7500881).
Wer bei der Haast-Brücke nach Süden abzweigt, gelangt nach **Jackson Bay** (51 km) oder in das wilde Hinterland des Cascade-Flusses. Am **Hapuka Estuary** (13 km) erschließt ein kurzer Naturlehrpfad die abwechslungsreiche Pflanzenwelt zwischen Ästuarwatt (S. 48) und Küstenwald. Gelbblühende Kowhaibestände (S. 143) locken im Frühling zahlreiche Honigfresser an, im Schlick fressen Watvögel und im Rohrdickicht versteckt sich die scheue Australische Rohrdommel. Dickschnabelpinguine bevölkern die Halbinsel von **Jackson Bay** (Bitte vorsichtig fahren!). Reizvolle Wanderwege zu einsamen Stränden, Waldseen und Flußtälern machen einen Besuch dieses Gebietes unbedingt empfehlenswert.

15 Mount-Cook-Nationalpark

Naturerbe der Menschheit; höchste Berge Neuseelands, interessante glaziale Landformen; natürliche Flußverwilderungen als bedeutender Lebensraum; artenreiche Alpinvegetation mit vielen Bergblumen; Beobachtung des Kea.

Bereits die Zufahrt zum Zentrum der Alpinregion ist ein großes Erlebnis. Bei klarem Wetter erhebt sich das schneebedeckte, 3754 m hohe Mount-Cook-Massiv über dem türkisfarbenen Gletscherwasser des Lake Pukaki. »Aoraki«, die Himmelswolke, nannten die südlichen Maori den höchsten Berg Aotearoas. Der etwa 70 000 ha große Mount-Cook-Nationalpark zählt 13 weitere Gipfel über 3000 m. Er teilt seine westliche Grenze, entlang der Wasserscheide des Alpenhauptkammes, mit dem Westland-Nationalpark (S. 119). Beide Schutzgebiete wurden 1990 in die Liste des Weltnaturerbes aufgenommen. Als biogeographische Einheit umfassen sie innerhalb diverser Klimabereiche eine einzigartige Ansammlung unterschiedlicher Ökosysteme.

Eis und Firnfelder, gespeist durch die extremen Niederschläge der Gipfelregionen, bedecken etwa 40 % der Landfläche im Mount-Cook-Park. Der Tasman-Gletscher ist mit 27 km der längste Gletscher Neuseelands. Er fließt in ein breitgefächertes Trogtal, in dem sich über Jahrtausende Geschiebematerial angesammelt hat. Flußabwärts weitet sich das Tal zu einer typischen **Flußverwilderung**: ein breites Schotterbett, das der Wildfluß in mehreren Armen durchfließt (S. 130).

Durch den Gletscherschliff entsteht ein feiner Felsstaub. Er verleiht Flüssen und Zungenbeckenseen wie Lake Pukaki oder Lake Tekapo ihre charakteristische milchig-grünblaue Farbe.

Anfahrt zum Mount-Cook-Nationalpark. Über dem Lake Pukaki erhebt sich der höchste Berg des Landes.

Pflanzen und Tiere

Mischwald aus Totara-Steineiben und-Hartholz sowie Bestände der Südbuche »Silver Beech« (S.129) sind die zwei vorherrschenden Waldgesellschaften. Sie waren nie von großer Ausdehnung und wurden durch die Feuer der Moajäger und später der europäischen Farmer zusätzlich dezimiert. Wer jedoch mit einem botanischen Ödland rechnet, irrt sich: Eine faszinierende Alpinflora bewohnt jeden nur denkbaren Winkel dieser rauhen Bergwelt. Spezielle Anpassungen ermöglichen den Alpinpflanzen ein Überleben trotz starker Klimaextreme, nährstoffarmer Böden und kurzer Sommer. Ein gutes Beispiel sind die flachen Kissenpolster der Gattungen *Raoulia* oder *Haastia*, von den Neuseeländern »vegetable sheep« (S.155) genannt. Sie finden selbst auf steilen Schuttfeldern genügend Halt, um das Gelände zu stabilisieren. Ihr dichtgedrängtes Blattwerk ist mit einem isolierenden Mantel aus winzigen Härchen überzogen.

Bergblumen blühen in den Tälern zwischen November und Januar, auf den alpinen Hochmatten mit einem Monat Verzögerung. Bemerkenswert ist die Tendenz zu eher unauffälligen, weißen oder gelben Blüten (s.S.16). Die »Mount Cook Lily« besticht durch ihre großen, saftig glänzenden Blätter und Blüten. Eine dicke Schutzschicht aus Wachs hilft ihr die Wasserverdunstung zu reduzieren. Der Name dieser Blume ist etwas irreführend, da es sich nicht um eine Lilie, sondern um die größte Hahnenfußart der Erde handelt. Der empfehlenswerte Feldführer des Botanikers Hugh Wilson listet 526 höhere Pflanzen des Nationalparks auf, von denen 75% der ursprünglichen Flora angehören.

Wegen des rauhen Bergwetters und der geringen Waldfläche sind Vögel weniger zahlreich vertreten. Manche Arten, insbesondere die Bewohner der breiten Wild-

Der Tasman-Gletscher hat seine Spuren in den Fels gezeichnet. An den abgeschliffenen Bergschultern kann man die frühere Höhe der Eisschicht erkennen.

flußbetten, ziehen im Winter in wärmere Küstenregionen. Endemische »Sommergäste« wie Schwarzstirnseeschwalbe, Maorimöwe (S.63), Doppelband-Regenpfeifer (S.173) und Schiefschnabel (S.175) brüten auf Schotterbänken in gut getarnten, kleinen Nistmulden. Parkbesucher werden eher den gescheckten Austernfischer der Südinsel oder den langbeinigen Stelzenläufer bemerken. Der Felsschlüpfer ist der einzige wirklich alpine Vertreter der neuseeländischen Avifauna. Er hält sich ganzjährig in Höhenlagen über 1200 m auf, wo er in Felsspalten brütet. Im Winter versteckt er sich in einem igluähnlichen Nest, das er mit Gras, Federn, Moos oder Flechten isoliert. Bergsteiger begegnen dem winzigen Vogel im Sommer, wenn er auf der Suche nach Insekten oder Beeren umherhüpft. An der Spitze der Nahrungskette steht der 45 cm große Maorifalke (S.81). Er jagt vor allem kleinere Vögel, aber auch eingeführte Kleinsäuger. Als territorialer Greifvogel verteidigt er sein Brutrevier gegenüber Eindringlingen.
Unter den Berginsekten wurden bisher über 670 Arten bestimmt. Sie sind häufig schwarz gefärbt, um die Wärme kurzer Sonnenphasen besser aufnehmen zu können. Laubheuschrecken sieht man häufig. Sie erreichen selbst die höchsten Firnfelder. Die Langfühlerschrecke »Alpine Scree Weta« (s.S.22) lebt in Felsspalten über der Schneegrenze.

Im Gebiet unterwegs

Die Stichstraße zum Nationalpark endet in dem 762 m hoch gelegenen **Dorf Mount Cook**. Bei der Anfahrt ist am Staßenrand oft die aasfressende Sumpfweihe (S.176) zu sehen. Paradieskasarkas (S.143) überfliegen häufig das Dorf, auf den Bäumen zwitschern Graufächerschwänze und Maorischnäpper (S.126). Neugierige Keas (s.S.151) treiben ihr Unwesen an abgestellten Rucksäcken und Autos. Bitte diese

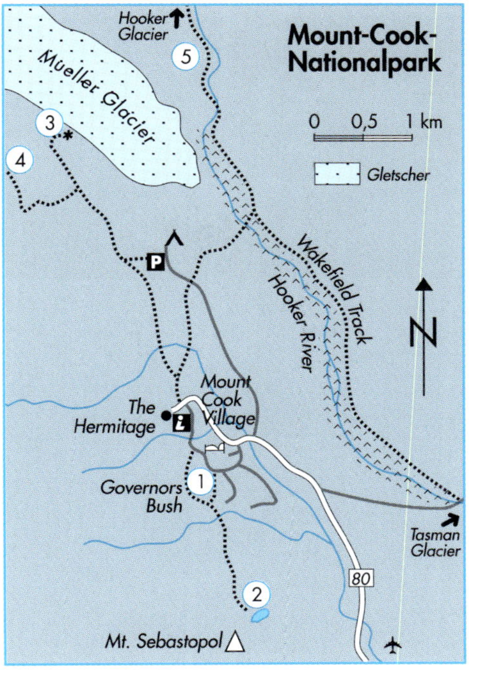

wilden Bergpapageien nicht füttern! Einen ersten Einblick in die Ökologie der Region vermittelt das Besuchszentrum. Es informiert auch über die Wetterlage sowie Fußwege und Bergrouten. Hier eine Auswahl kürzerer Wanderungen:

Governors Bush ① (1 Std., Rundweg): Leichter Spaziergang vom Dorf durch Südbuchenwald zu einem schönen Aussichtspunkt; auch bei schlechtem Wetter möglich. Beobachtung von Insektenfressern wie Maorigerygone (S.145), Fächerschwanz oder Mantelbrillenvogel (S.86).

Red Tarns ② (3 Std. hin und zurück): Steiler Aufstieg zu einem Moorgebiet auf 1143 m Höhe, Jagdregion des Maorifalken (S.81). Die rote Farbe der Karseen rührt von einem Wassergras; interessante Sumpfpolster.

Kea Point ③ (2–3 Std. hin und zurück, leicht): Durch Tussock-Grasland und interessantes subalpines Gebüsch, erreicht man eine 1150 Jahre alte Seitenmoräne.

Edelweiß auf neuseeländisch: *Leucogenes grandiceps.*

Der Felsschlüpfer lebt ganzjährig im Hochgebirge.

△ Ungewollte Farbtupfer: Die eingeführten Lupinen verdrängen einheimische Pflanzen aus ihren Nischen

Von dort hat man eine gute Aussicht auf das Mt.-Cook-Massiv, die hängenden Gletscherwände des Mt. Sefton und die glazialen Landformen der Täler.
Sealy Tarns ④ (3–4 Std. hin und zurück): Der steilste Pfad des Parks führt zu 3 Teichen auf einem schmalen Hangsims (1250 m). Im Sommer lohnt der harte Aufstieg wegen der Blütenpracht zahlreicher Bergblumen. Eine unbefestigte Route steigt noch 2 Stunden weiter zur 1768 m hoch gelegenen Berghütte Mueller Hut (wetterabhängig). Wer Glück hat, sieht unterwegs den Neuseelandpieper (S. 76).
Hooker Valley ⑤ (4 Std. hin und zurück, leicht): Diese Talwanderung bietet einen schönen Blick auf den Mount Cook und vermittelt einen guten Eindruck der Glet-

Der hochalpine Hahnenfuß *Ranunculus sericophyllus* kann kaltes Schmelzwasser tolerieren.

Größter Hahnenfuß der Welt: »Mount Cook Lily«.

scherlandschaft. Unterwegs machen Paare der Paradieskasarka (S. 143) mit lautem Warnruf auf ihre Reviergrenzen aufmerksam. Die Talmatten sind besonders reizvoll während der Blütezeit von Frühsommer (»Mount Cook Lily«) bis Herbst (Enziane). Der Weg endet an einem kleinen See am Rand des Hooker-Gletschers. Der lawinengefährdete Aufstieg zur Berghütte Hooker Hut nimmt weitere 90 Minuten in Anspruch. Man sollte ihn nur bei guten Wetterbedingungen begehen. ACHTUNG: Im Hochgebirge wechselt das Wetter sehr schnell. Zur Wanderausrüstung gehören immer gute Bergschuhe, warme Ersatzkleidung und ein Regenschutz. Lawinen-Information vom Besuchszentrum.

Die subalpine *Celmisia semicordata* ist die größte »Mountain Daisy«. Sie hat große, ledrige Blätter.

Der Schwarze Stelzenläufer benötigt als Lebensraum natürliche Flußverwilderungen (S. 130).

Hochtouren: Erfahrene Bergführer (s.u.) bieten eine Reihe alpiner Hochtouren an und vermieten die benötigte Ausrüstung. Die Überquerung des **Copland Pass** zur Westküste führt durch eine faszinierende Vegetation und Landschaft. Sie sollte jedoch nur unter Führung eines erfahrenen Alpinisten sowie mit Steigeisen und Eispickel unternommen werden.
»Scenic Flights«: Auf einem Rundflug kann man die Gipfelwelt aus der Nähe bewundern und Landformen der alpinen Geologie erkennen. »Mt. Cook Airlines« startet vom Flugfeld des Dorfes und landet auf Wunsch im Nährgebiet eines Gletschers. Vom nahen Touristenpark Glenntanner, sowie den Orten Tekapo (Highway 8) und Wanaka werden ebenfalls Alpenflüge durchgeführt.

Praktische Tips

Anreise
Von Fairlie oder Omarama zum Pukaki-See, dann Highway 80 für 45 km nach Norden.

Klima/Reisezeit
Kühl, mit relativ ausgeprägten Jahreszeiten, sehr wechselhaft. Durchschnittstemperaturen im Hochsommer 13,6°C, im Winter 1,2°C, absolute Werte 32°C Maximum und -13°C Minimum. Niederschläge 4000 mm pro Jahr über 160 Tage verteilt, nach Osten und Süden stark abnehmend (z.B. Twizel: 580 mm).

Unterkunft
Im Dorf Mount Cook Hotelkomplex »The Hermitage«, Chalets und Jugendherberge; naturnaher Zeltplatz am White Horse Hill. In Glenntanner (23 km südlich) Motorcamp mit Hütten (»Cabins«).

Fotografie
Für die Bergregionen empfiehlt sich ein Polfilter, um Kontraste zu unterstreichen. Beim Fotografieren aus dem Flugzeug sollte man wegen der Vibration eine kurze Belichtungszeit wählen.

Adressen
Department of Conservation (DoC):
- Mount Cook Visitor Centre, P.O. Box 5, Mount Cook, Tel. 03-4351819;
- Information Centre, Wairepo Rd., Twizel; Tel. 03-4350802.

Bergführer(innen):
- Alpine Guides Ltd., P.O. Box 20, Mount Cook, Tel. 03-4351834;
- Alpine Recreation Canterbury, P.O. Box 75, Lake Tekapo, Tel. 03-6806736.

Blick in die Umgebung

Das trockene intramontane Becken des **Mackenzie Country** steht klimamäßig in scharfem Kontrast zum Hochgebirge. **Tussock-Grasland** ist der vorherrschende Vegetationstyp. Seen und vor allem die breiten, schotterigen Flußverwilderungen bieten wichtige Lebensräume.
Der Schwarze Stelzenläufer ist wohl der seltenste Watvogel der Erde. Er brütet auf Schotterbänken von Wildflüssen wie dem Ahuriri River. Bei der Ortschaft Twizel lohnt ein Besuch der DoC-Aufzuchtstation. Voranmeldung über das Information Centre, Twizel (s.o.).

16 Queenstown und Umgebung

Glazial geprägte Gebirgslandschaft um den Wakatipu-See; ausgedehnte Tussock-Grasgebiete; Bergkette der Remarkables mit hochalpinen Pflanzen und Kea in natürlichem Lebensraum; Wildflüsse und Primärvegetation im Mount-Aspiring-Nationalpark; reizvolle Fernwanderwege.

Durch seine wunderschöne Gebirgslage am Ufer des Wakatipu-Sees hat sich der kleine Ferienort Queenstown zum beliebtesten Touristenzentrum der Südinsel entwickelt. Der langgezogene, bis zu 378 m tiefe See erstreckt sich zwischen steil ansteigenden Gebirgszügen. Er füllt ein Zungenbecken, das während des Pleistozän von einer kilometertiefen Eisschicht überzogen war. Verschiedene Gletschervorstöße schliffen ein charakteristisches Trogtal aus, das entlang einer tektonischen Verwerfungslinie weiter absank. Schutt und Geröllmassen, als Endmoräne abgelagert, blockierten schließlich den ursprünglichen Ausfluß im Süden. Als das Eis vor etwa 15 000 Jahren zurückschmolz, entstand der fast 80 km lange See. Heute entwässert ihn der Kawerau, der zur Ostküste fließt.

Beim Gletscherrückzug sammelten sich an den Bergflanken immer wieder Schmelzwasserreste. Sie formten oberhalb des heutigen Seeufers deutliche Terrassenstufen. Queenstown selbst ist auf einer Seitenmoräne erbaut. Am Nordende des Sees, bei der Ortschaft Glenorchy, fächern sich die beiden Hauptzuflüsse Dart und Rees in eine breite Alluvialebene auf. Der Ausblick auf die Hochalpen des nahegelegenen **Mount-Aspiring-Nationalparks** zeigt heute noch beeindruckende Eisfelder und zahlreiche Gletscherrelikte.

Pflanzen und Tiere

Die modifizierte Pflanzendecke des Wakatipu-Beckens spiegelt Jahrhunderte menschlicher Besiedlung wieder. An den Seeufern und Bergflanken wuchsen einst ausgedehnte Südbuchenwälder (S. 129). Moajagd (s. S. 18) und Jadehandel brachten verschiedene Maori-Stämme in die Region. Ihre Rodungsfeuer begünstigten hier, wie in weiten Teilen der Provinz Otago, die Verbreitung der Tussock-Gräser. Generationen europäischer Farmer brannten ebenfalls immer wieder die Vegetation ab. Überweidung, Kopfdüngung und Übersäen mit Kleesamen veränderten die Tussock-Flächen zusätzlich. Die Siedler pflanzten zahlreiche Bäume, von denen heute vor allem Weiden und Pappeln die Uferbereiche dominieren.

Keine Chance für Äser: Die dornigen Blütendolden des »Speargras« schrecken Pflanzenfresser ab.

Kleine Reliktbestände ursprünglicher Waldvegetation überlebten in feuchten Seitentälern und einzelnen Schutzgebieten. An den unteren Berghängen um den See findet man meist eine gemischte Pflanzengesellschaft verschiedener Sträucher und Gräser. Adlerfarn ist vor allem auf abgebranntem Grund ein weitverbreiteter Kolonisator. Ein typischer Besiedler nährstoffarmer Standorte ist der endemische Matagouri-Busch. Wer seine lang abstehenden Dornen betrachtet, versteht die Strapazen, unter denen sich die ersten Pionierfarmer durch das mannshohe Dickicht kämpften. Sie nannten das winterfeste Kreuzdorngewächs »Wild Irishman«. Es kann Stickstoff aus der Luft binden, und dadurch karge Böden, wie z.B. steinige Flußbetten, kolonisieren.

Über der natürlichen Baumgrenze dominieren die meterhohen Bültengräser des »Snow Tussock« aus der Gattung *Chionochloa*. Sie wachsen sehr langsam und einzelne Pflanzen können weit über 100 Jahre alt werden. Dazwischen findet man Drachenblatt- und Strauchveronika-Büsche. Von November bis Februar erfreuen die weißen bis zartblauen Blüten des klei-

◁ Abstieg vom Ben Lomond. Hoch über dem Wakatipu-See erheben sich die schroffen Gipfel der Remarkables.

▽ Der Kowhai-Baum gedeiht an Ufern oder am Waldrand. Er blüht im Frühling, oft bevor er Blätter trägt.

nen »Harebell«-Krautes. Auf feuchteren Matten wachsen heimische Bergveilchen sowie Augentrost- und Hahnenfußarten. Unter dem Sammelnamen »Speargras« oder »Spaniard« werden mehrere Doldenblütler aus der Mohrrübenverwandtschaft zusammengefaßt. Sie beindrucken vor allem durch ihren von Dornen umstellten Blütenstand, der über 1 m lang sein kann. Wer im Tussock-Grasland wandert, wird gelegentlich in eher unangenehmer Weise auf die nadelscharfen Blattrosetten aufmerksam.
Die »Remarkables« sind mit 2324 m die

Paradieskasarkas paaren sich für das ganze Leben. Das Weibchen hat einen weiß gefärbten Kopf.

Grasland im Wandel

Der englische Sammelbegriff **»Tussock«** umfaßt mehrere Bültengräser. Sie bilden als hohes oder niederes Grasland (s.S. 16) einen wichtigen Lebensraum. Die meterhohen Büschel des alpinen »Snow Tussock« (S. 87) schützen Bergblumen und Kleintiere vor dem rauhen Gebirgsklima. Zwischen Kurzgräsern wie »Silver Tussock« gedeihen eher Pflanzenarten, die Trockenheit und Wind tolerieren. Sträucher sind dort häufig zwergwüchsig oder flachstreichend und tragen reduzierte Blätter. Neben zahlreichen Insekten trifft man Glattechsen an.
Menschliche Eingriffe haben besonders das niedere Bültengrasland stark verändert. Es war ursprünglich auf eine kleine gemäßigte Steppenzone in Zentral-Otago beschränkt, dehnte sich aber nach Osten hin aus, nachdem Maori-Jäger dort den Wald brandgerodet hatten. Bis heute brennen manche Farmer ihre Tussock-Fluren immer wieder ab, weil Schafe gerne die neu austreibenden Blätter fressen.

Ein hellbraun gefleckter Bültengrasfalter. Die Raupen ernähren sich von Tussock-Gräsern.

Zwischen den Grasbüscheln entstehen Brachlücken, in denen sich eingeführte Pflanzen oder die heimische Polstermatte »Scabweed« ansiedeln können. Millionen europäischer Kaninchen schädigen ebenfalls die Bodendecke und beschleunigen die Erosion. **Natürliche** Grasländer sind heute, vor allem unterhalb der Schneegrenze, selten und schutzbedürftig.

höchste Bergkette der Umgebung. An ihren Matten trifft man auf eine abwechslungsreiche, natürliche Alpinflora. In solchen Gipfelregionen begegnet man dem immerzu neugierigen Bergpapagei Kea (S. 108). Die Sumpfweihe (S. 176) bevorzugt Farmweiden, wo sie nach Aasresten Ausschau hält. An den Seen der Umgebung leben Wasservögel, unter denen Maori- und Augenbrauenente besonders zahlreich sind. Neben der Kanadagans besucht die endemische Paradieskasarka häufig Weideland und Flußebenen. Während der sommerlichen Mausersaison ist ihre Flugfähigkeit reduziert. Nun fühlen sich die Vögel auf dem Wasser sicherer, und man sieht große Schwärme auf Seen oder Flüssen. Auf den breiten Flußschottern um Glenorchy nisten Doppelband-Regenpfeifer (S. 173), endemische Schwarzstirnseeschwalben und Maorimöwen (S. 63). Vor Winterbeginn ziehen die Inlandbrüter in wärmere Küstenregionen.
Im trockenen Berg- und Felsgelände Otagos stößt man auch auf Glattechsen wie z. B. den »Spotted Skink«.

Im Gebiet unterwegs

Queenstown gilt als Ausgangspunkt für einige der lohnenswertesten **Fernwanderungen** Neuseelands. Diese Touren dauern meist 3–4 Tage und erfordern etwas Vor-

planung. Unterwegs bieten unbewirtschaftete Hütten eine einfache Unterkunft. In den DoC-Zentren von Queenstown oder Glenorchy kann man Hüttengebühren bezahlen und sich über Wetter, Transport und Routen informieren. Private Unternehmen führen Wanderungen durch, bei denen man weder Schlafsack noch Verpflegung selbst tragen muß (s. S. 187).
Besonders beliebt ist der 39 km lange **Routeburn Track**, eine alpine Traverse über rauhe Paßhöhen zu malerischen Bergseen. Unterwegs lernt man die Vegetationsformen verschiedener Höhenstufen und Klimazonen kennen.

Der **Caples Track** (34 km) und der **Greenstone Track** (38 km) sind zwei weniger anspruchsvolle Hochtalrouten, die ebenfalls über die Wasserscheide nach Fiordland führen. Eine leichte Rundwanderung von 4 Tagen verbindet die Täler **Dart** und **Rees**. Hier überleben primäre Südbuchenwälder, die ursprünglich auch den Wakatipu-See umgaben. Für floristische Abwechslung sorgen die Bergblumen des 1447 m hohen Rees-Sattel. Kurze Abstecher erschließen die Subalpinzone der vergletscherten Seitentäler.

Die Umgebung Queenstowns lädt auch zu einer Fülle sehr interessanter **Kurzwanderungen** ein. Die DoC-Büros halten hilfreiche Informationsblätter und Kartenskizzen bereit. Es folgt eine kleine Auswahl von Routen, die sich besonders für Naturbeobachtungen empfehlen:

<u>Glenorchy</u>: Die rauhe, 50 km lange Fahrt zum Nordende des Wakatipu-Sees lohnt sich. Sie führt zu einer kleinen Ortschaft mit Hotel, Geschäft und Besuchszentrum des DoC. In der weiteren Umgebung laden Kurzwege sowie die Anfangsetappen der Fernwanderungen (s.o.) zu interessanten Tagesausflügen ein.

<u>Mount-Aspiring-Nationalpark</u>: Ein guter Ausgangspunk ist der Parkplatz zu Beginn des Routeburn Track, 74 km von Queenstown entfernt. Der **Double Barrel Walk** ① (30 Min., Rundweg) ist ein reizvoller

△ Die Maorigerygone baut ein hängendes Nest.

▽ Der Matagouri-Busch »versteckt« seine kleinen Blüten hinter langen Dornen, dicht am Ast. Schutz vor Moavögeln (s.S.18), die früher im Grasland ästen... ?

Waldspaziergang zwischen Südbuchen. In der Kronenschicht hört man die Stimme des seltenen Gelbköpfchens und das Krächzen von Sittichen. Der Waldboden ist das Jagdrevier des Langbeinschnäppers (S. 150), während Zwergschlüpfer an den Baumstämmen in ihrem Element sind. Der nahegelegene **Lake Sylvan Walk** ② (1,5 Std. hin und zurück) führt durch sekundären Südbuchenwald zu einem kleinen Glazialsee. Dieser entstand vor 8000 Jahren beim Rückzug des Wakatipu-Gletschers. Neben anderen Wasservögeln trifft man auch Augenbrauenente und Paradieskasarka an. Kräuselscharben nisten am nordwestlichen Ufer, das von eindrucksvollem Primärwald umgeben ist. Im Frühling locken die Blüten von Kowhai und Baumfuchsie (S. 64) zahlreiche Honigfresser an den Waldrand. In dem breitgefächerten Unterlauf des Dart-Flusses sollte man nach Schwarzstirnseeschwalben, Doppelband-Regenpfeifern sowie Maorimöwen Ausschau halten.

Bob's Cove ③: Nur 14 km westlich von Queenstown liegt eine hübsche Bucht, die ein eindrucksvoller Reliktwald aus den Südbuchen »Red Beech« und »Mountain Beech« umgibt. Vom Parkplatz gelangt man schnell an das Ufer des Wakatipu-Sees, auf dem die Paradieskasarka ihre Kreise zieht. Kurzwanderwege wie der informative **Naturetrail** (1–2 Std.) erschließen das kleine Schutzgebiet. Unterwegs kann man den kleinen Maorischnäpper (S. 126) oder Tui (S. 45) und Makomako (S. 64) entdecken. Im Unterholz gedeihen die

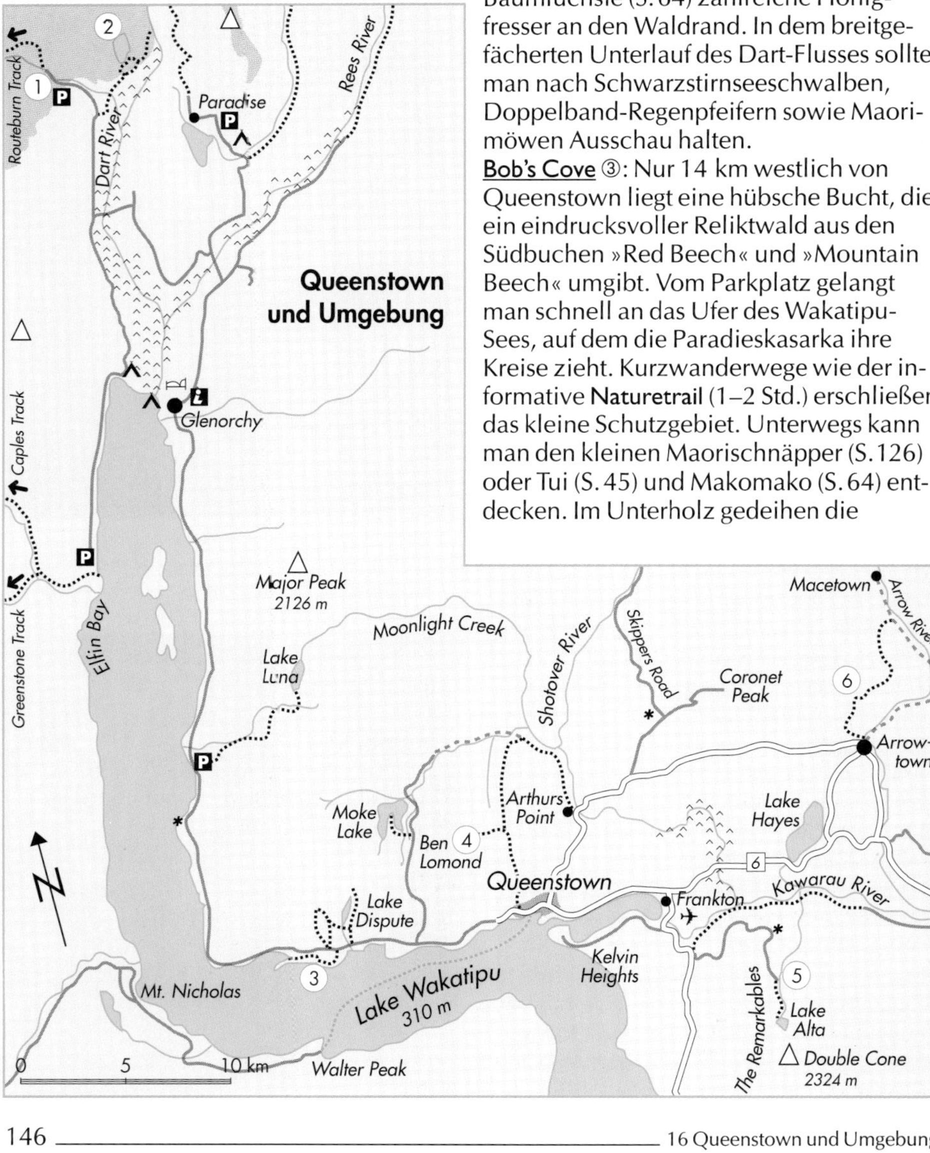

schmalblättrigen Sprößlinge des »Lancewood«-Baumes (S.163). Eine steilere Rundwanderung führt über den 12 Mile Loop Track zu dem Bergsee Lake Dispute (3,5 Std.).

Ben Lomond ④ (14 km, 5–7 Std. hin und zurück): Der Aufstieg von der Bergstation der Skyline-Gondola zu dem 1748 m hohen Hausberg von Queenstown lohnt die Anstrengung: Am Gipfel wartet ein herrlicher Rundblick, unterwegs laden Matten aus »Snow Tussock« zum Botanisieren ein. Wer über den One Mile Creek absteigt, durchquert einen kleinen Südbuchenbestand, in dem Schnäpper, Fächerschwänze und Honigfresser leben. Seine sattgrüne Strauchschicht kontrastiert mit dem dunklen, kahlen Unterholz der Douglasien-Monokulturen.

The Remarkables: Die aussichtsreiche Straße zu diesem Skigebiet erschließt eine interessante Alpinregion. Vom Bergparkplatz führt ein kurzer Aufstieg (30 Min.) an den kleinen Karsee Lake Alta ⑤, wo sich Keas in ihrer typischen Naturumgebung fotografieren lassen. Allein in diesem Gebiet wurden bisher über 750 Arten höherer Alpenpflanzen identifiziert. Die sommerliche Blütezeit ist ein besonderes Erlebnis.

Arrowtown: Wer Zeit hat, sollte den Besuch dieser ehemaligen Goldgräberstadt mit einer Tussock-Wanderung verbinden. Oberhalb der Arrow-Schlucht führen markierte Wegrouten in die u.a. von Südbuchen und Matagouri-Büschen bewachsenen Hänge: Den aussichtsreichen Big Hill Walkway ⑥ (4–5 Std.) kombiniert man vorteilhaft mit einer morgendlichen Allradtour. Sie führt in die verlassene Goldgräbersiedlung Macetown (Tel. 03-4426699). Für eine kürzere Rundwanderung empfiehlt sich der Sawpit Gully Walk (3 Std.). Am nahegelegenen Hayes-See befindet sich ein Vogelschutzgebiet, in dem neben Purpurhühnern (S.101) zahlreiche Wasservögel leben. Das Bläßhuhn, ein relativ neuer Ankömmling, fand seinen Weg über Australien hierher (Uferweg, 20 Min.).

Die endemische, schwarz gefärbte Maori-Ente taucht nach Nahrung.

Praktische Tips

Anreise

Zur Orientierung empfiehlt sich die Karte »Queenstown and Central Otago Lakes« (Infomap Nr. 336-09).

Klima/Reisezeit

Kühles Gebirgsklima mit starken Temperaturschwankungen (Tag/Nacht), ungefähr 140 Frostnächte pro Jahr, ausgeprägte Jahreszeiten mit kalten Wintern. Nur etwa 1000 mm Niederschläge im Jahr, da östlich der Alpenbarriere (zum Vergleich West-Fiordland: 7000 mm pro Jahr). Beste Reisezeit für Wanderungen: Oktober bis Mai; im Herbst herrliche Laubfarben (April/Mai).

Unterkunft

Auskunft über naturnahe, abgelegene Campingmöglichkeiten außerhalb der Stadt erteilen die DoC-Büros.

Adressen

Department of Conservation (DoC):

➩ Information & Track Centre, 37 Shotover St., Queenstown, Tel. 03-4429708.

Verkehrsbüro:

➩ Visitor Centre, cnr Shotover St. & Camp St., Queenstown, Tel. 03-4424100.

17 Fiordland-Nationalpark

Größter Nationalpark Neuseelands und Naturerbe der Menschheit; Alpen und Fjordgebiet mit atemberaubenden glazialen Landformen; Primärvegetation vom Meer zur Nivalzone; artenreiche Avifauna mit guten Möglichkeiten zur Beobachtung auch seltenerer Vögel, interessante Unterwasserwelt der Schwarzkorallen; zahlreiche Wanderwege.

Kaum eine Landschaft verkörpert besser den Begriff Wildnis als Fiordland. Der mit 1,25 Mio. ha größte Nationalpark des Landes, der in die Liste »Naturerbe der Menschheit« aufgenommen wurde, zählt zu den großartigen Naturlandschaften der Erde: Im Westen dringen 14 Fjorde wie überlange Meereszungen tief in die Urwälder einer zerklüfteten Alpenwelt vor. Am Ostrand verbinden reißende Wildflüsse eine Kette romantischer Gletscherseen. Dazwischen steigen schneebedeckte Berggipfel über alpinen Grasmatten bis auf 2700 m an. Aus schwindelerregenden Hängetälern und Karseen stürzen Wasserfälle jäh über die senkrechten Felswände klassisch geformter Trogtäler.

Beeindruckend wie seine Landschaft ist auch die geologische Geschichte Fiordlands. Sie begann vor etwa 500 Mio. Jahren mit der Ansammlung kilometerdicker Sedimentschichten auf dem Meeresgrund. Unter extremem Druck und intensiver Hitze kristallierten Schiefer und Gneise. Sie wurden in einer Urphase der Gebirgsbil-

Wo vor Jahrtausenden Gletscher flossen, klammert sich heute der Regenwald an die Fjordwände des Milford Sound.

dung nach oben geschoben und von heißflüssiger Tiefenschmelze durchsetzt, umgewandelt oder vulkanisch überlagert. Vor 40 Mio. Jahren versank dieser komplexe Block hauptsächlich metamorpher Gesteine abermals im Meer. Wiederum akkumulierten Schlamm, Sand und Kalkbänder, in denen später Kalksteinhöhlen wie die Te Ana-au Caves entstehen konnten.
Die Landschaft, die wir heute bewundern, ist relativ jung. Ein massiver Gebirgsaufwurf, der vor 15 Mio. Jahren begann und bis heute andauert, schuf das Grundgerüst; Wasser und Eis leisteten die Feinarbeit. Im Pleistozän flossen riesige Gletscher durch die steilen Täler zum Meer hinunter oder in die östlichen Ebenen hinaus. Sie hobelten Seenbecken aus und ließen überall bizarre Landformen zurück. Als die Eismassen abschmolzen, stieg der Meeresspiegel, überflutete schließlich vor etwa 15 000 Jahren die tiefer gelegenen Taltröge und es entstanden die Fjorde. Ihre Felswände steigen abrupt zu schneebedeckten Berggipfeln an und fallen unter dem Wasserspiegel ebenso steil in beachtliche Meerestiefen ab.

Pflanzen und Tiere

Großartige Fjordlandschaften sind vielen Europäern auch aus Norwegen bekannt. Die eigentliche Faszination der neuseeländischen Fjorde liegt jedoch in ihrer archaischen Wildheit. Immergrüne Urvegetation klammert sich selbst an die steilsten Felswände. Von den Meeresalgen bis in die Alpinzone findet man eine einmalige Abfolge von Pflanzen. Sie ist seit den letzten 10 Jahrtausenden unverändert geblieben. In den Wäldern des Nationalparks überwiegen Südbuchen (S. 129), vor allem »Silver Beech«. Sie formen ein dichtes Laubdach, das im Sommer von Bändern der rotblühenden »Southern Rata« durchsetzt

Der Milford Sound mit dem Wahrzeichen Mitre Peak in der linken Bildhälfte.

Der zutrauliche Langbeinschnäpper errinnert an ein Rotkehlchen. Er sucht seine Nahrung am Waldboden.

ist. Im Tiefland ragen Podocarpaceen (S.121), meist Rimu oder Miro, über diesen Baldachin hinaus. Die stolzen Kahikatea-Riesen (S.73) und Mataibäume, deren Rinde man an ihrem Hammerschlagmuster erkennt, bevorzugen feuchtere Täler. Der Südbuchenwald hat eine offene Strauchschicht, in der das rötlich angefärbte, scharf schmeckende »Horopito«-Blatt auffällt. Unter den verschiedenen Arten von *Coprosma* bemerkt man auch »Stinkwood«. Sein englischer Name weist auf die übelriechenden kleinen Blätter hin. Den Waldboden überzieht meist ein dicker Moosteppich, unter dem sich die Konturen umgefallener Baumriesen erahnen lassen. Die breit gefächerten Kronen von Rippenfarnen oder Schildfarnen bilden manchmal eine dichte, schwer durchdringbare Krautschicht. An den Baumstämmen wachsen Flechten aller denkbaren Formen und Farben.

In den höheren Lagen mischt sich Bergtotara unter die Kronenschicht. Die Baumgrenze folgt als annähernd gerade Linie ungefähr der 1000-m-Marke. Den Übergang zum Grasland, mit seinem herrlichen Alpenblumen, bilden subalpine Sträucher: Neben Drachenblattgewächsen und Olearien erkennt man hauptsächlich verschiedene Strauchveronikas.

Die Westseite Fiordlands gehört zu den niederschlagsreichsten Regionen der Erde. Hier entwickeln die Regenwälder des Nationalparks ein besonders üppiges Wachstum (s.S.69). Baumfarne (s.S.117) und Schlingpflanzen schaffen ein dichtes Unterholz. Zarte Hautfarne, meist nur eine Zelle dick, erscheinen im Gegenlicht fast durchsichtig. Zu ihrer Familie zählt auch der »Kidney Fern«, dessen Name von seinen runden, nierenförmigen Blättern rührt. Verfaulende Pflanzenteile enthalten Tannin-Gerbstoffe, die der Regen aus dem Boden schwemmt. Dadurch verfärben sich die Flüsse zu einem dunklen Braun. In den Fjorden bildet das Süßwasser schließlich eine meterdicke Oberflächenschicht, die den Lichteinfall reduziert. So entstehen einzigartige Lebensräume. An den Felswänden gedeihen teilweise seltene Meeresorganismen in ungewöhnlich geringer Wassertiefe. Taucher sind besonders von den Schwarzkorallen beeindruckt, die hier in ihrer weltweit größten Population vorkommen und vielen Meerestieren als Habitat dienen.

Der topographisch abwechslungsreiche Nationalpark mit seinen vielfältigen Biotopen, ist ein herrliches Erkundungsgebiet für Vogelfreunde. Die insektenreichen Südbuchenwälder bieten kleineren Waldvögeln unterschiedliche Nahrungsnischen: Wer sein Picknick auf einem Moospolster hält, wird häufig von dem neugierigen Langbeinschnäpper besucht, der nach aufgescheuchten Bodeninsekten Ausschau hält. An den Baumstämmen hüpft der winzige Zwergschlüpfer auf und ab. Mit seinen großen Füßen kann er sich gut festklammern, um die Rinde abzusuchen. Auf halber Baumhöhe sieht man Maorischnäpper (S.126), die durch ihre Schwarz-Weiß-Färbung leicht zu erkennen sind. Der Fächerschwanz ist ein geschickter Flugjäger, dem man fast überall begegnet. Man sollte sich auch einmal auf das weiche Moosbett legen und in das Blattdach hinaufschauen. Zwischen den

Baumkronen herrscht oft ein geschäftiges Treiben von Maorigerygonen (S. 145) und Finschias. Das selten gewordene Gelbköpfchen sucht hier oben ebenfalls nach Nahrung. Dieser hübsche Insektenjäger hängt manchmal kopfunter an einem Zweig, um die Unterseiten der Blätter besser inspizieren zu können. Da er in Astlöchern nistet, sind größere Populationen auf ältere, knorrige Baumbestände beschränkt. Der Kaka, Neuseelands bronzefarbener Waldpapagei, ist ebenfalls in alten Wäldern zu Hause, aber in seiner Nahrungswahl weniger spezialisiert. Meist wird man auf sein Krächzen aufmerksam, wenn er mit seinem starken Schnabel Rindenfetzen abreißt.

Die Seen bieten Lebensraum für heimische Wasservögel wie die Maori-Ente (S. 147). Im Winter suchen auch Weißkehl- und Halbmond-Löffelenten dort Zuflucht. Am Ufer wächst der Kowhai, ein Laubbaum

Seltene Papageien: Kea und Kaka

Der Kea (S. 108) ist der einzige Bergpapagei der Welt und kommt nur auf der Südinsel vor. Er nistet im obersten Bergwald, meist in Felsspalten oder Erdlöchern und zieht im Sommer weit über das Alpengrasland. Fast jeder Bergwanderer kennt seine kuriosen Kunststücke, denen schon mancher Schnürsenkel und Rucksack zum Opfer fiel. Mit seinem frechen Schnabel schreckt er auch nicht vor Radfelgen und Scheibenwischergummis zurück. Dieser Übermut rührt von einer angeborenen Neugier her. Sie hilft dem über 40 cm großen Vogel dabei, in der kargen Gebirgswelt genügend Nahrung zu finden. Besonders im Herbst hält das subalpine Gebüsch zahlreiche Früchte bereit. Neben Blättern, Knospen und Insekten verabscheut er auch Schaf-Aas nicht. Sehr selten wird ein Kea jedoch ein krankes oder schwaches Lamm erlegen. Denoch wurde er zum Feind der Farmer, die den vermeintlichen »Schafmörder« jahrelang bejagten. Heute sind die prachtvollen Vögel mit den orangen Flügelunterseiten streng geschützt. Man sollte sie nicht füttern, da sie immer dreister werden, sich zu stark an den Menschen gewöhnen und ihre natürlichen Nahrungsquellen »verlernen«.

Der ähnliche und eng verwandte Kaka bewohnt alte Tieflandwälder, wo er in hohlen Stämmen nistet. Kakas fressen hauptsächlich Früchte und Insekten. Mit ihrem starken Schnabel reißen sie die Rinde knorriger Bäume ab, um Larven und Raupen aufzustöbern, Vor allem während der Frühlingsblüte nehmen sie auch gerne Nektar zu sich. Mit ihrer pinselförmiger Zunge können sie an den Südbuchenstämmen Honigtau lecken, den pflanzensaugende Schildläuse produzieren (s. S. 129). Um diese wichtige Nahrungsergänzung müssen sie heute allerdings immer mehr mit eingeschleppten Wespen konkurrieren.

Ein hungriger Kaka inspiziert einen Baumstamm.

Blick vom Key Summit auf die Darran Mountains. Auf dem Bergrücken findet man alpine Moorbiotope vor.

aus der Gattung *Sophora*, die in den Subtropen weit verbreitet ist. Schwimmfähige Samen erklären, warum diese Leguminose meist am Wasser zu finden ist. Ihre gelben Blüten hängen wie kleine Trompeten von den Zweigen und locken im Frühling zahlreiche Honigfresser an (S. 143). Das Interesse der Maorifruchttaube gilt eher den filigranen Fiederblättern des Baumes. Die scheue Australische Rohrdommel findet ihre Nahrung in den Schilfzonen der Feuchtgebiete.

Die Südbuchenwälder um Te Anau sind Jagdterritorien des Maorifalken (S. 81). In der Gebirgsregion ist der Kea (S. 108), die »Bergversion« des Kaka unterwegs. Entlang des Milford Highway, vor dem Eingang des Homer-Tunnels, kann man den Spaßmacher gut beobachten. In diesem Gebiet sollte man auch nach dem alpinen Verwandten des Zwergschlüpfers Ausschau halten. Der kleine Felsschlüpfer (S. 138), ebenfalls ein Insektenjäger, sucht seine Nahrung zwischen den Felsen.

Während einer Fjordfahrt begleitet vielleicht eine Schule von Delphinen das Boot. Manchmal begegnet man auch Zwergpinguinen (S. 177). Der seltenere Dickschnabelpinguin (S. 134) brütet ebenfalls an diesen Küsten. Unter die Seevögel mischt sich gelegentlich der Bulleralbatros (S. 163), der durch seinen gelb umrandeten Schnabel auffällt.

Eine Sonderstellung unter den Tieren des Nationalparks nehmen die Insekten ein. Entomologen gehen davon aus, daß über 10% der 3000 Arten nur hier vorkommen. Insekten bewohnen jede denkbare Nische der verschiedenen Höhenzonen. Alle Besucher werden mit den »Sandflies« (s. S. 131) vertraut, die stets auf einen Bluttropfen lauern. Auch angenehmere Vertreter der Insektenklasse sind leicht zu beobachten. Im trockeneren Osten sieht man im Frühsommer den leuchtend grünen Manukakäfer, nach dem die Forellen mit Vorliebe schnappen. Der kuriose »Elephant Weevil«, ein Rüsselkäfer, ernährt sich vom Saft der Südbuche und ist am Waldrand anzutreffen. Wer zur heißen Tageszeit über der Baumgrenze wandert, wird sicherlich die attraktive schwarz-rot gefärbte »Tigermoth« erkennen. Sie zählt zur besonders artenreichen Gruppe der alpinen Falter Fiordlands. Die bedeutenden Blütenbestäuber sind, im Gegensatz zu ihren Tieflandverwandten, am Tag aktiv.

Takahe im Wildlife Reserve. Ein Zuchtprogramm soll verhindern, daß die flugunfähige Ralle ausstirbt.

Im Gebiet unterwegs

Die meisten Touristen sehen den Nationalpark wie einen Landschaftsfilm am Fenster ihres Reisebusses oder Fjordschiffes vorbeigleiten. Für ein hautnahes Erleben dieser einmaligen Wildnis sollte man sich etwas mehr Zeit nehmen, Regenschutz, Fernglas und etwas Proviant einpacken und loswandern. Schon ein kurzer Rundweg vermittelt einen intensiven Eindruck. Hier einige Vorschläge:

Te Anau und Umgebung: Als erste Anlaufstelle empfiehlt sich das Besuchszentrum des Nationalparks mit seinem interessanten Naturmuseum. In diesem »**Visitors Centre**« gibt es neben Wetterinformationen, Karten und Broschüren auch eine gute Auswahl naturkundlicher Literatur. Ein kurzer Uferspaziergang in südlicher Richtung führt durch Manukagebüsch (S. 36) zum **Wildlife Reserve** ①, der Aufzuchtstation des DoC. In den Volieren sieht man zahlreiche heimische Vögel, u.a. auch den Takahe (s.S. 19).

Brod Bay ②, einen hübschen Sandstrand gegenüber der Ortschaft Te Anau, erreicht man am besten per Boot (z.B. Sindbad Cruises, 9 Uhr). Von hier führt ein Fußweg durch schöne Ufervegetation zum Südende des Sees (Control Gate) und weiter nach Te Anau (2,5 Std.). Im Sommer blühen Kowhaibäume (S. 143), am Uferrand sieht man Weißwangenreiher (S. 36) und verschiedene Scharben. Der Götzenliest (S. 52) beobachtet von seiner Warte aus den See, auf dem Enten ihre Kreise ziehen.

In der Brod-Bucht gibt es einen kurzen Rundweg (Nature Walk, 30 Min.). Man kann auch über den Kepler Track zum offenen Grasland um die Luxmore-Hütte (1085 m, 3,5 Std.) aufsteigen. Unterwegs im Podocarpaceen-Südbuchen-Mischwald zeigt sich am späten Nachmittag häufig der Kuckuckskauz (S. 68).

Das südliche Ende des Kepler Track eignet sich ebenfalls für Tagesausflüge. Die Wanderung vom Parkplatz Rainbow Reach zur **Shallow Bay** ③ (1,5 Std.) führt durch artenreichen Tieflandmischwald zum Manapouri-See. Sie durchquert ein *Sphagnum*-Torfmoor, das vor allem Pflanzenfreunde interessieren wird.

In **Pearl Harbour**, dem Hafen der Ortschaft Manapouri, kann man sich ein Ruderboot leihen und eine Seefahrt mit einer Kurz-

Der »Kidney Fern« liebt feuchte Standorte. Wenn die Sonne scheint, rollt der zarte Haarfarn sich ein (rechts).

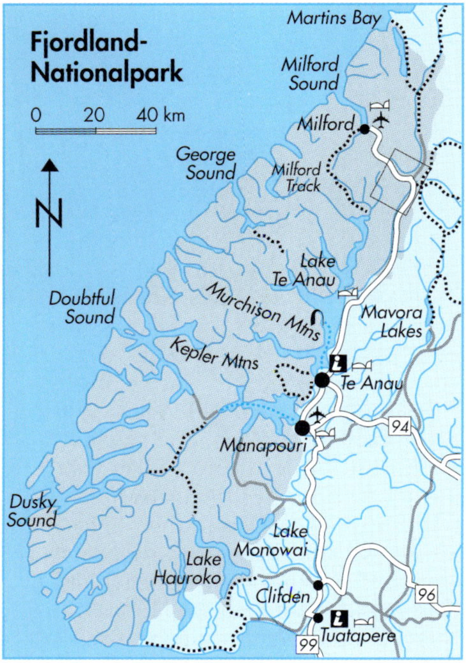

wanderung verbinden. Der Maorifalke (S.81) bezieht manchmal seine Warte auf einer der riesigen Südbuchen.

Milford Highway: Die Anfahrt in den berühmten Fjord **Milford Sound** führt durch eine atemberaubende Gebirgswelt. Auch sie lädt zu interessanten Wanderungen ein:

Die Umgebung des kleinen Urwaldsees **Lake Gunn** ④ ist das beste Gebiet für Vogelbeochtungen. Neben dem Maorifalke sind sowohl Kaka als auch Kea unterwegs. Der Nature Walk (45 Min.) durchquert einen moosbewachsenen Märchenwald. Seine höchsten Südbuchen sind fast 500 Jahre alte Riesen der »Red Beech«. Am Anfang des Weges zeigen sich oft Gelbköpfchen, im Baldachin hört man das aufgeregte »tschit tschit tschit...« des Springsittichs, unterwegs begegnet man Insektenfressern wie dem freundlichen Langbeinschnäpper. Auf dem See, an dessen Ufer Manuka (S.36) und Neuseeland-Flachs wachsen, leben Paradieskasarkas (S.143) und Maori-Enten (S.147). Vogelfreunde sollten den einfachen Zeltplatz zur Übernachtung wählen und nachts nach Streifenkiwi (S.161) oder Kuckuckskauz (S.68) Ausschau halten.

Die Wasserscheide **»The Divide«** ist mit 531 m der niedrigste Straßenpaß über die Südalpen. Von hier führt ein guter Wanderweg zum **Key Summit** ⑤, einem schönen Aussichtspunkt (919 m, 3 Std. hin und zurück). Der von Totara durchsetzte Südbuchen-Bergwald ist ein idealer Lebensraum für Waldvögel wie den Kaka. Im Sommer locken die rot blühenden Ratabäume Honigfresser an. Auf dem Bergrücken über der Baumgrenze ließen Eiszeitgletscher große Findlinge zurück. Das Moorgebiet mit seinen faszinierenden Pflanzenpolstern, mit Wasserschlauch, Sonnentau und Sauergräsern ist ein ergiebiger Ort für Hobby-Botaniker. Im Hochsommer blühen die Orchideen und Enziane (S.111). »Bog Pine«, eine Berg-Podocarpacee mit dicken, ledrigen Blättern, umgibt den subalpinen Moorbiotop.

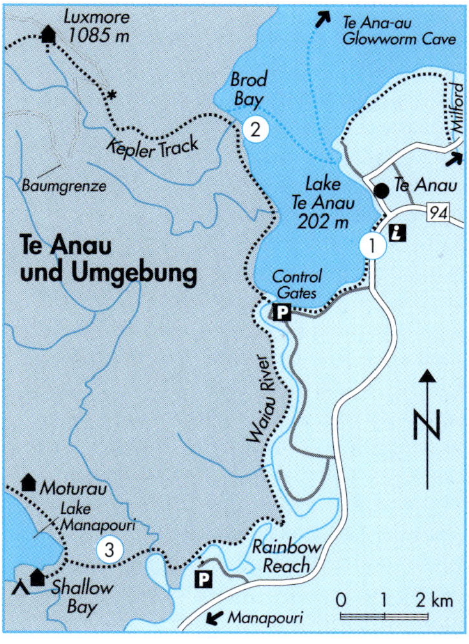

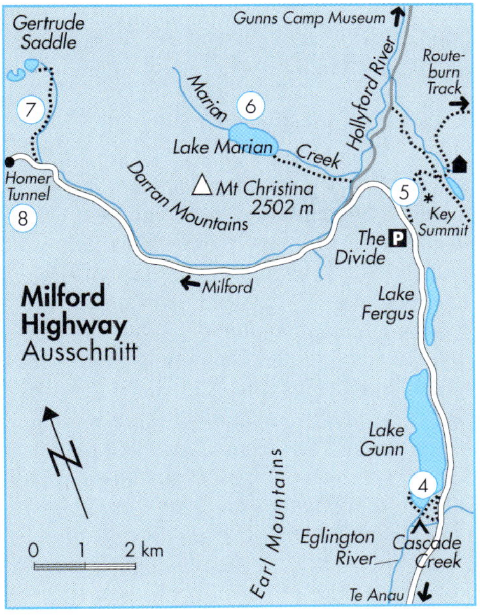

Von der Hängebrücke an der Hollyford-Straße erreicht man nach einem kurzen Aufstieg den Bergsee **Lake Marian** ⑥ (1,5 Std.). Der steile Pfad erschließt eine interessante Höhensequenz. Sie reicht vom Regenwald zum subalpinen Strauchwerk um das Seeufer (698 m), wo im Frühling die ersten Bergblumen blühen. In diesem Hängetal kann man zuschauen, wie sich Stein- und Eisbrocken von den steilen Bergflanken lösen und talwärts donnern.
Nach der Hollyford-Abzweigung steigt der Milford Highway durch ein U-förmiges Trogtal in die Subalpinzone auf. Plattgedrückte Vegetation weist auf die Zerstörungskraft von Lawinen hin.
Die Wanderung in das Seitental **Gertrude Valley** ⑦ folgt dem jungen Hollyford-Fluß durch eine fantastische Alpenvegetation. Von Dezember bis Januar blüht neben vielen anderen Bergblumen die »Mount Cook Lily« (S.139). Wer Zeit, Energie und die richtigen Wetterbedingungen hat, kann über einen kleinen Bergsee bis zum Gertrud Saddle (3 Std.) aufsteigen und die Aussicht zum Milford Sound genießen.

Vor dem Portal des Homer-Tunnels lohnt ein Stop, um Keas zu fotografieren. Der **Homer Nature Walk** ⑧ (20 Min.) führt durch einen Felsgarten voll Bergsträucher und Alpenblumen. Das Gebiet bietet die besten Chancen, den kleinen Felsschlüpfer (S.138) zu entdecken.
Vom Westportal des Tunnels, wo wiederum ein kurzer Naturlehrpfad abzweigt, fällt die Straße steil zum Milford Sound ab. »**The Chasm**« ist der Name einer kleinen Felsschlucht mit Wasserfall, die von der Erosionskraft des Wassers zeugt. Der kurze Spaziergang dorthin vermittelt einen Eindruck vom Regenwald der Westseite.
Auch in Milford, wo mehrmals täglich Schiffsrundfahrten durch den Fjord ablegen, gibt es 3 kürzere Wanderwege.
Trekking: Fjordland ist vor allem für seine großartigen **Fernwanderungen** bekannt, die jeweils mindestens 4 Tage beanspruchen. Informative Broschüren und Tickets für Hüttenübernachtungen sind von den DoC-Büros in Queenstown oder Te Anau erhältlich. Hier eine kurze Übersicht:
Der **Milford Track** (54 km) gehört zu den berühmtesten Wanderwegen der Welt und ist entsprechend populär. Eine Vorausbuchung ist notwendig, um diese einmalige Alpentraverse in einen Neuseeland-Urlaub einzuschließen (s.S.187). Der **Kepler Track** (67 km) und der hochalpine **Route-**

Dem rauhen Bergklima angepaßt: Die Polsterpflanzen »Vegetable Sheep« errinnern an einen Schafspelz.

»Mountain Ribbonwood« wächst an den regenreichen Westflanken der Südalpen.

burn Track (42 km) erschließen verschiedene Höhenzonen des Parks. Der **Dusky Track**, eine anstrengende 90 km lange Urwaldroute zu einem abgelegenen Fjord, und der **Hollyford Track**, eine Talwanderung von 80 km zum Tasmanischen Meer, können mit Flügen bzw. Bootsfahrten kombiniert werden. Die herrliche Sandbucht Martins Bay, an der Mündung des Hollyford, ist ein idealer Strand zur Beobachtung des Dickschnabelpinguins (S.134). ACHTUNG: Über der Baumgrenze kommt es oft zu extremen Wetterstürzen!

Der Springsittich bevorzugt alte Waldbestände.

Praktische Tips

Anreise
Von Invercargill über die »Southern Scenic Route« nach Tuatapere, von Queenstown via Highway 6 und 94 nach Manapouri oder Te Anau. Verschiedene Wanderrouten vom Wakatipu-See (s.S. 145).

Klima/Reisezeit
Naß! – vor allem im Herbst und Frühling; Regen an 200 Tagen pro Jahr mit typischem West-Ost-Abfall: über 7 Meter pro Jahr in Milford, aber nur 1200 mm in Te Anau; Temperatur-Maxima im Februar 21,5° C, im Juli 8° C (Durchschnitt). Beste Reisezeit: Dezember bis Februar; für Talwanderungen auch die trockeneren, aber frostigen Wintermonate.

Unterkunft
Unterkünfte verschiedener Preisklassen finden sich in Tuatapere, Manapouri, Te Anau, Te Anau Downs und Milford; eine Fjordübernachtung bieten die Kreuzschiffe »Milford Wanderer« und »Lady of the South Pacific«. Zahlreiche Zeltplätze am Ostrand des Parks; Hütten an den Fernwanderwegen.

Adressen
Department of Conservation (DoC):
- Visitor Centre, Lakefront, P.O. Box 29, Te Anau, Tel. 03-2497921;
- Field Centre, P.O. Box 29, Tuatapere, Tel. 03-2266607.

Kajak (Fjorde und Seen):
- Fiordland Wilderness Experiences, 66 Quintin Dr., Te Anau, Tel. 03-2497700.

Fjordlandfahrten (z. B. »Milford Wanderer«):
- Fjordland Travel, Lake Front, Te Anau, Tel. 0800 656501.
  Bietet auch täglich Bootsfahrten zur **Glühwürmchenhöhle** Te Ana-au an.

18 Stewart Island (Rakiura)

Kaum besiedelte Insel mit international bedeutendem Naturschutzgebiet; meist Primärvegetation, artenreiche Flora; vielfältige, z.T. seltene Avifauna, Beobachtung von Streifenkiwi, Kaka, Sittichen, Pinguinen, Kormoranen und diversen Seevögeln; abwechslungsreiche Küste mit eindrucksvollem Litoral.

Rakiura – »das Land der glühenden Himmel« – nennen die Maori die drittgrößte Insel Neuseelands, die in ihrer Mitte vom 47. Breitengrad durchschnitten wird. Damit beschreiben sie wohl die Lichtfelder der »Aurora australis«, die nachts den Südhimmel erleuchten. Oder gaben die herrlich langen Sonnenuntergänge den Anstoß zu diesem poetischen Namen?

Bei seiner Umsegelung des neuentdeckten Landes im Jahre 1770 übersah Captain Cook die 27 km breite Meeresenge, die Rakiura von der Südinsel trennt. Auf seiner berühmten historischen Karte verzeichnete er anstelle der Straße von Forveaux eine Halbinsel.

Stewart Island hat die Form eines Dreiecks, das entlang seiner Längsachse 64 km und in der Breite ungefähr 40 km mißt. Die höchste Erhebung ist der 980 m hohe Mt. Anglem. Das Grundmaterial besteht vor allem aus Granit und anderen kristallinen Tiefengesteinen. Es entstand in der Kreidezeit als Produkt eines vulkanischen Schmelzprozesses, den die Geologen »Intrusion« nennen. Dabei drang heißes Magma aus der unteren Erdkruste nach oben, schmolz das vorhandene Gestein auf und kristallisierte es. Später hoben tektonische

Im Küstenbuschwerk formen die Olearien ein dicht geschlossenes Blattdach.

Dunkelsturmtaucher stürzen sich auf einen Fischschwarm.

Spannungen den Inselblock im Westen an und versenkten die östlichen Talsysteme im Meer. Dadurch entstanden 3 tiefe Naturhäfen, die weit in die Insel einschneiden. Alle großen Flüsse entwässern in östlicher Richtung, obwohl sie teilweise nahe der Westküste entspringen. Während des Pleistozän kam es zu isolierten Vergletscherungen. Die Eismassen trugen im hügeligen Hinterland den Fels ab und formten glatte, runde Granitkuppeln.
Stewart Island hat eine 700 km lange Küste und umfaßt 1746 km^2. Über 80% dieser Fläche sind heute als Reservate und Staatswälder geschützt. Die Bevölkerung von nur 450 Menschen konzentriert sich um die Ortschaft Halfmoon Bay (Oban). Die Inselbewohner leben vom Fischfang, dem Fremdenverkehr oder züchten Meeresfrüchte sowie Lachs. Außerhalb dieser kleinen besiedelten Region lädt eine größtenteils unberührte Wildnis zu faszinierenden Naturentdeckungen ein. Sie vermittelt den Eindruck eines »ursprünglichen Neuseeland« voreuropäischer Zeit.

Pflanzen und Tiere

Das warm-temperierte, feuchte Meeresklima schafft ideale Bedingungen für ein äußerst reichhaltiges Pflanzenkleid. Von der Küste bis in die wolkigen Gipfel der Hügel, konnte sich bis heute eine natürliche Flora erhalten, die von direkten menschlichen Eingriffen weitgehend verschont blieb. Anfang des 20. Jh. wurden Weißwedel- und Rothirsche eingeführt. Zusammen mit dem australischen Fuchskusu (S. 42) haben sie der Vegetation bereits starke Schäden zugefügt.
Podocarpaceen-Mischwälder (S. 121) bedecken den weitaus größten Teil der Insel, meist in einer Assoziation von Rimu und Kamahi-Bäumen (S. 86), durchsetzt mit »Southern Rata«, Miro und etwas seltener Totara. Auffallend ist das Fehlen der Südbuchen, die durch das Eiszeitklima verdrängt wurden und die Insel später nicht mehr kolonisieren konnten (s.S. 18). In den 10 Jahrtausenden seit dem Pleistozän blieb die Inselvegetation weitgehend isoliert. Viele Pflanzen haben eigene Charakteristika entwickelt, die sie deutlich von ihren Artverwandten auf der Südinsel abheben. Generell ist eine Tendenz zu kleinem Baumwuchs festzustellen, die nach Süden hin zunimmt.
Entlang der Küste wurden über 400 Arten von Meeresalgen gezählt. Zu ihnen gehört auch der größte Seetang der Erde, die Braunalge »Bladder Kelp«. Sie wächst pro Tag bis 50 cm und erreicht eine Gesamtlänge von mehr als 30 m. Hinter den meisten Stränden trifft man zunächst auf salztolerantes Strauchwerk, das häufig kleinwüchsige *Olearia*-Bäume dominieren. Dazwischen findet man Büsche aus der Gattung der Drachenblätter, die uns eher von subalpinen Regionen vertraut sind (S. 15). »Broadleaf«, »Southern Rata« und die Baumfuchsie (S. 64) bilden den Übergang zum Regenwald des Tieflandes (s.S. 69). In den offenen Höhenlagen wächst dichtes subalpines Buschwerk,

Der Kiwi, ein seltsamer Vogel

Als Naturforscher 1813 zum erstenmal einen Kiwi beschrieben, reagierten europäische Wissenschaftler skeptisch. Ein nachtaktiver Vogel, der nicht fliegen kann und dazu noch einen Geruchssinn hat – das konnte nur ein Scherz sein.

Kiwis bewohnen Bodenhöhlen, hohle Bäume oder Felsspalten vom Tiefland bis in die Alpinregion. Sie durchstreifen nachts den Wald, picken Schnecken, Bodeninsekten und abgefallene Früchte auf oder stochern mit ihrem langen Schnabel nach Würmern und Larven. Dabei stoßen sie Luft durch die kleinen Nasenlöcher am Ende ihres Schnabels und produzieren so ein schlurfendes Geräusch. Schnabel und »Bartborsten« sind tastsensibel, damit die Nachtwanderer sich trotz ihres schlechten Sehvermögens gut orientieren können. Unter einem losen, haarähnlichen Federkleid verstecken sich stark zurückgebildete Flügel. Der Kiwiruf ist schrill und langezogen, ängstliche Vögel können auch agressiv zischen, knurren oder mit dem Schnabel klappern. Wilde Kiwis legen bis zu 2, seltener 3 Eier, die hauptsächlich das Männchen bebrütet. Das Ei wiegt etwa ein Viertel der Körpermasse und ist relativ größer als bei allen anderen Vögeln. Die Küken durchstreifen bereits nach wenigen Tagen selbständig den Wald.

Es gibt 3 Kiwiarten, deren Populationen beständig zurückgehen: Der **Streifenkiwi** ist mit 3 Unterarten vor allem auf Stewart Island sowie auf den beiden Hauptinseln (noch) relativ weit verbreitet. Die isolierten Populationen des **Haastkiwi** beschränken sich auf die Westküste und einzelne Gebirgstäler der Südinsel. Der **Zwergkiwi** starb auf dem Festland aus, überlebte aber auf verschiedenen Inselreservaten.

weiter oben stößt man auf Tussock-Grasfelder und Moormatten.

Zahlreiche Laubmoose (200 Arten), Lebermoose und Flechten (230 Arten), sowie über 80 Farnarten (davon 21 Hautfarne) machen die Insel für Botanikfreunde speziell interessant. Der Spätfrühling ist die beste Zeit um einige der 30 Orchideenarten aufzuspüren, die teilweise bereits an den Böschungen um Halfmoon Bay zu finden sind.

Ähnlich vielfältig ist die Tierwelt der Insel, vor allem an Wald- und Seevögeln. Wer in abgelegene Gebiete wie Masons Bay wandert, wird unterwegs vielleicht sogar einem **Streifenkiwi** begegnen. Hier in Stewart Island sind diese Tiere nicht strikt nachtaktiv, sondern teilweise auch tagsüber unterwegs. Ihre Schnäbel hinterlassen bei der Nahrungssuche kleine kreisrunde Löcher im Boden. Auch ein Rascheln im Laub kann auf die Anwesenheit des Streifenkiwi hindeuten.

Das Geräusch fallender Rinde ist ein Erkennungszeichen des Kaka (S. 151), der an Baumstämmen nach Maden und Larven sucht. Die heimischen Sittiche sind meistens in kleinen Gruppen unterwegs, die besonders im Flug durch ihr nervöses Gekrächze auffallen. Im Sommer locken blühende und fruchtende Sträucher außer Kakas auch Tuis (S. 45) und Maorifruchttauben bis in die Vorgärten von Halfmoon Bay. Abends kann man im Schein der Straßenlaternen heimische Fledermäuse beobachten.

Verschiedene Albatrosse, Sturmtaucher und Sturmvögel lassen sich am besten auf einer der angebotenen Bootsfahrten beobachten. Unterwegs wird man vielleicht einer Schule von Großen Tümmlern begegnen. Man sollte auch immer nach Pin-

Die grüne Insel: Selbst um den Hafenort Halfmoon Bay dringt dichtes Buschwerk bis zur Küste vor.

Blüte der Strauchaster *Olearia oporina*.

Ein königlicher Farn: »Prince of Wales Feathers«.

Der bedrohte Ziegensittich.

Beste Beobachtungschancen: Ein Streifenkiwi stochert im Waldboden nach Nahrung.

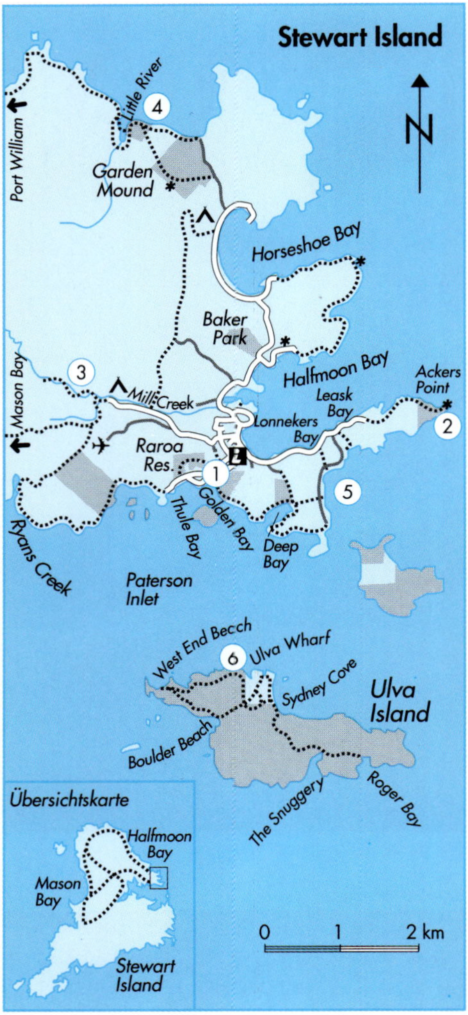

guinen Ausschau halten (s.S. 167). Im Naturhafen Paterson Inlet nisten Kräusel- und Elsterscharben meist auf Bäumen, während Tüpfelscharben schmale Klippensimse bevorzugen. Auch die Stewart-Island-Scharbe baut ihr Nest aus Pflanzenmaterial auf felsigen Untergrund. Sie ist außer in Stewart Island nur an den südlichen Küsten der Südinsel zu sehen. Glücklicherweise wurden Kaninchen und damit auch ihre vermeintliche »biologische Kontrolle«, die Marder, nicht eingeschleppt. Dennoch hat auch hier die Vogelwelt, vor allem unter den eingeführten Ratten, schwer gelitten. Vor einigen Jahren wurde im unzugänglichen Südteil der Insel der Kakapo (S. 19) wiederentdeckt. Wegen der Bedrohung durch verwilderte Katzen beschloß man, die gefährdeten Tiere auf räuberfreie Schutzinseln zu übersiedeln (s.S. 38). Ob sich dadurch das Aussterben dieser zoologischen Rarirät verhindern läßt, bleibt ungewiß.

Im Gebiet unterwegs

Das Straßennetz der Insel umfaßt nicht viel mehr als 10 km meist rauher Pisten, der Rest gehört den Wanderern und Booten. Jeder Besuch sollte im **Informationszentrum** der Naturschutzbehörde in Halfmoon Bay beginnen. Hier kann man sich über Bootsexkursionen und den Zustand der Wanderwege erkundigen. Wer eine längere **Wildniswanderung** wie die »Northern Circuit«-Route (8–10 Tage) plant, sei vorgewarnt: Die Pfade führen teilweise durch kniehohen Morast und überschwemmte Flußtäler. Sie erschließen jedoch eine faszinierende und ursprüngliche Naturwelt. Der Ausflug nach Mason Bay, dem besten Beobachtungsgebiet für Streifenkiwis, dauert hin und zurück etwa 3 Tage. Einen Teil der Strecke kann man per Charter-Boot oder Kajak zurücklegen. Es folgt eine Auswahl **leichterer Tagesausflüge:**

Einen ersten Überblick verschafft der kurze Aufstieg zum **Observation Rock** ① (15 Min.). An einem Sommerabend kann man hier nicht nur einen herrlichen Sonnenuntergang erleben, sondern auch viel Vogelaktivität.

Im Sommer sollte man ebenfalls gegen Abend zum **Leuchturm Ackers Point** ② (4 km, 1,5 Std.) wandern, um Dunkelsturmtaucher zu sehen. An Felsen und Holzpfählen entlang der Küste rasten Stewart-Island-Scharben. Auf dem Heimweg begegnet man nach der Dämmerung auch

Zwergpinguinen (S. 177), die zu ihren Nisthöhlen zurückkehren. Die Taschenlampe nicht vergessen !

Fern Gully ③ (etwa 1 Std.): Der Pfad folgt einem Bächlein, das von attraktiven Farnen umwachsen ist. Mehr als 30 verschiedene Arten kommen hier vor.

Garden Mound, Little River, Maori Beach ④ (2,5–6 Std., gutes Wegnetz): Eine Wanderung von Horseshoe Bay oder Lee Bay entlang des nördlichen Küstenweges lohnt unbedingt. Vogelreicher Podocarpaceen-Urwald ersetzt schon bald die Sekundärvegetation um Halfmoon Bay. Im Regenwald um Little River sollte man nach Orchideen Ausschau halten. Eine reizvolle Variante bietet der Anstieg durch das Schutzgebiet Garden Mount. Der traumhafte Maori Beach ist der nördlichste Punkt für einen Tagesausflug.

Ringaringa Beach ⑤ (30 Min.–2,5 Std.): Dieser Strand ist bekannt für seine Muscheln, Marinalgen und interessanten Gezeitentümpel, die man bei Ebbe erkunden sollte. Verschiedene Zugänge, z. B. von Lonnekers Bay, Deep Bay oder Golden Bay.

Ulva Island ⑥: Diese 250 ha große Insel, die regelmäßig angefahren wird, ist ein Muß für Pflanzen- und Vogelfreunde. Es gibt hier wenig eingeführte Säuger, dafür ist die Wekaralle (S. 98) allgegenwärtig. Das Schutzreservat eignet sich hervorragend zur Beobachtung von Ziegensittich, Springsittich (S. 156) und Kaka (S. 151). Mehrere Wanderwege (4–15 km) führen zu reizvollen Stränden. Man sollte für den Inselaufenthalt mindestens 3–4 Stunden einplanen.

Bootsfahrten erschließen sonst unzugängliche Ökozonen. Sie können teilweise mit Wanderungen verbunden werden. Es gibt ein großes Angebot an Charter- und Naturausflügen, einschließlich abendlicher Kurzexkursionen zur **Kiwi-Beobachtung** (Tel. 03-2191144). Auch eine Kajakfahrt im Naturhafen Paterson Inlet bietet herrliche Möglichkeiten zur Tierbeobachtung (Tel. 03-2191080).

Der Bulleralbatroß brütet auf Neuseelands südlichen Inselgruppen. Er hat einen gelb umrandeten Schnabel.

Praktische Tips

Anreise
Passagierfähre von Bluff nach Halfmoon Bay (1 Std., Tel. 03-212 7660). Mehrmals täglich Flüge von Invercargill (Tel. 0800-658876). Im Sommer vorausbuchen!

Klima/Reisezeit
Gemäßigtes Meerklima, mildere Winter als auf der Südinsel. Niederschlag rund 1650 mm pro Jahr an 250 Tagen, höher im Hügelland; oft starke Westwinde. Beste Reisezeit: Oktober bis April.

Unterkunft
Halfmoon Bay bietet 2 Hotels, Gästehäuser und Privatunterkünfte. Im Sommer sollte man telefonisch über das Verkehrsbüro in Invercargill (s.u.) vorausbuchen. Campingplätze des DoC sowie einfache Hütten entlang der Wanderwege.

Adressen
Department of Conservation (DoC):
- Stewart Island Visitor Centre, Main Rd., Halfmoon Bay, Tel. 03-2191130;
- Southland Conservancy Office, P.O. Box 743, Invercargill, Tel. 03-2144589.

Verkehrsbüro:
- Museum & Information Centre, Queens Park, Invercargill, Tel. 03-2146243.

19 The Catlins

Eindrucksvoll skulpturierte Felsküste, hohe Klippen, steile Dünen, schöne Sandbuchten, Flußmündungen mit Wattflächen; ökologisch wichtigste Reliktvegetation der Ostküste; Brutregion des bedrohten Gelbaugenpinguins; gute Möglichkeiten zur Beobachtung von Meeressäugern und Seevögeln.

Ungefähr 70 km südlich von Dunedin, im äußersten Südosten der Insel, befindet sich einer der kaum beachteten landschaftlichen Höhepunkte Neuseelands. Hier beginnt das Hügelland der »Catlins«, das vor rund 180 Mio. Jahren in einem Prozeß geosynklinaler Auffaltung entstanden ist. Dabei schufen Senkungskräfte im Felsgrund einen muldenförmigen Trog, in dem sich später Ablagerungsgesteine ansammeln konnten. Im Gegensatz zur Küste Fiordlands blieb dieser Teil der Südinsel im Pleistozän eisfrei. Nicht der Schliffeffekt der Gletscher, sondern die Erosionskraft des Wassers hat daher die Täler geprägt: Flüsse haben ihr enges Bett tief in das Sedimentgestein eingeschnitten und viele kleine Wasserfälle gebildet.

Besonders eindrucksvoll ist die wilde Küstenlinie: Über 200 m hohe Klippen lassen deutlich die Schichtung verschiedener Sedimentgesteine erkennen. Vorgelagerte Felstürme und Riffe kontrastieren mit langgezogenen Sandstränden. In versteckten Buchten stößt man auf imposante Brandungshöhlen. Die Flußmündungen weiten sich zu Wattflächen, die zum Teil tief in das Land hineinreichen.

Das Landschaftsbild wäre jedoch nicht vollkommen ohne das einheimische Pflanzenkleid, das sich häufig von den Hügelketten bis zum Meer erstreckt. Die

Abendstimmung am Nugget Point. Der Pfad zum Leuchtturm führt durch reizvolle Küstenvegetation.

An den Felsklippen der Cathedral Caves erkennt man verschiedene Schichten von Ablagerungsgesteinen.

Catlins tragen die letzten ausgedehnten Reliktwälder der einst dicht bewachsenen Ostküste. Dieser besonderen ökologischen Bedeutung wurde durch die Einrichtung eines Forest Parks (58131 ha) und verschiedener Naturschutzgebiete Rechnung getragen.

Pflanzen und Tiere

Die gletscherfreien Catlins waren während der Eiszeit ein wichtiges Rückzugsgebiet für Pflanzen und Tiere. Eingeführte Arten, wie das Rotwild, drangen erst relativ spät in diese abgelegene Region vor. Ein zusätzlicher Faktor, der die große Vielfalt an Vegetation erklären mag, ist das milde und feuchte Küstenklima. Die neuseeländischen Südbuchen erreichen hier ihre südliche Verbreitungsgrenze (s.S.158). Feuer und Holzschlag haben auch in den Catlins, besonders im leichter zugänglichen Tiefland, ihre Spuren hinterlassen. Dennoch überlebten selbst in Küstennähe eindrucksvolle Reliktbestände der einst ausgedehnten Podocarpaceen-Wälder (S.121). So blieben ökologisch wichtige Vegetationskorridore, die sich ohne Unterbrechung von den Salzmarschen bis zu den Moorwäldern der Hügelkuppen fortsetzen.

Die unterschiedlichen Lebensräume ermöglichen den Fortbestand einer reichhaltigen Avifauna. Etwa 60 Vogelarten wurden allein im Gebiet des Forest Parks nachgewiesen. Auch zahlreiche Seevögel besuchen die Region, die ein reiches Angebot an Fischnahrung bietet. Unter ihnen fällt der Königsalbatros durch seine enorme Spannweite von über 3 m auf. Der seltene Gelbaugenpinguin findet in den Restbeständen natürlichen Küstengebüsches geeignete Brutplätze. Stewart-Island-

Der Königsalbatros zieht über die Südmeere. Dabei umkreist er in seinem Leben mehrmals die Erdkugel.

Scharben bevorzugen für ihre Nistkolonien exponierte Felsen, auf denen sie weiße Guanospuren hinterlassen. An den Brandungsklippen wachsen oft Riesenexemplare der Seetange »Bullkelp« und »Bladderkelp«.
Die wilde Küste ist auch ein guter Beobachtungsort für marine Säuger. »Hooker's Sea Lion«, der einzige Seelöwe neuseeländischer Gewässer, ist ein häufiger Winterbesucher. Etwa 4000 dieser Tiere pflanzen sich auf den subantarktischen Auckland- und Campbell-Inseln fort. Ihre Gefährdung durch die Schleppnetze internationaler Fischflotten ist zum kontroversen Thema geworden. Der Seeleopard, eine antarktische Hundsrobbe, kommt aus der äußeren Packeiszone. Er ernährt sich bevorzugt von Pinguinen und besucht die südlichen Küsten Neuseelands von Juni bis September. Sein großer, reptilähnlicher Kopf und das mit dunklen Punkten markierte graue Fell lassen ihn leicht erkennen. Die größte Robbe überhaupt ist der südliche See-Elefant. Die Männchen (S. 21), die mit einem aufblasbaren »Rüssel« ausgerüstet sind, werden bis 4000 kg schwer.
ACHTUNG: Meeressäuger können aggressiv auf Störungen reagieren, insbesondere wenn ihr Fluchtweg zum Meer versperrt wird. Daher sollten sie nur aus der Distanz beobachtet werden.

Im Gebiet unterwegs

Das DoC unterhält in **Owaka** ein kleines Informationszentrum, das Broschüren, Kartenmaterial und Tidenzeiten bereithält. Das Büro empfiehlt auch geignete Orte zur **Pinguinbeobachtung**. Vor allem während der Mauser (S.177) von Februar bis April sollten die geschwächten Tiere keinesfalls gestört werden.
Etwas südlich der kleinen Ortschaft, am Mündungstrichter des Catlins-Flusses, befindet sich der **Pounawea Nature Walk** ① (45 Min.). Vom Campingplatz führt der Naturlehrpfad durch Podocarpaceen-Hartholz-Mischwald und entlang des Schlickwatts. Er gibt einen guten Einblick in die Artenwelt einer Salzwiese und die zonale Abstufung der Küstenpflanzen. Über den Schlick staken Weißwangenreiher (S.36) und Stelzenläufer, im Seichtwas-

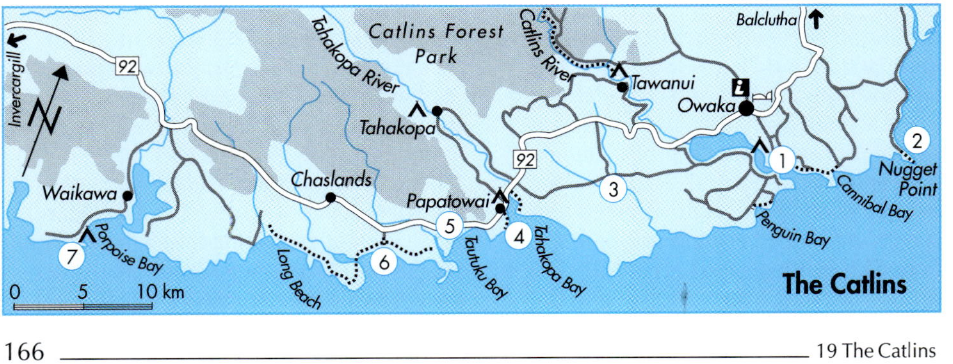

Pinguine

Pinguine sind zirkumpolar verbreitet. Die meisten der 17 Arten sind am Rand der Antarktis und auf den Inselgruppen der Südmeere zu finden. Einige bewohnen die kühlen Südküsten von Afrika, Australien und Südamerika. Einzig der Galapagospinguin konnte bis in die Tropenregion vordringen. Neuseeländische Fossilienfunde belegen, daß die Pinguine sich vor mehr als 60 Mio. Jahren aus flugfähigen Vorfahren entwickelten. Ihre nächsten Verwandten sind heute die Sturmvögel und Albatrosse.

Pinguine zählen zu den besten Schwimmern und Tauchern des Tierreiches. Die schmalen Flügelknochen dienen als Paddel, der spitze Schwanz und die kurzen Füße zum Steuern. Die fettigen, schuppenartig angeordneten Federn wirken als wasserabstoßende »Schwimmhaut«. Das dichte Daunenkleid und eine Fettschicht darunter isolieren selbst im kalten Eismeer ausreichend.

Neuseeland ist mit 14 Vertretern (4 auf den beiden Hauptinseln) die artenreichste Pinguinregion. Der seltene endemische **Gelbaugenpinguin** ist als einziger Vertreter der Gattung *Megadyptes* (gr.: »großer Taucher«) wahrscheinlich der stammesgeschichtlich älteste Pinguin. Er ist im Gegensatz zu anderen Pinguinarten ein Einzelbrüter, wobei die Altvögel das ganze Jahr im Brutgebiet bleiben. Die Paare verstecken ihr isoliertes Nest in dichtem Unterholz, bis zu 1 km von der Küste entfernt. Dort werden die Jungen oft zur leichten Beute von Hunden, verwilderten Katzen oder dem Waldiltis. Auch der zunehmende Verlust natürlicher Küstenvegetation gefährdet diesen ungewöhnlichen Pinguin immer mehr (Verbreitung: südliche Ostküste, Banks Peninsula, Stewart, subantarktische Inseln).

Der endemische **Dickschnabelpinguin** (S. 134) dürfte der seltenste Pinguin der Welt sein. Er ist ebenfalls ein bedrohter Bodenbrüter, der seine kleine Brutkolonie im Küstenwald jedoch nur im Winter (Brut) und im Herbst (Mauser) aufsucht (Verbreitung: Südwestküste und Stewart Island).

Der **Zwergpinguin** (S. 177) ist in Australien und Neuseeland durch mehrere Unterarten vertreten, zu denen auch der **Weißflügelpinguin** der Banks-Halbinsel zählt (Verbreitung: alle 3 Hauptinseln).

Für die Beobachtung gelten folgende Verhaltensregeln:

- ❒ Grundsätzlich nur versteckt, mit Fernglas oder Teleobjektiv! Ängstliche Pinguine bleiben länger im Wasser und vernachlässigen ihre Nestlinge.
- ❒ Während der Mauser (Herbst) verlieren die Vögel bis zur Hälfte ihres Gewichts – jede Störung bedeutet dann lebensgefährlichen Streß.
- ❒ Die Küstenvegetation ist wichtiges Habitat – bitte nicht zertrampeln !
- ❒ Auf den Küstenstraßen der Brutgebiete besonders vorsichtig fahren.

ser fischen Kräusel- und Elsterscharbe. Augenbrauenente und Paradieskasarka (S. 143) durchforsten die Marschvegetation, während der Götzenliest (S. 52) nach Schlammkrabben Ausschau hält.

Die windgepeitschte Landzunge <u>Nugget Point</u> ② eignet sich sehr gut zur Fernglas-Beobachtung von Robben. An der Felsplatform, 70 m unterhalb des Leuchtturms, liegt die einzige Festland-Brutstelle des

Ein Gelbaugenpinguin im Küstenwald.

Südlichen See-Elefanten. Beste Beobachtungszeit: Mitte Oktober bis Ende November und Januar bis März. Am Strand der nahen Roaring Bay kann man frühmorgens oder am Spätnachmittag den Gelbaugenpinguin entdecken. Diese Pinguine sind scheue Kreaturen, bitte die Beobachtungsregeln (s.S. 167) befolgen.

Purakaunui Falls ③ (20 Min. hin und zurück): Dieser kurze Fußweg führt zu einem der zahlreichen kleinen Wasserfälle (beste Fotozeit: Vormittag). Eine Besonderheit ist der interessante Vegetationswechsel von der Südbuche »Silver Beech« am Straßenrand zum Podocarpaceen-Mischwald entlang des Pfades.

Picnic Point ④ (35 Min. hin und zurück): Der gut ausgebaute Weg beginnt bei Papatowai. Durch eine reizvolle Waldsequenz erreicht man schnell die Küste. Bei Ebbe (!) sollte man am Strand zurückgehen und die zahlreichen Gezeitentümpel der Litoralzone erkunden.

In der Brandungszone heften sich Tier und Pflanze am Fels fest. Dazu scheidet der Ledertang »Bullkelp« (rechts) ein Klebstoff-Sekret aus. Seeschnecken wie das Meeresohr »Paua« (Foto links: zwei Schalen) beweiden den Algenrasen.

Die Holzliane »Supplejack« klettert bis in das Walddach. Dort gedeihen Blätter und Früchte.

Tautuku Bay ⑤: Diese langgezogene Sandbucht lohnt einen Zwischenhalt. Gegenüber des »Outdoor Education Centre«, einer Schulinstitution für Naturkunde, beginnt ein **Pflanzenlehrpfad** (15 Min.). An den Vordünen sollte man auf die orangenfarbene, endemische Pingao-Segge (s.S.128) achten. Sie wird häufig von eingeführten Sandpionieren wie dem Strandhafer verdrängt und ist daher selten geworden. Entlang der Küste trifft man Stewart-Island-Scharben an.

Ein empfehlenswerter Spaziergang führt zu dem kleinen »Spiegelsee« **Lake Wilkie**. Er vermittelt einen hervorragenden Einblick in die Vegetationsabstufung am Uferrand. Während der sommerlichen Ratablüte (s. Umschlag) begegnet man hier zahlreichen Honigfressern.

Cathedral Caves ⑥ (50 Min. hin und zurück): Die bis 30 m hohen Felshöhlen bezeugen eindrucksvoll die Kraft der Brandungserosion. Beachtenswert ist die Farnflora der Höhlendecken.

ACHTUNG: Der Zugang über den steilen Pfad ist nur bei Ebbe möglich. Tiden-Zeitpläne findet man bei der Abzweigung vom Highway 92 und am Parkplatz. Bei ungünstigen Bedingungen umkehren !

Curio Bay ⑦: Auf einer Felsplattform am Ufer liegen bei Ebbe Fossilienrelikte eines archaischen Küstenwaldes entblößt. Zu Beginn des Jura, vor etwa 180 Mio. Jahren, wuchsen in Gondwanaland subtropische Araukarien. Sie wurden hier unter vulkanischem Ascheschlamm begraben und verhärteten, als Kieselsäure das organische Material durchsetzte. Die Klippenstrata zeigen mehrere solcher Fossilienschichten. Die Bucht eignet sich gut zur Beobachtung von Gelbaugen- und Dickschnabelpinguin. In den Sommermonaten kann man mit dem Fernglas unter den zahlreichen Seevögeln auch Dunkelsturmtaucher (S.158) erkennen. Die Stewart-Island-Scharbe besucht Küstenfelsen der Umgebung. In den Wellen der nördlich anschließenden Porpoise Bay spielt oft der

Der Südliche See-Elefant ist eine Hundsrobbe. Im Bild das leichtere Weibchen (Männchen S. 21).

endemische Hectorde phin (S.173). Wer dort schwimmt kann d e freundlichen Tiere aus nächster Nähe begrüßen.

Längere Wandertouren (mit Zelt): Ein markierter **Waldweg** beginnt am Campingplatz Tawanui und folgt dem Catlins-Fluß stromaufwärts.

Eine aussichtsreiche **Küstenroute** führt von Tautuku Bay nach Long Beach. Sie erfordert tidenabhängige Flußüberquerungen und wird erfahrenen Wanderern nur nach Rücksprache mit dem DoC-Büro empfohlen.

Praktische Tips

Anreise

Von Invercargill oder Balclutha folgt man dem Highway 92 über die »Southern Scenic Route« entlang der Catlins-Küste.

Klima/Reisezeit

Kühl und feucht. Meist leichte Regenfälle an rund 140 Tagen des Jahres, zunehmend von 800 mm im Norden bis 1500 mm im Süden; oft starker Küstenwind. Beste Reisezeit: Frühling und Februar (trockenster Monat).

Unterkunft

Camping: Pounawea (Cabins), Papatowai und vor allem Curio und Purpoise Bay sind herrliche Ausgangspunkte für einsame Naturbeobachtungen. Über weitere Zeltplätze informiert das Visitor Centre in Owaka. Einfaches Naturschutzheim in Tautuku Bay: Royal Forest and Bird Society, Tautuku Lodge (nur nach Voranmeldung über Tel. 03-415 8024). Farmübernachtungen auf Vermittlung der örtlichen Verkehrsbüros. Motels in Balclutha, Owaka und Chaslands Farm.

Geführte Naturexkursionen

Zweitägige fachkundige Natursafaris von Dunedin aus: Catlins Wildlife Trackers, P.O. Box 2192, Dunedin, Tel. 03-4552 681.

Adressen

Department of Conservation (DoC):

- Visitor Centre, Cnr Ryley & Campbell St., Owaka, Tel. 03-4158341.

Verkehrsbüro:

- Clutha Information Centre, 4 Clyde St., Balclutha, Tel. 03-4180388;
- Catlins Information Centre, Ryley St., Owaka, Tel. 03-4158371.

Blick in die Umgebung

Die **Waituna-Lagune**, etwa 20 km östlich von Invercargill, ist ein international bedeutsames Feuchtgebiet. Besucher können eine Vielzahl von Küstenvögeln beobachten, darunter 17 teilweise seltene Zugvogelarten der nördlichen Hemisphäre. Wegen der kalten Polarwinde wächst hier auf Meereshöhe (!) eine erstaunliche Ansammlung typisch alpiner Pflanzen.

20 Christchurch und Banks-Halbinsel

Antarctic Visitor Centre und Canterbury Museum; zahlreiche Wanderwege an Stränden, Steilküste und Kraterrand; Vogelschutzgebiet Lake Ellesmere; Vulkanische Halbinsel mit einsamen Buchten, Marinreservat für seltene Hectordelphine und Pinguine; herrliche Aussichtspunkte.

Christchurch ist mit über 300 000 Einwohnern das größte und wichtigste Handelszentrum der Südinsel. Seine Vororte fächern weit in das umliegende Flachland aus. Im Süden bilden steile Hügelketten (»Port Hills«) den Übergang zu der vulkanisch entstandenen Banks-Halbinsel. Ihre zwei erodierten Hauptkrater füllen die beiden herrlichen Naturhäfen Lyttelton und Akaroa.

Als Captain Cook 1770 das Hügelland erblickte, hielt er es für eine Insel, die er nach seinem Bordbotaniker Joseph Banks benannte. So ganz unrecht hatte er nicht, denn der Zwillingsvulkan war tatsächlich seit seiner Entstehung im Jungtertiär lange vom Festland abgeschnitten gewesen. Erst der massive Gebirgsaufwurf der Südalpen und die eiszeitlichen Gletschervorstöße beschleunigten die Ablagerung von Erosionsschottern. Am Fuß des Gebirges formte sich eine weite Schwemmlandebene, die schließlich Alpen und Insel miteinander verband. Die »Canterbury Plains« bilden heute eine der hochproduktivsten Agrarregionen Neuseelands.

Pflanzen und Tiere

Als die ersten europäischen Siedler im Hafen von Lyttelton landeten, fanden sie eine bewaldete Halbinsel und eine weite, von Tussock-Gras bewachsene Ebene vor. Dazwischen lag ein breites Sumpfland mit stattlichen Kahikatea-Bäumen (S. 73). Die Sümpfe waren bald trockengelegt, und an ihrer Stelle entstand, von Schafweiden umgeben, eine Stadt englischen Musters. Bereits 50 Jahre später waren auch die Urwälder der Halbinsel weitgehend gerodet. Die neue Kulturlandschaft hatte sich nach Westen bis in das Hochland ausgedehnt.

Heute findet man in den zahlreichen Parkanlagen der Stadt, die ihr den Namen »Garden City« zugetragen haben, vieles,

Zwei typische Kulturfolger: der australische Flötenvogel (links) und die Dominikanermöwe (rechts).

das an Europa errinnert. Entlang des Avon-Flusses schaffen alte Weiden, Pappeln und Eichen eine malerische Herbstszene. Am Kirchplatz (»Square«) begegnet man Haustauben, in den Parks hüpfen Singdrosseln umher und an den Teichen kann man Stockenten füttern. Die Strände und Schlickflächen der östlichen Vororte bieten Lebensraum für Möwen und Limikolen, während an den Felsküsten Scharben rasten.

Auf der Halbinsel vermitteln Restbestände kleiner Schutzwälder einen Eindruck der ursprünglichen Vegetation. Totara-Steineiben waren in den Mischwäldern besonders prominent. Die stolzen, geradwüchsigen Bäume galten den Maori als Symbol der Stärke. Aus ihrem Holz fertigten sie die berühmten Kanus und Wandreliefs, die man heute in Museen bewundern kann. Im Farmland der Umgebung fallen die schwarz-weiß gefärbten Flötenvögel auf. Sie stammen von Australien und haben sich als Kulturfolger schnell verbreitet. Auf den Weideflächen staken Purpurhühner (S. 101) und Maskenkiebitze (S. 122).

Ein spezielles **Reservat für Meeressäuger** umspannt die Küste der gesamten Halbinsel. Es wurde eingerichtet, um den endemischen Hectordelphin zu schützen. Dieser seltene und kleinste Meeresdelphin der Welt jagt bevorzugt in Küstennähe, wo er oft zum Opfer von Fangnetzen wird. Natürlich profitieren auch Pinguine, Fische und Seebären von dem neuartigen Schutzkonzept.

◁ Vom Kraterrand an der Summit Road überblickt man den Naturhafen von Lyttelton und die Insel Quail Island (Bildmitte). Dunkles Basaltgestein weißt auf den vulkanischen Ursprung der Landschaft hin.

▽ Ganz unten: Den bedrohten Hectordelphin erkennt man an der abgerundeten Rückenflosse.

▽ Der endemische Doppelband-Regenpfeifer brütet meist weit inland auf den breiten Schotterbetten der Wildflüsse, teilweise aber auch an der Küste. Viele dieser Vögel überwintern im wärmeren Australien.

Im Gebiet unterwegs

Um Christchurch und die Banks-Halbinsel warten auf Naturfreunde zahlreiche, reizvolle Ausflugsziele. Hier einige Vorschläge:

<u>City</u>: Der **botanische Garten** ① mit seiner bunten Palette an Pflanzen ist ein ruhiger Rastplatz, wenige Minuten östlich des geschäftigen Stadtzentrums. Hier findet man auch das **Canterbury Museum**, das schon allein wegen seiner Vogelabteilung und der geologischen Sammlung einen Besuch lohnt. Schräg gegenüber stehen die sehenswerten Tudor-Gebäude der alten Universität, die als »**Arts Centre**« genutzt sind. Zwischen Werkstätten, Studios und Geschäften bietet hier das »Epicentre« eine Vielfalt von Umweltinformationen und Öko-Souvenirs. Im nahegelegenen Infozentrum (Ecke Oxford Terrace und Worcester Boulevard) erfährt man beim Büro **»Adventure Canterbury«**viel zum Thema Natur, Sport und Wandern. Beim internationalen Flughafen, dem Ausgangspunkt für verschiedene antarktische Forschungsprogramme, liegt das »**International Antarctic Centre**« ②. Diese interessante Multimedia-Ausstellung zur Naturkunde und den Umweltproblemen der Antarktis sollte man nicht verpassen.

<u>Strände</u>: Ein Ausflug zum Strand läßt sich oft mit einer kleinen Wanderung und interessanten Naturbeobachtungen verbinden. Die Uferzonen des **Avon-Heathcote-Ästuars** eignen sich hervorragend zur Vogelbeobachtung. Besonders artenreich ist

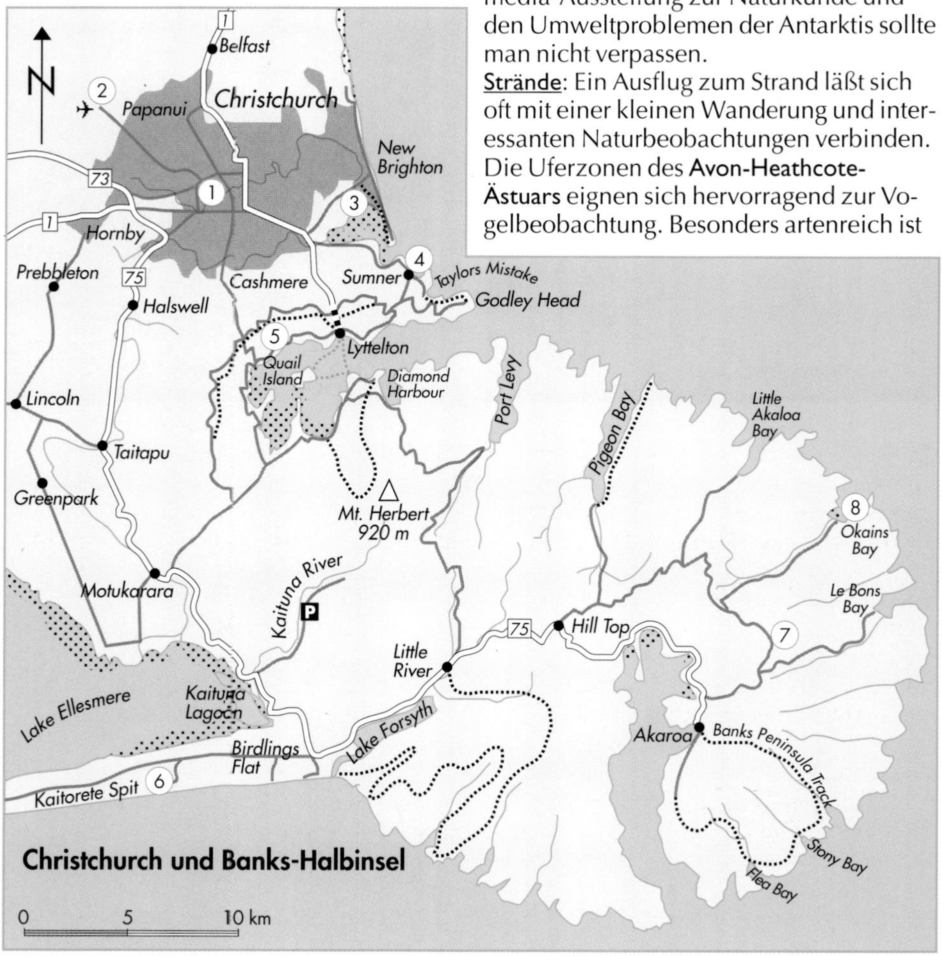

Christchurch und Banks-Halbinsel

die Umgebung der Wasseraufbereitungsteiche (»Oxidation Ponds«). Von **New Brighton** ③ führt der Estuary Walk (1 Std.) am Watt entlang zu der langen Sandnehrung von South Shore. Bei hoher Flut rasten am Ende der Landspitze zahlreiche Watvögel und Seeschwalben.
In **Sumner** ④ sollte man die Brutkolonie der Tüpfelscharbe (S. 52) am Scarborough Head beachten. Der aussichtsreiche Rundweg Mouldeys Track ersteigt die steilen Klippen am Ostende des Strandes (1 Std.). Die geschützte Sandbucht **Taylor's Mistake** liegt etwa 2 km südlich. Den einsamen Badeort erreicht man über die Straße oder einen rauhen Fußpfad. Hier beginnt eine exponierte Wanderroute zum Eingang des Lyttelton Harbour (Rundweg über Godley Head: 3 Std.).
Port Hills: Die lohnende Höhenstraße **Summit Road** verläuft entlang des Kraterrandes, der Christchurch von seinem Hafen Lyttelton trennt. Eine parallele Fußroute, der **Crater Rim Walkway** ⑤ (1–6 Std.), eröffnet herrliche Ausblicke über den tiefen Naturhafen. Am Wegrand gedeiht das spitzblättrige »Speargras« (s.S. 142). Die vulkanischen Landformen der Halbinsel bieten eindrucksvolle Fotomotive. Man kann die Hügel auch per Gondelbahn erreichen (Pendelbus vor dem Informationszentrum).
Lake Ellesmere: Diese große Lagune, etwa 35 km südlich der Stadt, wird vor allem Vogelfreunde interessieren. Mehr als 150 Vogelarten finden hier einen Lebensraum. Unter den Wasservögeln fallen neben eingeführten Kanadagänsen und Schwarzschwänen die neuseeländischen Halbmond-Löffelenten auf. Das Purpurhuhn (S. 101) stolziert oft über die umliegenden Weiden, während das scheue Zwergsumpfhuhn sich an die Uferzone hält. Zu den zahlreichen Regenpfeifern, die das Gebiet besuchen, zählt auch der endemische Schiefschnabel. Er brütet auf Schotterbänken in den nahegelegenen breiten Wildflußbetten von Canterbury. Mit sei-

Der Schiefschnabel zieht im Spätherbst an die Watte der Nordinsel.

nem zur Seite gebogenen Schnabel kann er unter Steinen Nahrung finden. Südöstlich der Ortschaft Leeston führt ein kurzer Fußweg zum Vogelschutzgebiet **Harts Creek** (Infoblatt/Artenliste vom DoC in Christchurch).
Die 28 km lange Nehrung **Kaitorete Spit** ⑥, die das Haff vom offenen Meer trennt, lädt zu einer einsamen Küstenwanderung ein. Hier wächst die seltene, orangefarbene Dünensegge Pingao (S. 127) und eine lokalendemische Leguminose der Gattung *Carmichaelia*. Vor der kleinen Feriensiedlung **Birdlings Flat** tummeln sich Hectordelphine in der Brandung. Unter den zahlreichen arktischen Sommerbesuchern entdeckt man vor allem Steinwälzer sowie verschiedene Strandläufer und Schnepfen. Zwischen den Dünen brütet der endemische Doppelband-Regenpfeifer (S. 173).
Banks-Halbinsel: Der östliche Abschnitt der Summit Road bietet die Möglichkeit, einen Besuch im französisch geprägten Fischerdorf **Akaroa** zu einer reizvollen Rundfahrt auszudehnen. Entlang der spektakulären Höhenstraße empfiehlt sich ein Zwischenstop im Naturschutzgebiet **Otepatotu** ⑦, wo uns windgepeitschte Totarabäume begrüßen. Unter Felsklippen wächst der breitblättrige Schopfbaum »Mountain Cabbage Tree« (S. 70). Die grüne Oase bietet Zwergschlüpfern und Maorischnäp-

pern (S.126) Insektennahrung. Der Rundweg (1 Std.) durch Totara-Reliktwald zum herrlichen Aussichtspunkt läßt ahnen, wie die gesamte Halbinsel noch vor 150 Jahren aussah. Auch Farnfreunde kommen hier auf ihre Kosten.

Die **östlichen Buchten** der Halbinsel mit ihren einsamen Sandstränden lohnen zumindest einen Abstecher. An den äußeren Felsküsten lädt die interessante Litoralzone zur Erkundung ein. Hier stößt man auf den Seetang »Bullkelp«, eine der größten Braunalgen (S.168). In **Okains Bay** ⑧ kann man schwimmen und das hübsche Maori- und Pionier-Museum (Tel. 03-3048611) ansehen. Weißwangenreiher (S.36) und andere Watvögel besuchen das kleine Ästuar. Bei Ebbe sollte man die artenreichen Felstümpel der vulkanischen Flachküste erkunden.

Ein besonderes Erlebnis ist der 29 km lange **Banks Peninsula Track**, eine reizvolle 4-Tages-Wanderung durch das abgelegene Südostende der Halbinsel. Der Weg kreuzt ein Schutzgebiet und führt zu einsamen Buchten, in denen Pinguine brüten und Seebären (S.133) rasten. Hütten-Buchung beim Infobüro Adventure Canterbury oder direkt über Tel. 03-3047612.

Die aasfressende Sumpfweihe hat durch die Ausbreitung der Landwirtschaft profitiert.

Schiffsausflüge: ❐ Vom Hafenort **Lyttelton** verkehrt ein reguläres Fährschiff nach Diamond Harbour. Diese günstige Bootsfahrt läßt sich mit einer schönen Rundwande-

◁ Auf der Insel Quail Island prägen alte Monterey-Zypressen die Kulturlandschaft. An den Felsklippen finden Scharben und Möwen geeignete Nistplätze.

Ein Zwergpinguin während der Mauser. ▷

rung auf der Insel **Quail Island** verbinden (2,5 Std.). Hier sind Seeschwalben, Möwen und Scharben zu beobachten.
Bei Diamond Harbour lädt ein kleiner Sandstrand zum Schwimmen ein. Dort beginnt auch der aussichtsreiche **Mt. Herbert Walkway**, der über 900 m zum höchsten Berg der Halbinsel aufsteigt (Rundweg 7 Std.). Der Pfad durchquert Tussock-Grasland, kleinere Reliktwälder und eine Hochfläche mit subalpinen Pflanzen (Fähr-Fahrplan vom Verkehrsbüro oder direkt über Tel. 03-3288368).

❐ Canterbury Sea Tours bietet vom Strandort **Sumner** aus Rundfahrten mit Tierbeobachtungen an (Voranmeldung: Tel. 03-3266756). Man sieht unzugängliche Vogelfelsen und von Oktober bis April meist auch die Hectordelphine.

❐ Von **Akaroa** aus werden reizvolle Hafenfahrten angeboten, auf denen man oft Hectordelphinen, Weißflügelpinguinen und Seebären (S. 133) begegnet (Akaroa Harbour Cruises, Tel. 03-3047641).
Per **Kajak** kann man Tiere wie die Tüpfelscharbe »hautnaher« erleben. Leihboote und geführte Touren bietet Banks Peninsula Sea Kajaks (Tel. 03-3048776).

Praktische Tips

Anreise
Der CTB-Kiosk am Cathedral Square informiert über Busverbindungen zu den stadtnahen Wanderwegen in Brighton, Sumner und Cashmere. Lake Ellesmere und Banks Peninsula erreicht man über Highway 75, tägliche Busverbindungen nach Akaroa.

Klima/Reisezeit
Die Region erhält genügend Sonne (1830 Std. pro Jahr), um Weinreben anzubauen; Sommertemperaturen bis maximal 30°C, im Winter durchschnittlich 8–10°C. Wenig Niederschläge; häufig starke Föhnwinde (»Norwester«); ein generell rauheres Klima auf der exponierten Halbinsel. Beste Reisezeit: September bis Mai.

Unterkunft
Banks Peninsula bietet auch außerhalb von Akaroa reizvolle Unterkünfte auf Farmen, Jugendherbergen und Campingplätzen (z.B. Okains Bay). Nähere Informationen von den Verkehrsbüros in Akaroa und Christchurch.

Adressen
Department of Conservation (DoC):
➩ Canterbury Conservancy Office, 133 Victoria St., Christchurch, Tel. 03-3799758.

Verkehrsbüro, nützliche Info-Stellen:
➩ Canterbury Information Centre, Cnr Worcester Bvd. & Oxford Terrace, Christchurch, Tel. 03-3799629;
➩ Adventure Canterbury, Cnr Worcester Bvd. & Oxford Terrace, Christchurch, Tel. 03-3799629;
➩ Automobil Association, 210 Hereford St., Christchurch, Tel. 03-3791 280.

N 1 Otago-Halbinsel

Dunedin, die zweitgrößte Stadt der Südinsel, nennt sich stolz »the wildlife capital of New Zealand«. Die vulkanisch geprägte Umgebung der Stadt wartet tatsächlich mit zahlreichen Natursehenswürdigkeiten auf. Hauptattraktion ist **Taiaroa Head**, die einzige Festland-Brutkolonie des mächtigen Königsalbatrosses (S. 166). Hier, am äußersten Ende der malerischen Halbinsel Otago, nisten auch Tüpfel- und Stewart-Island-Scharben. Im Sommer sollte man den geführten Rundgang vorausbuchen (Tel. 03-4780499).
Insgesamt besuchen mehr als 20 Seevogelarten die Küstengewässer der Halbinsel. In abgelegenen Buchten wie »Penguin Place« kann man den bedrohten Gelbaugenpinguin (s.S. 167) sehr gut beobachten. Am Spätnachmittag kehren die Tiere aus dem Meer zurück und wandern zu ihren Nestverstecken im Küstengebüsch. Für Vogelfreunde und Naturfotografen empfiehlt sich auch eine Schiffahrt durch den Naturhafen, die sonst unzugängliche Nistfelsen erschließt. Die Schlickwatten beherbergen Limikolen und gelegentlich Königslöffler. An reizvollen Sandstränden rastet der Neuseeland-Seelöwe (s.S. 166), während Seebären (S. 133) felsige Küstenpartien bevorzugen. Das Aquarium im Portobello Marine Laboratorium vermittelt einen guten Eindruck des Unterwasserlebens. Hier kann man auch eine Brückenechse (S. 93) bewundern. Fachkundig geführte Vogelsafaris bietet Twilight Tours; Auskunft und Buchung über Dunedins Visitor Centre (Tel. 03-4743300).

Die Halbinsel von Kaikoura lädt zu aussichtsreichen Wanderungen ein (N 3).

Eine Karstlandschaft zum Träumen im Hinterland von Karamea (N 5).

Blick über den Rotoiti-See. Der Südbuchenwald endet in einer markanten Linie an der Schneegrenze (N 4).

N 2 Nationalpark Arthur's Pass

Die kürzeste Verbindung zwischen Christchurch und der Westküste führt über den 920 m hohen Arthur's Pass. Die umliegende, rauhe Gebirgswelt formt das Kernstück eines über 100 000 ha großen Nationalparks. Wer den Alpenhauptkamm auf dem Highway 73 überquert, bekommt einen ersten Eindruck von der ökologischen Vielfalt dieses Naturraumes. Die trockenen Tussock-Grasfluren des Canterbury-Hochlandes werden in den östlichen Gebirgstälern zunehmend von Reinbeständen der Südbuche »Mountain Beech« abgelöst.
Um die Paßhöhe haben eiszeitliche Gletscher Moränenwälle hinterlassen. Ein interessanter Naturlehrpfad windet sich zwischen Moortümpeln durch subalpines Strauchwerk, Tussock-Büschel, Kräuter und Bergblumen. Ein kurzer Aufstieg erschließt die offenen Alpenmatten um das kleine Skigebiet Temple Basin.
Am deutlichsten wird der Vegetationskontrast an den regenreichen Westflanken des Hochgebirges. Hier gedeiht artenreicher Koniferen-Hartholz-Wald, den in tieferen Lagen zunehmend Baumriesen aus der Podocacarpaceen-Familie dominieren.
Es lohnt sich im Gebirgsdorf Arthur's Pass (737 m) eine Pause einzulegen. Am Straßenrand sind die neugierigen Keas unterwegs. Wer übernachtet (Herberge, Hotel, Motel) hört vielleicht nachts den schrillen Ruf des Haastkiwi. Das lehrreiche Besuchszentrum des Parks informiert über Wanderwege und Alpinrouten.
Sollte es in der Paßregion regnen oder gar schneien, kann man auf die sonnigere Ostseite ausweichen. Dort bergen die Seen, Wildflüsse und Kalkfelsen des nahen Waimakariri-Beckens zahlreiche Naturschätze. Im benachbarten **Craigieburn Forest Park** laden bewaldete Bergrücken und alpine Höhenzüge ebenfalls zu reizvollen Ausflügen ein.

Pottwale jagen hauptsächlich große Kalmare. Dabei tauchen sie bis 1000 m tief (N 3).

N 3 Kaikoura

Nur eine halbe Tagesreise nördlich von Christchurch befindet sich eine der abwechslungsreichsten Naturregionen Neuseelands. Die weite Bucht von Kaikoura verläuft vor der imposanten Kulisse eines fast 3000 m hohen Küstengebirges. Der geschäftige Ferienort war bis vor wenigen Jahren noch ein verschlafenes Fischerdorf. Direkt vor der Küste treffen kalte, subantarktische Meeresströmungen auf warme, nördliche. Dadurch entstehen nährstoffreiche Fischgründe, ideal für Seevögel, Hummer und Meeressäuger. **Pottwale**, die regelmäßig diese Gewässer aufsuchen, sind für den plötzlichen Besucherzulauf verantwortlich. Die faszinierenden Ungetüme, die hier 1964 noch gejagt wurden, können heute von Motorbooten und Helikoptern aus betrachtet werden. Wer Meeressäuger »hautnah« erleben will, kann sogar unter Anleitung zwischen Delphinen und Robben schwimmen.
Kaikoura hat jedoch noch einiges mehr zu bieten: Hobbyfotografen sei bei Ebbe eine Rundwanderung um die vorgestreckte Halbinsel empfohlen. An flachen Kalksteinschelfen rasten Seebären (S. 133) und stolzieren Watvögel. Neben Tausenden von Weißkopflachmöwen brüten auch

Taraseeschwalben (S. 103) und Maorimöwen (S. 63). Das Felslitoral des Marin-Reservats lohnt schon allein wegen seiner 45 Algenarten einer näheren Erkundung. Bei all diesen Küstenaktivitäten sollte man jedoch nicht das reizvolle Hinterland vergessen. Seine alpinen Höhen, sattgrünen Regenwälder und artenreichen Ententeiche warten mit schönen Naturerlebnissen.

N 4 Nelson-Lakes-Nationalpark

Die Hauptattraktion dieses fast 100 000 ha großen Schutzgebietes sind die beiden Glazialseen Rotorua und Rotoiti. Sie füllen zwei schmale Täler zwischen den Nordausläufern der Südalpen. Das kleine Bergdorf St. Arnaud liegt am Ufer des Lake Rotoiti, etwa 1,5 Stunden Fahrtzeit von Nelson oder Blenheim entfernt. Hier findet man neben Unterkünften und Zeltplätzen auch das informative Besuchszentrum des Nationalparks. Ein gutes Netz von Wander- und Spazierwegen erschließt den Park. In den herrlichen Südbuchenwäldern der Wildtäler und Bergflanken lebt der Buschpapagei Kaka (S. 151). Kurze Aufstiege durch verschiedene Vegetationszonen führen zu interessanten alpinen Matten. Hier sind die Keas (S. 108) in ihrem Element. Der leichte Tagesausflug auf den Mt. Robert bietet neben schönen Ausblicken auch einen guten Eindruck der Bergflora. Wer mehr Zeit hat, kann tagelang zu abgelegenen Karseen oder über einsame Bergpässe wandern und unterwegs in Parkhütten übernachten.

N 5 Gegend um Karamea

Nördlich von Westport hält die Westküste der Südinsel einige ihrer schönsten Naturgeheimnisse »versteckt«. Der reizvolle Highway 67 endet nach etwa 100 km am Ausgangspunkt des berühmten **Heaphy Track**. Wenige Kilometer südlich liegt der verschlafene Ferienort Karamea (Herberge, Hotel, Info-Zentrum). Von hier führen herrliche Wanderungen in die Wildniswelt des Kahurangi-Nationalparks. Besonders reizvoll ist die Karstlandschaft des **Oparara-Beckens** mit ihren romantischen Felsbrücken, Höhlen und Flußtälern. Der fruchtbare Kalkboden trägt einen artenreichen Mischwald von Podocarpaceen und Südbuchen. Geführte Exkursionen erschließen das Honeycomb-Höhlensystem. Hier stößt man auf die subfossilen Knochenreste ausgestorbener Moavögel. In Leihkanus lassen sich die glasklaren Flüsse und Lagunen erforschen.

N 6 Whanganui-Nationalpark

Der fast 75 000 ha große Park umfaßt größtenteils Tieflandurwälder im Einzugsgebiet des Wanganui-Flusses. Damit bildet er eine seltene Ausnahme unter den meist hochgelegenen Schutzgebieten des Landes. Der für 240 km schiffbare Fluß entspringt an den Flanken des Tongariro-Vulkans und mündet bei der Stadt Wanganui in das Tasmanische Meer. Die kurvenreiche, teilweise ungeteerte **»River Road«** windet sich von Raetihi nach Wanganui durch eine reizvolle Flußlandschaft. Unterwegs stößt man auf lebendige Maori-Siedlungen, verschiedene historische Relikte und einzelne Wanderwege. Von Pipiriki aus werden Jetbootfahrten flußaufwärts angeboten.

Als eigentliche Hauptattraktion gilt jedoch die Urwaldwildnis des Oberlaufs, südlich der Ortschaft Taumaranui. Vom Straßenende bei Whakahoro (Wades Landing) nach Pipiriki führt eine 4- bis 5-tägige Kanustrecke, die sich wegen ihres sanften Gefälles auch für unerfahrene Anfänger, Familien und ältere Abenteurer empfiehlt. Am Ufer liegen kleine Zeltplätze und über den steilen Klippen wächst eindrucksvoller Regenwald. Man paddelt durch tiefe Schluchten, die weder Straßen noch Wege

Eine Brücke nach nirgendwo: Die »Bridge to Nowhere« erinnert an erfolglose Siedlungsversuche (N 6).

kennen. Zwischen November und April kann man sich jede Woche einer geführten Kanusafari anschließen, bei der Ausrüstung, Essen sowie Transport von und nach Ohakune (Tongariro-Nationalpark) gestellt werden. Man sollte sich jedoch rechtzeitig anmelden. Über die genauen Daten und Preise informiert: Naturally N.Z. Holidays, Auckland, Tel. 09-4865327 (s. S. 187).

N 7 Cape Kidnappers

Das Kap Kidnappers, etwa 30 km von Napier entfernt, bildet den südlichen Abschluß zur Hawkes Bay. Am äußeren Ende der Halbinsel liegt eine der wenigen Festland-Brutkolonien des Australtölpels (S. 29), die man von Ende Oktober bis Ende Juni besuchen kann. Ein besonderes Erlebnis bietet die 8 km lange Wanderung zum Vogelschutzgebiet entlang der exponierten Steilküste. Dabei sollte man etwa 3 Stunden nach dem höchsten Tidenstand vom Campingplatz Clifton loswandern und das Kap spätestens 1,5 Stunden nach Ebbe wieder verlassen. Die steilen Klippen zeigen eine eindrucksvolle Strata aus jungen Sedimentschichten: Weißer feinkörniger Bims wechselt mit Kieselkonglomerat und fossilienreichem Sandstein. Die Tölpel legen zwischen Mitte September und Mitte Dezember pro Nest 1 Ei. Bis April haben die meisten Vögel die Kolonie verlassen und sind nach Australien gezogen. Ab Ende Juli kehren sie an ihren Brutplatz zurück, während die Jungvögel bis zu 3 Jahre fortbleiben. Wegen der Brutaktivität gelten November und Dezember als beste Besuchsmonate. Wer nicht so weit wandern möchte, kann sich einer Fahrt anschließen oder beides kombinieren.

N 8 Pureora Forest Park

Dieses über 70 000 ha große Waldgebiet südwestlich von Rotorua birgt einige der letzten dichten Podocarpaceen-Bestände der Nordinsel. Hohe endemische Koniferen findet man vergleichbar artenreich nur noch östlich von Taupo im **Whirinaki Forest Park** (S. 73). Als vor etwa 2000 Jahren der Taupo-Vulkan explodierte, begrub er den östlichen Pureora-Wald unter einer dicken Ascheschicht aus Bims. Hier wachsen heute die besten Mischbestände von Miro, Matai, Rimu und Totara zwischen einzelnen Tanekaha und Kahikatea-Riesen. Um den höchsten Gipfel Mt. Pureora (1165 m) gedeiht kleinflächig subalpine Vegetation.
Das informative Besuchszentrum an der Waimiha Road erreicht man über Highway 30 zwischen Mangakino und Te Kuiti. Von hier führt der Naturlehrpfad »Totara Walk« durch herrlichen Tieflandwald, weitere Wanderwege erschließen die Umgebung. Verschüttete Urwaldrelikte zeugen von der enormen Zerstörkraft des Taupo-Ausbruchs (s.S.76).

Dünenvegetation im Te Paki Farmpark. Die Umgebung lädt zu herrlichen Strandwanderungen ein (N 11).

Wegen seiner zahlreichen Waldvögel empfiehlt sich Pureora besonders für ornithologisch Interessierte. In den dichten Wäldern überlebte eine der letzten Populationen des endemischen Graulappenvogels (S. 40). Am Ende der Bismarck Road läßt sich der primitive Flieger frühmorgens gut beobachten.

N 9 Karstregion Waitomo

Etwa 75 km südlich von Hamilton befindet sich ein Kalksteingürtel, der vor etwa 12 Mio. Jahren über den Meeresspiegel aufgeworfen wurde. Tausende von Touristen bestaunen täglich die berühmten Tropfsteingrotten dieses Gebietes. Besonders beliebt ist die unterirdische Bootsfahrt bei Waitomo, auf der man durch ein Lichtermeer von Glühwürmchen gleitet. Nur wenige Besucher nehmen sich Zeit das reizvolle Umland näher zu erkunden. Das lohnende »Museum of Caves« infor-

Rote Blütenpracht zur Weihnachtszeit: Pohutukawa.

miert über abenteuerliche Exkursionen in die unterirdische Wunderwelt, Wanderwege und Unterkunft. Einen ersten Eindruck der herrlichen Karstlandschaft vermittelt der **Waitomo Walkway** (5 km). Zwischen hügeligem Farmland stehen attraktive Restbestände aus artenreichem Tieflandwald, Territorium des Maorifalken (S. 81). Richtung Westküste, wenige Fahrminuten entlang der Te Anga Road, erreicht man die Schutzgebiete **Mangapohue, Pipiri** und **Marokopa.** Kalkbrücken, Cavernen und Wasserfälle bieten dort romantische Wanderziele.

N 10 Great Barrier Island

Die Insel Great Barrier mißt von ihrem südlichsten Punkt bis zur Nordspitze etwa 40 km und zählt weniger als 500 Einwohner. Das herrliche Naturparadies ist von Auckland aus per Schnellboot in weniger als 2 Stunden zu erreichen (Fullers Cruises, Tel. 09-3679111). Die größte Küsteninsel des Nordens bildet im geologischen Sinn eine Verlängerung der Halbinsel Coromandel (S. 48). So verwundert es nicht, daß die natürliche Vegetation beider Gebiete ähnlich artenreich ist. Auch auf Great Barrier wurden die Kauri-Urwälder zu Beginn dieses Jahrhunderts gerodet. Heute bedeckt attraktiver Sekundärwald das Hügelland.
Da eingeführte Marder, Beuteltiere und Hirsche fernblieben, weisen die heimischen Tier- und Pflanzenbestände eine seltene Vielfalt auf. In den nördlichen Wäldern überlebten Papageien, Graulappenvögel und Urfrösche. Feuchtgebiete beherbergen Wasservögel wie die seltene Aucklandente (S. 31). An den Klippen der rauhen Westküste nisten Sturmtaucher. Limikolen suchen in den Schlickästuaren der sanfteren Ostküste nach Nahrung.
Der Great Barrier Forest Park umfaßt etwa zwei Drittel der Inselfläche. Ein gutes Netz von Wanderwegen und 65 km rauher Pisten laden zur Erkundung ein. Besonders reizvoll ist der Aufstieg zum **Mt. Hobson** (621 m), dem höchsten Punkt der Insel. In Gästehäusern sowie auf zahlreichen naturnahen Zeltplätzen kann man übernachten. Detailliertes Info-Material vom Parks Information Centre in Auckland (s.S. 31).

N 11 Te Paki Farmpark

Wo der 102 km lange Sandstrand Ninety Mile Beach endet, erstreckt sich zwischen dem Nordkap und Kap Maria van Diemen ein herrliches Schutzgebiet. Der 23 000 ha große Farmpark umfaßt u. a. die Halbinsel **Cape Reinga.** Am Horizont vermischen sich die Wasser des Südpazifik und der Tasmansee in einem beeindruckenden Farbenspiel. An die Klippen klammert sich der spirituell wohl bedeutsamste Baum des Landes, ein uralter, windgepeitschter Pohutukawa. Von seiner Wurzel sollen die Seelen der verstorbenen Maori ins Meer gleiten, um in das Land ihrer Ahnen zurückzukehren.
Die äußerste Nordspitze Neuseelands birgt für den Naturfreund noch weitere Schätze: Als eigenständige ökologische Region beherbergt sie einige der seltensten Pflanzen des Landes. Vor dem Kap Maria van Diemen nistet der endemische Schwarzflügel-Sturmvogel. Am Sandstrand der Spirits Bay versammeln sich im März Tausende von Pfuhlschnepfen (S. 106) für den 12 000 km langen Vogelzug in die sibirische Tundra. Die umliegende Dünenlandschaft mit ihren Sumpfgebieten, Lagunen und Seen bietet Lebensraum für Wasservögel, Reiher, Rohrdommeln und Limikolen. Im dichten Gestrüpp finden Farnsteiger (S. 108), Geckos und Flachsschnecken Unterschlupf.
Zahlreiche Wanderrouten erschließen diese Wunderwelt; 2 Zeltplätze bieten einfachen Komfort. Die DoC-Büros in Waitiki Landing, Kaitaia und Russell (s.S. 37) führen hilfreiche Broschüren.

Reiseplanung

Vor der Reise

Informationen

Neuseeland unterhält in Frankfurt ein Fremdenverkehrsamt, das auch für Österreich und die Schweiz zuständig ist:
➪ Friedrichstraße 10–12, 60323 Frankfurt, Tel. (069) 9712110, Mo–Fr 9–17.30 Uhr.
Diplomatische Vertretungen gibt es in Bonn und Genf.

Einreise

Touristen aus Deutschland, Österreich und der Schweiz benötigen einen Reisepaß, der mindestens 3 Monate über das geplante Ausreisedatum hinaus gültig ist. Man sollte auch genügend finanzielle Mittel für den Aufenthalt (etwa 1000 NZ $ pro Monat) sowie ein Ausreiseticket vorweisen können. Es besteht keine Impfpflicht. Ankommende Touristen erhalten meist eine Aufenthaltsgenehmigung für 3 Monate. Filialen des Immigration Service verlängern diese normalerweise problemlos um weitere 3 Monate, soweit man die oben genannten Voraussetzungen erfüllt.
Das Fremdenverkehrsamt in Frankfurt informiert über aktuelle Bestimmungen und die Formalitäten für einen längeren Aufenthalt.

Gesundheit

Neuseeland hat ein gut ausgebautes Gesundheitssystem von Krankenhäusern, Fachärzten, Apotheken und Optikern. Man sollte jedoch eine Reiseversicherung mit Krankenschutz abschließen. Besonders für Wanderungen benötigt man eine Reiseapotheke mit Verbandsmaterial usw. Sie sollte auch ein hochwirksames Sonnenschutzmittel enthalten. Das Leitungswasser ist überall trinkbar. In Schutzgebieten sollte man sich beim DoC erkundigen, ob das Quellwasser keimfrei ist.

Devisen und Zoll

Es gilt der Neuseeländische Dollar (NZ$). Beim Währungsverkehr existieren keine Devisenbeschränkungen, persönliche Gegenstände und Kleidung dürfen zollfrei eingeführt werden. Großbanken tauschen gängige Reiseschecks in DM oder SFr problemlos ein, Kreditkarten werden landesweit akzeptiert.
HINWEIS: Die Mitnahme von Eßwaren, sowie allen pflanzlichen und tierischen Produkten ist strengstens beschränkt. Wanderschuhe, Campingausrüstung und Fahrrad sollten sauber sein. Um die Agrarwirtschaft zu schützen, werden ankommende Flugzeuge zur Desinfektion innen besprüht.

Reisezeit

Die Jahreszeiten sind den europäischen entgegengesetzt. Einzelheiten über das Klima auf S. 13. Wegen der starken regionalen Wetterunterschiede sollte die Reiseroute flexibel sein. Wenn es an der Westküste regnet, kann im Osten die Sonne scheinen – und umgekehrt. Detailangaben bei den Hauptreisezielen, wo auch ganzjährige Wandergebiete erwähnt sind. Ansonsten empfehlen sich zum Wandern die Monate November bis April, zum Skifahren Juli bis September. Die Periode von Weihnachten bis Ende Januar sollte man vermeiden, da neuseeländische Sommerurlauber dann die Nationalparks überfüllen.

Anreise

Vor allem von Frankfurt und Zürich, aber auch von Wien gibt es sehr gute Flugverbindungen nach Neuseeland. Immer mehr Flüge stoppen unterwegs nur noch einmal, entweder in Singapore bzw. Hongkong (Ostroute), in Los Angeles (Westroute) oder in Tokyo (Polarroute). Man ist jeweils zwischen 28 und 32 Stunden unterwegs. Bei dem großen Angebot, auch an Stopover-Möglichkeiten empfehlen sich unbedingt Preisvergleiche. Viele Urlauber fliegen die Nordinsel (Auckland) an und kehren von der Südinsel (Christchurch) zurück (z.B. mit Singapore Airlines). Dieser Variante entspricht auch die Anordnung unserer Hauptreiseziele.

Reisen im Land

Mit Auto oder Wohnmobil

Obwohl Neuseeland ein relativ gut ausgebautes öffentliches Verkehrsnetz hat, empfiehlt sich für eine Rundfahrt zu den oft abgelegenen Naturschutzgebieten das eigene Fahrzeug. Ein Wohnmobil, das man bereits vor der Abreise reservieren sollte (Reisebüro), ermöglicht schöne Naturerlebnisse. Man kann »naturnah« übernachten, nachtaktive Tiere belauschen und frühmorgens Vögel beobachten. Dasselbe gilt für die Kombination PKW/Zelt, bei der man etwas unabhängiger ist; man kann gelegentlich im Hotel schlafen oder einmal mehrere Tage wandern. Neben den international bekannten Mietfirmen gibt es verschiedene Kleinunternehmen. Insbesondere bei längeren Mietperioden lohnen sich Preisvergleiche. Man muß mindestens 21 Jahre alt sein und benötigt einen nationalen Führerschein, den man länger als ein Jahr besitzt.

Tips für Autofahrer
In Neuseeland herrscht Linksverkehr, auf Landstraßen ist die Geschwindigkeit auf 100 km/h, in Städten auf 50 km/h beschränkt. Auf Vordersitzen besteht Gurtpflicht, Rechtsabbieger haben Vorfahrt. Über weitere Regeln und die Verkehrszeichen informiert die Automobil Association («AA«), ein nationaler Automobilklub mit Filialen in allen größeren Ortschaften (s.S. 31 und S. 177). Mitglieder der meisten europäischen Automobilklubs können gegen Vorlage ihres Ausweises dort Leistungen beanspruchen und erhalten kostenlos Kartenmaterial.
Die Straßen sind oft kurvenreich, schmal und teilweise ungeteert. Auch blockieren häufig Farmtiere die Fahrbahn, und man trifft viele Radfahrer an. Bitte in den Naturschutzgebieten besonders vorsichtig fahren und auf Wild, Pinguine oder die nachtaktiven Kiwis achten!

Andere Reisemöglichkeiten

Bus
Zwischen allen Städten des Landes sowie den meisten der beschriebenen Hauptreiseziele verkehren Linienbusse. Die bekanntesten Unternehmen heißen Intercity (auch Züge), Mount Cook und Newmans. In den Sommermonaten empfiehlt es sich, einen Sitzplatz zu reservieren. Für längere Rundfahrten lohnt sich der Kauf einer Netzkarte wie »Kiwi Coach Pass« oder »Travelpass«. Der Inhaber kann innerhalb eines bestimmten Zeitraumes umbegrenzt reisen, beim »Travelpass« auch mit Zügen und Fähre.

Bahn
Das Bahnnetz verbindet größere Städte, erschließt aber mit wenigen Ausnahmen keine Nationalparks. Dennoch ist die Bahnreise ein Erlebnis. Besonders schöne Strecken führen von Christchurch nach Greymouth (über Arthur's Pass, s.S. 180) und von Christchurch nach Picton (über Kaikoura, s.S. 180). Zwischen Auckland und Rotorua (s.S. 56) verkehrt ein Panoramazug, ebenso von Dunedin (s.S. 178) in die Taieri-Schlucht.

Flugzeug
Die Fluggesellschaften Ansett und Air New Zealand bieten zusammen mit kleineren Unternehmen ein dichtes Liniennetz an. Die Flugtarife sind günstig, man sollte aber

spätestens eine Woche vor dem geplanten Flugdatum reservieren, um die verbilligten Plätze zu erhaschen. Auf manchen Linienflügen genießt man bei klarem Wetter herrliche Aussichten. Wer z. B. von Wellington nach Nelson fliegt, überblickt das Buchtenlabyrinth der Marlborough Sounds. Es gibt auch zahlreiche Möglichkeiten für Rundflüge mit Helikoptern oder Propellermaschinen.

Schiff

Insbesondere für Vogelfreunde empfehlen sich Bootsfahrten, die überall angeboten werden. Neben verschiedenen Seevögeln sieht man oft Meeressäuger und erreicht interessante Inseln. Besonders im Golf von Hauraki (s.S. 29), in der Bay of Islands (s.S. 36), in den Marlborough Sounds (s.S. 94) und auf Stewart Island (s.S. 163) erschließen Schiffsausflüge herrliche Naturgebiete. Zwischen der Nord- und Südinsel (Wellington-Picton) verkehren regelmäßig Autofähren, in vielen der größeren Naturhäfen findet man Personenfähren. Ornithologische Kreuzfahrten führen nach Fiordland und zu den subantarktischen Inselgruppen (s. »Organisierte Touren«).

Fahrrad

Der Fahrradurlaub in Neuseeland wird immer populärer. Wegen ihrer geringen Verkehrsdichte und abwechslungsreichen Landschaft sind die beiden Hauptinseln ideal geeignet. Man muß allerdings mit zahlreichen Steigungen rechnen und sollte nicht vor Schotterstraßen zurückschrecken, um die schönsten Gebiete zu erleben. Seit 1994 sind Schutzhelme auch für Fahrradfahrer vorgeschrieben. Die meisten Fluggesellschaften transportieren das Fahrrad kostenlos als zweites Gepäckstück.
Man kann auch in Neuseeland einzelne Streckenabschnitte mit Flugzeugen, Bussen, Bahnen oder Schiffen überbrücken. Neuseeländische Spezialisten bieten Rundtouren an, bei denen ein Begleitbus

Neuseeland einmal anders. Auf dem Drahtesel durch eine herrlich grüne Landschaft.

mitfährt und alle Ausrüstung gestellt wird (s. »Organisierte Touren«).

Organisierte Touren

Zahlreiche Veranstalter organisieren Naturexkursionen mit Minibussen, Booten, Allradfahrzeugen und selbst per Kajak, Kanu oder Pferd. Eine neuseeländische Spezialität sind **geführte Wanderungen**, bei denen man meist in komfortableren Privathütten übernachtet. Sie sind u.a. für die Fernwanderstrecken Milford, Routeburn, Greenstone, Hollyford und Abel Tasman erhältlich. Man muß keine schweren Lasten schleppen, nicht kochen und bekommt sowohl Rucksack wie Schlafsack gestellt. Alle geführten Wanderungen, verschiedene Naturexkursionen und Radtouren sowie ornithologische Kreuzfahrten vermittelt:

➩ **Naturally New Zealand Holidays,**
P.O. Box 33940, 18 Northcroft ST., Takapuna, Auckland, Tel. 09-4865327; Telefax von Europa aus: 00649-4865328.

Sonstiges

Unterkunft

Es gibt Unterkünfte in allen Preisklassen, vom exklusiven Retreat und der abgelegenen Lodge bis zum Hotel oder einfacheren Motel. Auf Campingplätzen kann man oft eine kleine Hütte (»Cabin«) oder einen Caravan mieten (Schlafsack benötigt). Für Rucksackreisende ohne Altersgrenze gibt es Jugendherbergen oder private »Backpacker-Hostels«.

Wer neuseeländischen Lebensstil schnuppern möchte, kann auch auf Bauernhöfen (»Farmstay«) und in Privathäusern (»Homestay«) übernachten. Man sollte sich telefonisch anmelden, Adreßlisten von den Verkehrsbüros.

Kleidung

Im allgemeinen informell und auf jeden Fall bequem. Ein warmer Pullover gehört zu jeder Jahreszeit ebenso ins Gepäck wie ein atmungsaktiver Regenschutz, feste Wanderschuhe und ein Sonnenhut. Neuseeländer wandern am liebsten in kurzen Hosen, weil sie bequemer sind und nicht naß an den Beinen »kleben«. Schmutzige Wäsche kann man in den Münzmaschinen der öffentlichen Waschsalons, auf Campingplätzen und in Unterkünften selbst waschen.

Elektrizität

230 Volt/50 Hertz Wechselstrom; einen Adapter für den dreipoligen Flachstecker erhält man vorort in Elektrogeschäften wie »Dick Smith«.

Telefon

Die meisten Telefonkabinen erfordern eine Telefonkarte, die man bei Kiosken und Geschäften kauft. In speziellen kabinen kann man die eigene Kreditkarte benützen. Selbstgewählte internationale Gespräche sind relativ preisgünstig, besonders von 24–8 Uhr;Vorwahl für Deutschland 0049, für Österreich 0043 und für die Schweiz 0041.

Öffnungszeiten

- ➭ Geschäfte: Meist Mo–Fr 9–17 Uhr, an manchen Orten auch Sa 9–12 Uhr, dazu in den großen Städten eine Abendöffnung pro Woche (»Late Night Shopping«).
- ➭ Banken: Mo–Fr 9–16.30 Uhr.
- ➭ Post: Mo–Fr 8.30–17 Uhr.

Zeit

Während der neuseeländischen Sommerzeit (Oktober bis März) meist MEZ +12 Stunden, in den übrigen Monaten meist MEZ + 10 Stunden.

Diplomatische Vertretung

- ➭ Embassy of the Federal Republic of Germany, 90–92 Hobson St., Wellington 1, Tel. 04-4736063;
- ➭ Embassy of Switzerland, 22–24 Panama St., Wellington 1, Tel. 04-4721593;
- ➭ Austrian General Consulate, 22–24 Garett St., Wellington, Tel. 04-8019709.

Unterwegs in der Natur

Wandern

Neuseeland ist ein Wanderparadies, es gelten jedoch einige Vorsichtsregeln:

- ❒ Vorallem in Gebirgsregionen kommt es oft zu Wetterstürzen; warme Kleidung, Regenschutz, Notproviant mitnehmen.
- ❒ An Küsten den Tidenstand beachten, nicht bei steigender Flut loswandern, Tidenzeiten lokal erfragen (beim DoC).
- ❒ Für Flußüberquerungen Schuhe anlassen, nie bei Hochwasser versuchen.
- ❒ Gutes Kartenmaterial ist Voraussetzung, erhältlich bei den DoC-Büros.
- ❒ Vor mehrtägigen Wanderungen das DoC informieren, unterwegs die Hüttenbücher ausfüllen und sich anschließend unbedingt beim DoC zurückmelden.
- ❒ Privates Farmland meiden oder nur mit ausdrücklicher telefonischer Erlaubnis betreten.

Zelt- und Hüttengebühren unterstützen den Naturschutz, bitte immer bezahlen!

Vogelbeobachtung

Arktische Zugvögel sowie heimische Limikolen und Wasservögel lassen sich sehr gut beobachten. Schiffahrten erschließen die überaus artenreiche Seevogelfauna. Für Waldbewohner braucht man viel Geduld. Man sollte sich Zeit nehmen, an einer Lichtung oder einem Bach ruhig sitzen, lauschen und schauen. Viele Waldvögel kann man anlocken, indem man einen feuchten Korken (oder etwas Styropor) gegen Glas reibt. Mit angespannten Lippen am Handrücken zu saugen, erzeugt ein ähnliches Geräusch. Wenn man etwas Erde aufkratzt, kommen Insektenfresser. Es empfiehlt sich ein Fernglas mit 7–8 facher Vergrößerung, für Watvögel ein Kleinteleskop (x 25). Ein gutes Bestimmungsbuch (s.S. 190) kauft man am besten in Neuseeland. Manche Souveniergeschäfte führen auch Toncassetten mit Vogelstimmen; Es ist schön wenn man beim Wandern Vogelrufe erkennen kann.

Einige Grundregeln fürs Beobachten:

❒ Nistkolonien vermeiden, ängstliche Brutvögel vernachlässigen ihre Eier und Kücken.

❒ Rastende Vögel nicht stören.

❒ Pinguine aus der Distanz beobachten.

❒ Wildvögel wie z. B. Keas nicht füttern.

Den nachtaktiven Kiwi wird man wild außer auf Stewart Island (s.S. 159) oder in Northland (s.S. 46) kaum entdecken. Viele Orte unterhalten Kiwihäuser und Volieren; interessanter sind die Aufzuchtsstationen der Naturschutzbehörde. Mount Bruce, 2 Autostunden nördlich von Wellington, empfiehlt sich wegen seiner seltenen Vögel und schönen Waldwanderwege ganz besonders:

➭ Mount Bruce National Wildlife Centre, Highway 2, Masterton, Tel. 06-3758004.

Naturprogramme

Wer zwischen Weihnachten und Anfang Februar einen Nationalpark besucht, sollte sich nach dem Sommerprogramm des DoC erkundigen. Fachkundige Ranger führen Wanderungen und bieten interessante Vorträge an. Eine Übersicht mit den Daten gibt es bei den DoC-Büros oder über:

➭ Department of Conservation Headoffice, P.O. Box 10420, Wellington.

Fotografie

Interessante Lichteffekte, schöne Stimmungen und herrliche Landschaften schaffen reizvolle Motive. Diafilme sollte man mitbringen, da sie in Neuseeland teuer sind. Bei starker Sonne etwa eine halbe Blende unterbelichten, Skylight- und Polfilter sind hilfreich. Für Tiermotive benötigt man unbedingt ein Teleobjektiv.

Nationalparks und Schutzgebiete

Über 19% der gesamten Landfläche Neuseelands sind geschützt. Darunter fallen 13 Nationalparks, 3 Maritimparks, 19 Forest Parks und etwa 4000 Reservate. Das Department of Conservation (DoC) verwaltet fast alle Schutzgebiete, die weitaus meisten sind frei zugänglich. Folgende Regeln sind immer und unbedingt zu beachten:

❒ Die einheimische Flora und Fauna ist strengstens geschützt!

❒ Abfall möglichst entfernen und außerhalb des Schutzgebietes entsorgen!

❒ Wasser nicht durch Waschen, Spülen, Toilettenabfälle usw. verschmutzen!

❒ Vorhandene WC benützen, ansonsten Toilettenabfälle vergraben; Wohnmobile nur an vorgesehenen Stationen entleeren!

❒ Vorsicht mit Feuer und Zigaretten; möglichst Campkocher benützen!

❒ Markierte Wege nicht verlassen!

❒ Die Erholung anderer respektieren!

❒ Orte von spiritueller Bedeutung für die Maori nur nach Rücksprache betreten!

Für alle Naturfreunde gilt die Grundregel:

»Außer Fotos nichts mitnehmen, außer Fußabdrücken nichts zurücklassen!«

Anhang

Literatur

Bishop, Nic (1992): Natural History Of New Zealand, Hodder & Stoughton, Auckland.

Brownsey, Patrisck J. und Smith-Dodsworth, John C. (1989): New Zealand Ferns And Allied Plants, David Bateman Ltd., Auckland.

Chambers, Stewart (1989): Birds Of New Zealand Locality Guide, Arun Books, Hamilton.

Collingwood, David und Sale, E.V., revised by Wright Joanna (1992): The Forest And Bird Book Of Nature Walks, Reed Publishing (NZ), Auckland.

Cumberland, K.B. (1981): Landmarks, Readers Digest, Sydney.

Falla, R.A., Sibson, R.B. und Turbott, E.G. (1979): The New Guide To The Birds Of New Zealand, Collins Publishers Ltd., Auckland.

Gaskin, Chris (1985): Remote the Lands Heart, Wildlife and landscape in southern New Zealand, John McIndoe Ltd., Dunedin.

Gunson, Dave (1983): Collins Guide To The New Zealand Seashore, Collins Publishers Ltd., Auckland.

Hüttermann, Armin (1991): Neuseeland, Kunst- und Reiseführer mit Landeskunde, Verlag W. Kohlhammer GmbH, Stuttgart.

Reader's Digest Services Pty Ltd. (1981): Wild New Zealand, Reader's Digest, Sydney.

Salmon, J.T. (1980): The Native Trees Of New Zealand, Reed Ltd., Wellington.

Smith-Dodsworth, John C. (1991): New Zealand Shrubs and Climbers, David Bateman Ltd., Auckland.

Stevens, Graeme R. (1980): New Zealand Adrift, Reed Ltd., Wellington.

Wilson, Hugh D. (1978): Field Guide Wild Plants Of Mount Cook National Park, Whitcoulls Ltd., Christchurch.

Wilson, Hugh D. (1982): Field Guide Stewart Island Plants, Whitcoulls Ltd., Christchurch.

Sehr empfehlenswert sind die Handbücher der Nationalparks. Department Of Conservation (diverse): The Story Of . . . . , Cobb/Horwood Publications, Auckland.

Bildnachweis

N. Bishop: 2/3, 14u, 20l, 21l, 39, 64ur, 77, 78u, 83, 84, 88, 115o, 121o, 121u, 122, 129u, 131u, 138ol, 139u, 144, 147, 155, 160ur, 161u, 168ur, 176u
W. Bittmann: 64ol
E. Cameron: 52ur
S.Courtney: 20r, 21r, 34o, 44, 70o, 86u, 87, 93, 138ul, 157, 168o, 183o
A. Dennis: 14o, 15o, 15u, 45u, 71o, 97u, 109u, 115u, 136, 138u, 156o, 160ul, 164, 165, 179o
Department of Conservation/T. Lilleby: 1, 24, 32/33, 69, 73, 100o, 120o, 123, 130, 148, 160o, 177, 183u
C. Emmler: 61u
Th. Grüner: 67, 101o
S. Heymons: 37o, 37u, 153u
G. Moon: 19, 29o, 29u, 34u, 35, 36or, 40o, 40m, 40u, 45o, 48, 49o, 52ol, 52or, 52ul, 64ul, 65, 68u, 70u, 71u, 76, 81, 82o, 86o, 89, 95u, 98, 100ul,101u, 103u, 108ul, 126u, 140, 145o, 150, 151, 156u, 158, 161o, 163, 169, 171l, 173m, 175
H. Reinhard: 166, 170
P. Rinsche: 66
M. Schellhorn: 11, 23, 25, 28/29, 28u, 30, 31, 36ol, 36u, 37, 41, 42o, 42u, 45m, 47o, 47u, 49u, 50, 51o, 51u, 53o, 53u, 56, 57, 59o, 59u, 60o, 60u, 61o, 63o, 63u, 64or, 68o, 74, 75, 78o, 79o, 79u, 82u, 86m, 90, 91, 94, 95o, 97o, 100ur, 101m, 103o, 104, 105, 106, 112, 113o, 113u, 117, 119, 120u,125u, 126o, 127, 129o, 131o, 133o, 133u, 134, 135, 141, 142/143, 143o, 143u, 145u, 152, 153o, 168ul, 171r, 172/173, 178, 179u, 182, 187
D. Shaw: 108ol, 108ur, 109o, 111, 118,
R. Wiss: 108or, 149, 176o, 180
M. Wunsch: 114, 125o, 138/139, 139o, 173u

Umschlagfotos: M. Schellhorn (vorn: »Cabbage Trees« im Westland-Nationalpark; hinten: Ratablüte, Kea; großes Foto: Lake Hawea)
Foto S. 1: Baumfarne in den Marlborough Sounds
Foto S. 2/3: Okarito-Lagune mit Blick auf Mt. Cook

Wörterbuch

Deutsch-Englisch-Latein

Wirbellose

Alpine Langfühlerschrecke/Alpine Scree Weta/ Heimideina maori

Blaue Miesmuschel/Blue Mussel/Mytilus edulis aoteanus
Bültengrasfalter/Tussock Butterfly/Argyrophenga antipodum

Captain-Cook-Zikade/Captain Cook Cicada/Amphipsalta zelandica

Flachs-Schnecke/Flaxsnail/Placostylus sp.

Gemeiner Feuerfalter/Common Copper/ Lycaena salustius
Gemeine Langfühlerschrecke/Common Tree Weta/Hemideina thoracica
Glühwürmchen/Glowworm/Arachnocampa luminosa
Gottesanbeterin/Praying mantis/Orthodera ministralis
Grünlippenmiesmuschel/Green-lipped Mussel/Perna canaliculus

Höhlenschrecke/Cave Weta/Gymnoplectron sp.

Jakobspilgermuschel/Scallop/Pecten novaezelandiae

Katipospinne/Katipo/Latrodectus katipo
Kaurischnecke/Kaurisnail/Paryphanta busby
Kleine Schwarze Miesmuschel/Little Black Mussel/Xenostrobus pulex

Langfühlerschrecken/Wetas/Stenopelmatidae, Rhapidophoridae

Manukakäfer/Manuka Beetle/Pyronota festiva
Meeresohr/Paua/Haliotis iris
Monarchfalter/Monarch Butterfly/Danaus plexippus

Pazifische Auster/Pacific Oyster/Crassostrea gigas
Puririfalter/Ghost Moth/Aenetus virescens

Riesenlibelle/Giant Dragonfly/Uropetala carovei
Riesenweta/Giant Weta/Deinacrida rugosa
Roter Admiralfalter/Red Admiral/Bassaris gonerilla
Rüsselkäfer/Elephant Weevil/Rhynchodes ursus
Rußige Schildlaus/Sooty Scale Insect/Ultracoelostoma assimile

Schlammkrabbe/Tunelling Mud Crab/ Helice crassa
Schwarzkoralle/Black Coral/Antipathes fiordensis
Stabschrecke/Stick Insect/Phasmatidae
Stummelfüßer/Peripatus/Peripatoides novaezealandiae

Fische, Amphibien, Reptilien

Archeys Urfrosch/Archey's Frog/Leiopelma archeyi

Brückenechse/Tuatara/Sphenodon punctatus

Gewöhnlicher Baumgecko/Pacific Gecko/ Hoplodactylus pacificus
Grüner Baumgecko/Green Tree Gecko/Naultinus elegans

Hamiltons Urfrosch/Hamilton's Frog/Leiopelma hamiltoni
Hochstetters Urfrosch/Hochstetter's Frog/ Leiopelma hochstetteri

Kurzflossen-Aal/Short-finned Eel/Anguilla australis

Langflossen-Aal/Long-finned Eel/Anguilla dieffenbachii

Schnapper/Snapper/Pagrus auratus
Skinke/Skinks/Leiolopisma sp.

Urfrösche/Native Frogs/Leiopelma sp.

Vögel

Aucklandente/Brown Teal/Anas aucklandica
Augenbrauenente/Grey Duck/Anas superciliosa
Austernfischer/Oystercatcher/Haematopus sp.
Australische Rohrdommel/Australasian Bittern/Botaurus poiciloptilus
Australtölpel/Australasian Gannet/Morus serrator

Bindenralle/Banded Rail/Rallus philippensis
Blaßfußsturmtaucher/Flesh-footed Shearwater/Puffinus carneipes
Bronzekuckuck/Shining Cuckoo/Chrysococcyx lucidus
Bulleralbatros/Buller's Mollymawk/Diomedea bulleri

Dickschnabelpinguin/Fiordland Crested Penguin/Eudyptes pachyrhynchus
Dominikanermöwe/Black-backed Gull/Larus dominicanus
Doppelband-Regenpfeifer/Banded Dotterel/ Charadrius bicinctus
Dunkelsturmtaucher/Sooty Shearwater/Puffinus griseus

Elsterscharbe/Pied Shag/Phalacrocorax varius
Eulenpapagei (s. Kakapo)

Farnsteiger/Fernbird/Bowdleria punctata
Feensturmvogel/Fairy Prion/Pachyptila turtur
Felsschlüpfer/Rockwren/Xenicus gilviventris
Finschia/Brown Creeper/Finschia novaeseelandiae
Flattersturmtaucher/Fluttering Shearwater/ Puffinus garia
Flötenvogel/Australian Magpie/Gymnorhina tibicen

Gelbaugenpinguin/Yellow-eyed Penguin/Megadyptes antipodes
Gelbköpfchen/Yellowhead/Mohoua ochrocephala
Goldammer/Yellowhammer/Emberiza citrinella
Götzenliest/Kingfisher/Halcyon sancta
Graufächerschwanz/Fantail/Rhipidura fuliginosa
Graulappenvogel/Kokako/Callaeas cinerea
Graumantel-Sturmtaucher/Buller's Shearwater/Puffinus bulleri

Haastkiwi/Great Spotted Kiwi/Apteryx haasti
Halbmond-Löffelente/New Zealand Shoveler/ Anas rhynchotis
Hallsturmvogel/Northern Giant Petrel/ Macronectes halli
Hihi/Stitchbird/Notiomystis cincta
Honigfresser/Honeyeaters/Meliphagidae

Indischer Hirtenstar/Indian Myna/Acridotheres tristis

Kaka/Kaka/Nestor meridionalis
Kakapo/Kakapo/Strigops habroptilus
Kalifornische Schopfwachtel/Californian Quail/ Lophortyx californicus
Kanadagans/Canada Goose/Branta canadensis
Kapsturmvogel/Cape Pigeon/Daption capensis
Kea/Kea/Nestor notabilis
Knutt/Lesser Knot/Calidris canutus
Königsalbatros/Royal Albatross/Diomedea epomophora
Königslöffler/Royal Spoonbill/Platalea regia
Kormoran/Black Shag/Phalacrocorax carbo
Kräuselscharbe/Little Shag/Phalacrocorax melanoleucos
Kuckuck (s. Bronzekuckuck, s. Langschwanzkoel)
Kuckuckskauz/Morepork/Ninox novaeseelandiae

Lachender Hans/Laughing Kookaburra/Dacelo gigas
Langbeinschnäpper/Robin/Petroica australis
Langschwanzkoel/Long-tailed Cuckoo/Eudynamis taitensis
Lappenvögel/Wattlebirds/Callaeidae

Makomako/Bellbird/Anthornis melanura
Mantelbrillenvogel/Silvereye/Zosterops lateralis
Maori-Ente/Scaup/Aythya novaeseelandiae
Maori-Regenpfeifer/New Zealand Dotterel/ Charadrius obscurus
Maorifalke/New Zealand Falcon/Falco novaeseelandiae
Maorifruchttaube/New Zealand Pigeon/Hemiphaga novaeseelandiae
Maorigerygone/Grey Warbler/Gerygone igata
Maorimöwe/Black-billed Gull/Larus bulleri
Maorischlüpfer/New Zealand Wrens/Xenicidae
Maorischnäpper/Tomtit/Petroica macrocephala
Maoritaucher/Dabchick/Podiceps rufopectus
Maskenkiebitz/Spur-winged Plover/Vanellus miles

Neuhollandschwalbe/Welcome Swallow/Hirundo neoxena
Neuseelandpieper/New Zealand Pipit/Anthus novaeseelandiae

Paradieskasarka/Paradise Shelduck/Tadorna variegata
Pfuhlschnepfe/Eastern Bar-tailed Godwit/Limosa lapponica
Purpurhuhn/Pukeko/Porphyrio porphyrio

Raubseeschwalbe/Caspian Tern/Sterna caspia
Riffreiher/Reef Heron/Egretta sacra
Rosella/Eastern Rosella/Platycercus eximius

Sattelstar/Saddleback/Philesturnus carunculatus
Saumschnabelente/Blue Duck/Hymenolaimus malacorhynchos
Schiefschnabel/Wrybill/Anarhynchus frontalis
Schmarotzerraubmöwe/Arctic Skua/Stercorarius parasiticus
Schwarzer Stelzenläufer/Black Stilt/Himantopus novaezealandiae
Schwarzflügel-Sturmvogel/Black-winged Petrel/Pterodroma nigripennis
Schwarzscharbe/Little Black Shag/Phalacrocorax sulcirostris
Schwarzschwan/Black Swan/Cygnus atratus
Schwarzstirnseeschwalbe/Black-fronted Tern/Sterna albostriata
Silberreiher/White Heron/Egretta alba
Springsittich/Yellow-crowned Parakeet/Cyanoramphus auriceps
Steinwälzer/Turnstone/Arenaria interpres
Stelzenläufer/Pied Stilt/Himantopus himantopus
Stewart-Island-Scharbe/Stewart Island Shag/Leucocarbo chalconotus
Streifenkiwi/Brown Kiwi/Apteryx australis
Südsee-Sumpfhuhn/Spotless Crake/Porzana tabuensis
Sumpfweihe/Australasian Harrier/Circus approximans

Takahe/Takahe/Porphyrio mantelli
Taraseeschwalbe/White-fronted Tern/Sterna striata
Tui/Tui/Prosthemadera novaeseelandiae
Tüpfelscharbe/Spotted Shag/Strictocarbo punctatus

Warzenscharbe/King Shag/Leucocarbo carunculatus
Weißflügelpinguin/White-flippered Penguin/Eudyptula minor var. albosignata
Weißgesicht-Sturmschwalbe/White-faced Storm Petrel/Pelagodroma marina
Weißkehlente/Grey Teal/Anas gibberifrons
Weißköpfchen/Whitehead/Mohoua albicilla
Weißkopflachmöwe/Red-billed Gull/Larus novaehollandiae
Weißwangenreiher/White-faced Heron/Egretta novaehollandiae
Wekaralle/Weka/Gallirallus australis
Westlandsturmvogel/Westland Black Petrel/Procellaria westlandica

Ypsilonwachtel/Brown Quail/Synoicus ypsilophorus

Ziegensittich/Red-crowned Parakeet/Cyanoramphus novaezelandiae
Zwergkiwi/Little Spotted Kiwi/Apteryx oweni
Zwergpinguin/Blue Penguin/Eudyptula minor
Zwergschlüpfer/Rifleman/Acanthisitta chloris
Zwergsumpfhuhn/Marsh Crake/Porzana pusilla

Säugetiere

Buckelwal/Humpback Whale/Megaptera novaeangliae

Dunkler Delphin/Dusky Dolphin/Lagenorhynchus obscurus

Fuchskusu/Brushtail Possum/Trichosurus vulpecula

Gewöhnlicher Delphin/Common Dolphin/Delphinus delphis
Grindwal/Pilot Whale/Globicephala melaena
Großer Tümmler/Bottlenose Dolphin/Tursiops truncatus

Hectordelphin/Hector's Dolphin/Cephalorhynchus hectori

Kiore-Buschratte/Polynesian Rat/Rattus exulans
Kurzschwanz-Fledermaus/Short-tailed Bat/Mystacina tuberculata

Langschwanz-Fledermaus/Long-tailed Bat/Chalinolobus tuberculatus

Marder/Mustelids/Mustela putorius, M. erminea, M. nivalis

Neus. Seebär/New Zealand Fur Seal/Arctocephalus forsteri
Neus. Seelöwe/Hooker's Sea Lion/Phocarctos hookeri

Pottwal/Sperm Whale/Physeter macrocephalus

Seeleopard/Leopard Seal/Hydrurga leptonyx
Südlicher See-Elefant/Southern Elephant Seal/Mirounga leonina

Tammarwallaby/Tammar Wallaby/Macropus eugenii

Zwergwal/Minke Whale/Balaenoptera acutorostrata

Pflanzen

Adlerfarn/Bracken/Pteridium esculentum
Alpentotara/Snow Totara/Podocarpus nivalis
Alpine Blatteibe/Mountain Toatoa/Phyllocladus aspleniifolius var. alpinus
Australheidegewächse/Heaths/Familie Epacridaceae

Bärlapp/Clubmoss/Lycopodium sp.
Baum-Astern/Tree Daisies/Olearia sp.
Baumfarne/Tree Ferns/Cyathea sp., Dicksonia sp.
Bergenzian/Mountain Gentian/Gentiana montana
Bergtotara/Montane Totara/Podocarpus cunninghamii
Birntang/Bull Kelp/Durvillea antarctica
Blatteiben/Phylloclads/Phyllocladus sp.
Bültengras/Tussock

Dammarafichte/Kauri/Agathis australis
Drachenblatt/Dracophyllum sp.

Eisenholzbäume/Metrosideros sp.

Gabelblatt/Psilotum Fern Ally/Psilotum nudum
Gahnia-Segge/Gahnia Cutty Sedge/Gahnia xanthocarpa
Gemeine Baum-Aster/Common Tree Daisy/Olearia arborescens
Glattbinse/Sea Rush/Juncus maritimus
Gliederbinse/Jointed Rush/Leptocarpus similis
Großblättrige Ourisia/Large-leaved Ourisia/Ourisia macrophylla

Hängender Streifenfarn/Hanging Spleenwort/Asplenium flaccidum
Harzeiben/Dacrydium sp.
Hautfarne/Filmy Ferns/Hymenophyllum sp., Trichomanes sp.
Hinaubaum/Hinau/Elaeocarpus dentatus

Kahikatea-Baum/ White Pine/Dacrycarpus dacrydioides
Kamahi-Baum/Kamahi/Weinmannia racemosa
Kanukabaum/Kanuka Teatree/Leptospermum ericoides
Karakabaum/Karaka/Corynocarpus laevigatus
Kohekohe-Baum/Kohekohe/Dysoxylum spectabile
Kowhaibaum/Kowhai/Sophora microphylla

Laugenblume/Yellow Button/Cotula coronopifolia

Mahoebaum/Whiteywood/Melicytus ramiflorus
Mangrove/Mangrove/Avicennia marina var. resinifera
Manukabaum/Manuka Teatree/Leptospermum scoparium
Matagouri/Wild Irishman/Discaria toumatou
Mataibaum/Black Pine/Prumnopitys taxifolia
Mirobaum/Brown Pine/Prumnopitys ferruginea
Mittagsblume/Maori Iceplant/Disphyma australe
Misteln/Mistletoes/Familie Loranthaceae
Monterey-Kiefer/Monterey Pine/Pinus radiata
Monterey-Zypresse/Macrocarpa/Cupressus macrocarpa

Neus. Baumfuchsie/Native Tree Fuchsia/Fuchsia excorticata
Neus. Edelweiß/New Zealand Edelweiss/Leucogenes sp.
Neus. Holzliane/Supplejack/Ripogonum scandens
Neuseeland-Flachs/New Zealand Flax/Phormium tenax
Nikaupalme/Nikau/Rhopalostylis sapida
Nördlicher Ratabaum/Northern Rata/Metrosideros robusta
Norfolk-Araukarie/Norfolk Pine/Araucaria heterophylla

Pingaosegge/Sandbinder Sedge/Desmoschoenus spiralis
Podocarpaceen (s. Steineibengewächse)
Pohutukawabaum/Pohutukawa/Metrosideros excelsa
Pukabaum/Shining Broadleaf/Griselinea lucida
Pukateabaum/Pukatea/Laurelia novae-zelandiae
Puriribaum/Puriri/Vitex lucens

Queller/Glasswort/Salicorna australis

Ratabaum (s. Nördlicher Ratabaum, s. Südlicher Ratabaum)
Raupo-Rohrkolben/Raupo/Typha orientalis
Rewarewabaum/New Zealand Honeysuckle/Knightia excelsa
Rimubaum/Red Pine/Dacrydium cupressinum
Rippenfarne/Blechnum Ferns/Blechnum sp.
Rote Mistel/Red Mistletoe/Elythranthe tetrapetala
Ruhmesblume/Kaka Beak/Clianthus puniceus

Schildfarne/Shield Ferns/Polystichum sp., Lastreopsis sp.
Schirmfarn/Umbrella Fern/Gleichenia cunninghamii
Schneebültengras/Snow Tussock/Chionochloa sp.
Schuppenzeder/New Zealand Cedar/Libocedrus bidwilii
Sonnentau/Sundews/Drosera sp.
Stachelkopfgras/Sand Grass/Spinifex hirsutus
Stechginster/Gorse/Ulex europaeus
Steineibengewächse/Podocarps/Podocarpaceae
Strandhafer/Marram Grass/Ammophila arenaria
Strandwinde/Sand Convulvulus/Calystegia soldanella
Strauch-Astern/Shrub Daisies/Olearia sp.
Strauchflechte/Coral Lichen/Cladia retipora
Strauchveronika/Hebe/Hebe sp.
Streifenfarne/Spleenworts/Asplenium sp.
Strohblume/Everlasting Daisy/Helichrysum bellidioides
Südbuchen/Southern Beeches/Nothofagus sp.
Südlicher Ratabaum/Southern Rata/Metrosideros umbellata
Südseemyrten/Tea Trees/Leptospermum sp.
Süßkartoffel/Sweet Potatoe/Ipomea batatas

Tarairebaum/Taraire/Beilschmiedia tarairi
Tawabaum/Tawa/Beilschmiedia tawa
Tmesipteris/Chainfern/Tmesipteris sp.
Toetoe-Gras/Toetoe/Cortaderia sp.
Torfmoos/Sphagnum Moss/Sphagnum sp.
Totarabaum/Totara/Podocarpus totara

Waldrebe/Climbing Vine/Clematis paniculata
Wasserschlauch/Bladderwort/Utricularia sp.
Weiße Ratarebe/White Rata Vine/Metrosideros albiflora

Zimmertanne (s. Norfolk-Araukarie)
Zostera-Seegras/Eel Grass/Zostera sp.
Zwergpodocarpacee/Pygmy Pine/Lepidothamnus laxifolius

Englisch-Deutsch-Latein

Arten, die keinen deutschen Namen haben, sind mit ihrem Maori-Namen verzeichnet

Wirbellose

Alpine Scree Weta/Alpine Langfühlerschrecke/Heimideina maori
Alpine Tigermoth/Metacrias erichrysa

Black Coral/Schwarzkoralle/Antipathes fiordensis
Blue Mussel/Blaue Miesmuschel/Mytilus edulis aoteanus

Captain Cook Cicada/Captain-Cook-Zikade/Amphipsalta zelandica
Cave Weta/Höhlenschrecke/Gymnoplectron sp.
Common Copper/Gemeiner Feuerfalter/Lycaena salustius
Common Tree Weta/Gemeine Langfühlerschrecke/Hemideina thoracica

Elephant Weevil/Rüsselkäfer/Rhynchodes ursus

Flaxsnail/Flachs-Schnecke/Placostylus sp.

Ghost Moth/Puririfalter/Aenetus virescens
Giant Dragonfly/Riesenlibelle/Uropetala carovei
Giant Weta/Riesenweta/Deinacrida rugosa
Glowworm/Glühwürmchen/Arachnocampa luminosa
Green-lipped Mussel/Grünlippenmiesmuschel/Perna canaliculus

Katipo/Katipospinne/Latrodectus katipo
Kaurisnail/Kaurischnecke/Paryphanta busby

Little Black Mussel/Kleine Schwarze Miesmuschel/Xenostrobus pulex

Manuka Beetle/Manukakäfer/Pyronota festiva
Monarch Butterfly/Monarchfalter/Danaus plexippus
Mount Cook Flea (s. Alpine Scree Weta)
Nurseryweb Spider/Dolomedes minor

Pacific Oyster/Pazifische Auster/Crassostrea gigas
Paryphanta Snail/Landschnecke der Gattung Paryphanta
Paua/Meeresohr/Haliotis iris
Peripatus/Stummelfüßer/Peripatoides novaezealandiae
Powelliphanta Snail/Landschnecke der Gattung Powelliphanta
Praying Mantis/Gottesanbeterin/Orthodera ministralis
Puriri Moth (s. Ghost Moth)

Red Admiral/Roter Admiralfalter/Bassaris gonerilla

Sandfly/Namu/Austrosimulium australense, A. ungulatum
Scallop/Jakobspilgermuschel/Pecten novaezelandiae
Smooth Stick Insect/Clitarchus hookeri
Sooty Scale Insect/Rußige Schildlaus/Utracoelostoma assimile
Stick Insect/Stabschrecke/Phasmatidae

Tunelling Mud Crab/Schlammkrabbe/Helice crassa
Tussock Butterfly/Bültengrasfalter/Argyrophenga antipodum

Weta/Langfühlerschrecken der Familien Stenopelmatidae, Rhapidophoridae

Fische, Amphibien, Reptilien

Archey's Frog/Archeys Urfrosch/Leiopelma archeyi

Fiordland Skink/Leiolopisma acrinasum

Geckos/Geckos der Gattungen Heteropholis Hoplodactylus, Naultinus
Green Tree Gecko/Grüner Baumgecko/Naultinus elegans

Hamilton's Frog/Hamiltons Urfrosch/Leiopelma hamiltoni
Hochstetter's Frog/Hochstetters Urfrosch/Leiopelma hochstetteri

Inanga/Inangafisch/Galaxias maculatus

Long-finned Eel/Langflossen-Aal/Anguilla dieffenbachii

Marlborough Green Gecko/Heterophylis manukanus

Native Frogs/Neus. Urfrösche/Leiopelma sp.
Northland Green Gecko/Naultinus grayi

Pacific Gecko/Gewöhnlicher Baumgecko/Hoplodactylus pacificus

Short-finned Eel/Kurzflossen-Aal/Anguilla australis
Skinks/Neus. Glattechsen/Leiolopisma sp.
Smith's Skink/Leiolopisma smithi
Snapper/Schnapper/Pagrus auratus
Spotted Skink/Leiolopisma infrapunctatum
Suter's Skink/Leiolopisma suteri

Tuatara/Brückenechse/Sphenodon punctatus

Vögel

Arctic Skua/Schmarotzerraubmöwe/Stercorarius parasiticus
Australasian Bittern/Neuhollanddommel/Botaurus stellaris
Australasian Gannet/Australtölpel/Morus serrator
Australasian Harrier/Sumpfweihe/Circus approximans
Australian Magpie/Flötenvogel/Gymnorhina tibicen

Banded Dotterel/Doppelband-Regenpfeifer/Charadrius bicinctus
Banded Rail/Bindenralle/Rallus philippensis
Bellbird/Makomako/Anthornis melanura
Black-backed Gull/Dominikanermöwe/Larus dominicanus
Black-billed Gull/Maorimöwe/Larus bulleri
Black-winged Petrel/Schwarzflügel-Sturmvogel/Pterodroma nigripennis
Black Shag/Kormoran/Phalacrocorax carbo
Black Stilt/Schwarzer Stelzenläufer/Himantopus novaezealandiae
Black Swan/Schwarzschwan/Cygnus atratus
Black-fronted Tern/Schwarzstirnseeschwalbe/Sterna albostriata
Blue Duck/Saumschnabelente/Hymenolaimus malacorhynchos
Blue Penguin/Zwergpinguin/Eudyptula minor
Brown Creeper/Finschia/Finschia novaeseelandiae
Brown Kiwi/Streifenkiwi/Apteryx australis
Brown Quail/Ypsilonwachtel/Synoicus ypsilophorus
Brown Teal/Aucklandente/Anas aucklandica
Buller's Mollymawk/Bulleralbatros/Diomedea bulleri
Buller's Shearwater/Graumantel-Sturmtaucher/Puffinus bulleri

Californian Quail/Kalifornische Schopfwachtel/Lophortyx californicus
Canada Goose/Kanadagans/Branta canadensis
Cape Pigeon/Kapsturmvogel/Daption capensis
Caspian Tern/Raubseeschwalbe/Sterna caspia

Dabchick/Maoritaucher/Podiceps rufopectus

Eastern Bar-tailed Godwit/Pfuhlschnepfe/Limosa lapponica
Eastern Rosella/Rosella/Platycercus eximius

Fairy Prion/Feensturmvogel/Pachyptila turtur
Fantail/Graufächerschwanz/Rhipidura fuliginosa
Fernbird/Farnsteiger/Bowdleria punctata
Fiordland Crested Penguin/Dickschnabelpinguin/Eudyptes pachyrhynchus
Flesh-footed Shearwater/Blaßfußsturmtaucher/Puffinus carneipes
Fluttering Shearwater/Flattersturmtaucher/Puffinus gavia

Great Spotted Kiwi/Haastkiwi/Apteryx haasti
Grey Duck/Augenbrauenente/Anas superciliosa
Grey Teal/Weißkehlente/Anas gibberifrons
Grey Warbler/Maorigerygone/Gerygone igata

Honeyeaters/Honigfresser/Meliphagidae

Indian Myna/Indischer Hirtenstar/Acridotheres tristis

Kaka/Kaka/Nestor meridionalis
Kakapo/Kakapo/Strigops habroptilus
Kea/Kea/Nestor notabilis
Kingfisher/Götzenliest/Halcyon sancta
King Shag/Warzenscharbe/Leucocarbo carunculatus
Kokako/Graulappenvogel/Callaeas cinerea

Laughing Kookaburra/Lachender Hans/Dacelo gigas
Lesser Knot/Knutt/Calidris canutus
Little Black Shag/Schwarzscharbe/Phalacrocorax sulcirostris
Little Shag/Kräuselscharbe/Phalacrocorax melanoleucos
Little Spotted Kiwi/Zwergkiwi/Apteryx oweni
Long-tailed Cuckoo/Langschwanzkoel/Eudynamis taitensis

Marsh Crake/Zwergsumpfhuhn/Porzana pusilla
Moas/Moas/Dinornithiformes
Morepork/Kuckuckskauz/Ninox novaeseelandiae
Muttonbird/Dunkelsturmtaucher/Puffinus griseus

New Zealand Dotterel/Maori-Regenpfeifer/Charadrius obscurus
New Zealand Falcon/Maorifalke/Falco novaeseelandiae
New Zealand Pigeon/Maorifruchttaube/Hemiphaga novaeseelandiae
New Zealand Pipit/Neuseelandpieper/Anthus novaeseelandiae
New Zealand Shoveler/Halbmond-Löffelente/Anas rhynchotis
New Zealand Wrens/Maorischlüpfer/Xenicidae
Northern Giant Petrel/Hallsturmvogel/Macronectes halli

Oystercatcher/Austernfischer/Haematopus sp.

Paradise Shelduck/Paradieskasarka/Tadorna variegata
Parson Bird (s. Tui)
Pied Shag/Elsterscharbe/Phalacrocorax varius
Pied Stilt/Stelzenläufer/Himantopus himantopus
Pukeko/Purpurhuhn/Porphyrio porphyrio

Red-billed Gull/Weißkopflachmöwe/Larus novaehollandiae
Red-crowned Parakeet/Ziegensittich/Cyanoramphus novaezelandiae
Reef Heron/Riffreiher/Egretta sacra
Rifleman/Zwergschlüpfer/Acanthisitta chloris
Robin/Langbeinschnäpper/Petroica australis
Rockwren/Felsschlüpfer/Xenicus gilviventris
Royal Albatross/Königsalbatros/Diomedea epomophora
Royal Spoonbill/Königslöffler/Platalea regia

Saddleback/Sattelstar/Philesturnus carunculatus
Scaup/Maori-Ente/Aythya novaeseelandiae
Shining Cuckoo/Bronzekuckuck/Chrysococcyx lucidus
Silvereye/Mantelbrillenvogel/Zosterops lateralis
Sooty Shearwater/Dunkelsturmtaucher/Puffinus griseus
South Island Pied Oystercatcher/Haematopus finschi
Spotless Crake/Südsee-Sumpfhuhn/Porzana tabuensis
Spotted Shag/Tüpfelscharbe/Strictocarbo punctatus
Spur-winged Plover/Maskenkiebitz/Vanellus miles
Stewart Island Shag/Stewart-Island-Scharbe/Leucocarbo chalconotus
Stitchbird/Hihi/Notiomystis cincta
Swamphen (s. Pukeko)

Takahe/Takahe/Porphyrio mantelli
Tomtit/Maorischnäpper/Petroica macrocephala
Turnstone/Steinwälzer/Arenaria interpres
Tui/Tui/Prosthemadera novaeseelandiae

Variable Oystercatcher/Haematopus unicolor

Wattlebirds/Lappenvögel/Callaeidae
Weka/Wekaralle/Gallirallus australis
Welcome Swallow/Neuhollandschwalbe/Hirundo neoxena
Westland Black Petrel/Westlandsturmvogel/Procellaria westlandica
White Heron/Silberreiher/Egretta alba
White-faced Heron/Weißwangenreiher/Egretta novaehollandiae
White-faced Storm Petrel/Weißgesicht-Sturmschwalbe/Pelagodroma marina
White-flippered Penguin/Weißflügelpinguin/Eudyptula minor var. albosignata
White-fronted Tern/Taraseeschwalbe/Sterna striata
Whitehead/Weißköpfchen/Mohoua albicilla
Wrens (s. New Zealand Wrens)
Wrybill/Schiefschnabel/Anarhynchus frontalis

Yellow-crowned Parakeet/Springsittich/Cyanoramphus auriceps
Yellow-eyed Penguin/Gelbaugenpinguin/Megadyptes antipodes
Yellowhammer/Goldammer/Emberiza citrinella
Yellowhead/Gelbköpfchen/Mohoua ochrocephala

Säugetiere

Bottlenose Dolphin/Großer Tümmler/Tursiops truncatus
Brushtail Possum/Fuchskusu/Trichosurus vulpecula

Common Dolphin/Gewöhnlicher Delphin/Delphinus delphis

Dusky Dolphin/Dunkler Delphin/Lagenorhynchus obscurus

Hector's Dolphin/Hectordelphin/Cephalorhynchus hectori
Hooker's Sea Lion/Neus. Seelöwe/Phocarctos hookeri
Humpback Whale/Buckelwal/Megaptera novaeangliae

Leopard Seal/Seeleopard/Hydrurga leptonyx
Long-tailed Bat/Langschwanz-Fledermaus/Chalinolobus tuberculatus

Minke Whale/Zwergwal/Balaenoptera acutorostrata

New Zealand Fur Seal/Neus. Seebär/Arctocephalus forsteri

Pilot Whale/Grindwal/Globicephala melaena
Polynesian Rat/Kiore-Buschratte/Rattus exulans

Short-tailed Bat/Kurzschwanz-Fledermaus/Mystacina tuberculata
Southern Elephant Seal/Südlicher See-Elefant/Mirounga leonina
Sperm Whale/Pottwal/Physeter macrocephalus

Tammar Wallaby/Tammarwallaby/Macropus eugenii

Pflanzen

Alpine Daisies/alpine Astern/Celmisia sp.
Arthur's Sundew/Arcturus-Sonnentau/Drosera arcturi

Bank's Astelia/Astelia banksia
Black Beech/Tawhairauriki/Nothofagus solandri
Black Pine/Matai/Prumnopitys taxifolia
Black Tree Fern/Mamaku/Cyathea medullaris
Bladder Kelp/Macrocystis pyrifera
Bladderwort/Wasserschlauch/Utricularia sp.
Blechnum Ferns/Rippenfarne/Blechnum sp.
Bog Pine/Halocarpus bidwillii
Bracken/Adlerfarn/Pteridium esculentum
Broad-leaved Cabbage Tree/Toii/Cordyline indivisa
Broadleaf/Papauma/Griselinea littoralis
Brown Pine/Miro/Prumnopitys ferruginea
Bull Kelp/Birntang/Durvillea antarctica
Bushman's Friend/Rangiora/Brachyglottis repanda
Bush Lawyer/Taataraamoa/Rubus cissoides
Buttercup/Hahnenfuß/Ranunculus sp.

Cabbage Tree/Ti kouka/Cordyline australis
Celery Pine/Tanekaha/Phyllocladus trichomanoides
Chain Fern/Tmesipteris tannensis
Climbing Vine/Pua waananga/Clematis paniculata
Clubmoss/Bärlapp/Lycopodium sp.
Coastal Shrub Daisy/Küsten-Strauch-Aster/Olearia oporina
Common Tree Daisy/Gemeine Baum-Aster/Olearia arborescens
Coprosmas/Coprosma sp.
Coral Lichen/Strauchflechte/Cladia retipora
Corkwood/Whau/Entelea arborescens
Crown Fern/Blechnum discolor

Dracophyllums/Drachenblatt/Dracophyllum sp.

Easter Orchid/Earina autumnalis
Eel Grass/Zostera-Seegras/Zostera sp.
Egmont Broom/Carmichaelia egmontiana
Elliptic-leaved Hebe/Hebe elliptica
Everlasting Daisy/Strohblume/Helichrysum bellidioides

Filmy Ferns/Hautfarne/Hymenophyllum sp., Trichomanes sp.
Five-finger/Puakou/Pseudopanax arboreus

Gahnia Cutty Sedge/Gahnia-Segge/Gahnia xanthocarpa
Gentians/Enziane/Gentiana sp.
Giant Moss/Dawsonia superba
Glasswort/Queller/Salicorna australis
Gorse/Stechginster/Ulex europaeus
Grass Trees (s. Dracophyllums)
Great Mountain Buttercup/Ranunculus lyallii
Green-hooded Orchid/Pterostylis banksii

Hanging Spleenwort/Hängender Streifenfarn/Asplenium flaccidum
Hard Beech/Tawhairaunui/Nothofagus truncata
Harebell/Wahlenbergia albomarginata
Hebe/Strauchveronika/Hebe sp.
Heketara/Olearia rani
Hen and Chicken Fern/Asplenium bulbiferum
Hinau/Elaeocarpus dentatus
Horokaka (s. Maori Iceplant)
Horopito (s. Pepper Tree)
Hound's Tongue Fern/Phymatosorus diversifolius

Inaka/Dracophyllum longifolium

Jointed Rush/Gliederbinse/Leptocarpus similis

Kahikatea (s. White Pine)
Kaikomako/Pennantia corymbosa
Kaka Beak/Ruhmesblume/Clianthus puniceus
Kamahi/Weinmannia racemosa
Kanuka/Leptospermum ericoides
Karaka/Corynocarpus laevigatus
Karamu/Coprosma lucida
Kauri/Dammarafichte/Agathis australis
Kauri Grass/Astelia trinervia
Kidney Fern/Trichomanes reniforme
Kiekie/Freycinetia baueriana ssp. banksii
Kiokio Fern/Blechnum capense
Kohekohe/Dysoxylum spectabile
Koromiko/Hebe salicifolia
Kowhai/Sophora microphylla
Kumara (s. Sweet Potatoe)

Lancewood/Horoeka/Pseudopanax crassifolius
Lady's Slipper Orchid/Dendrobium cunninghamii
Large-leaved Coprosma/Kanono/Coprosma grandifolia
Large-leaved Ourisia/Großblättrige Ourisia/Ourisia macrophylla
Leatherwood/Tupare/Olearia colensoi
Macrocarpa/Monterey-Zypresse/Cupressus macrocarpa
Mahoe (s. Whiteywood)
Mamaku (s. Black Tree Fern)
Mangrove/Mangrove/Avicennia marina var. resinifera
Manuka/Leptospermum scoparium
Maori Ice Plant/Mittagsblume/Disphyma australe
Maori Onion/Bulbinella hookeri
Marble Leaf/Putaputaweta/Carpodetus serratus
Marram Grass/Strandhafer/Ammophila arenaria
Matagouri (s. Wild Irishman)
Matai (s. Black Pine)
Mingimingi/Cyathodes juniperina
Miro (s. Brown Pine)
Mistletoes/Misteln/Familie Loranthaceae
Monoao/Halocarpus kirkii
Montane Totara/Bergtotara/Podocarpus cunninghamii
Monterey Pine/Monterey-Kiefer/Pinus radiata
Mountain Beech/Tawhairauriki/Nothofagus solandri var. cliffortioides
Mount Cook Lily (s. Great Mountain Buttercup)
Mountain Gentian/Bergenzian/Gentiana montana
Mountain Neinei/Drachenblattbaum/Dracophyllum traversii
Mountain Ribbonwood/Hoheria glabrata
Mountain Toatoa/Alpine Blatteibe/Phyllocladus aspleniifolius var. alpinus

Native Broom/Carmichaelia sp.
Native Iris/Labertia grandiflora
Native Jasmine/Kai whiria/Parsonsia capsularis
Native Tree Fuchsia/Neus. Baumfuchsie/Fuchsia excorticata
New Zealand Cedar/Schuppenzeder/Libocedrus bidwilii
New Zealand Flax/Neuseeland-Flachs/Phormium tenax
New Zealand Honeysuckle/Rewarewa/Knightia excelsa
Ngaio/Myoporum laetum
Nikau/Nikaupalme/Rhopalostylis sapida
Norfolk Pine/Norfolk-Araukarie/Araucaria heterophylla
Northern Rata/Nördlicher Ratabaum/Metrosideros robusta

Olearia (s. Tree Daisies, s. Shrub Daisies)
Ongaonga (s. Tree Nettle)

Parataniwha/Elatostema rugosum
Pate/Schefflera digitata
Penwiper Plant/Nothothlaspi rosulatum
Pepper Leaf/Kawakawa/Macropiper excelsum
Pepper Tree/Horopito/Pseudowintera colorata
Perching Lilly/Collospermum sp.
Phylloclads/Blatteiben/Phyllocladus sp.
Pineapple Tree (s. Mountain Neinei)
Pingao (s. Sandbinder Sedge)
Podocarps/Steineibengewächse/Podocarpaceae
Pohutukawa/Metrosideros excelsa
Poroporo/Solanum aviculare, S. laciniatum
Prickly Shield Fern/Polystichum vestitum

Prince of Wales Feathers/Todea superba
Psilotum Fern Ally/Gabelblatt/Psilotum nudum
Puka (s. Shining Broadleaf)
Pukatea/Laurelia novae-zelandiae
Puriri/Vitex lucens
Purple Groundsel/Senecio elegans
Pygmy Pine/Zwergpodocarpacee/Lepidothamnus laxifolius

Rangiora (s. Bushman's Friend)
Rata Tree (s. Northern Rata, s. Southern Rata)
Raupo/Raupo-Rohrkolben/Typha orientalis
Red Beech/Tawhairaunui/Nothofagus fusca
Red Mistletoe/Rote Mistel/Elythranthe tetrapetala
Red Pine/Rimu/Dacrydium cupressinum
Remuremu/Selliera radicans
Rewarewa (s. New Zealand Honeysuckle)
Rimu (s. Red Pine)

Sand Convulvulus/Strandwinde/Calystegia soldanella
Sand Grass/Stachelkopfgras/Spinifex hirsutus
Sandbinder Sedge/Pingao/Desmoschoenus spiralis
Scabweed/Raoulia australis
Sea Rush/Glattbinse/Juncus maritimus
Shield Ferns/Schildfarne/Polystichum sp., Lastreopsis sp.
Shining Broadleaf/Puka/Griselinea lucida
Shore Primrose/Samolus repens
Shrub Daisies/Strauch-Astern/Olearia sp.
Silky-leaved Buttercup/Ranunculus sericophyllus
Silver Beech/Tawhai/Nothofagus menziesii
Silver Pine/Lagarostrobos colensoi
Silver Treefern/Ponga/Cyathea dealbata
Snow Totara/Alpentotara/Podocarpus nivalis
Snow Tussock/Schneebültengras/Chionochloa sp.
Southern Beeches/Südbuchen/Nothofagus sp.
South Island Edelweiss/Leucogenes grandiceps
Southern Rata/Südlicher Ratabaum/Metrosideros umbellata
Spaniard (s. Speargrass)
Speargrass/Aciphylla sp.
Spinifex (s. Sand Grass)
Spleenworts/Streifenfarne/Asplenium sp.
Stinkwood/Hupiro/Coprosma foetidissima
Strawberry Fungus/Gallapfel/Cyttaria gunnii
Sun Orchid/Thelymitra sp.
Sundews/Sonnentau/Drosera sp.
Supplejack/Neus. Holzliane/Ripogonum scandens
Swamp Umbrella Fern/Gleichenia dicarpa
Sweet Potatoe/Süßkartoffel/Ipomea batatas

Taraire/Beilschmiedia tarairi
Tawa/Beilschmiedia tawa
Tea Trees/Leptospermum sp.
Toatoa/Phyllocladus glaucus
Toetoe/Toetoe-Gras/Cortaderia sp.
Toro/Myrsine salicina
Totara/Podocarpus totara
Tree Daisies/Baum-Astern/Olearia sp.
Tree Ferns/Baumfarne/Cyathea sp., Dicksonia sp.
Tree Fuchsia (s. Native Tree Fuchsia)
Tree Nettle/Ongaonga/Urtica ferox
Tree Orchid (s. Lady's Slipper Orchid)
Tree Tutu/Tutu/Coriaria arborea
Turpentine Shrub/Dracophyllum uniflorum
Tutu (s. Tree Tutu)

Umbrella Fern/Schirmfarn/Sticherus cunninghamii

Vegetable Sheep/Haastia sp., Raoulia sp.
Venus' Necklace/Hormosira banksii

Westland Quintinia/Quintinia acutifolia
Wheeping Matipo/Myrsine divericata
Wheki-Ponga Treefern/Dicksonia fibrosa
Wheki Treefern/Dicksonia squarrosa
White Pine/Kahikatea/Dacrycarpus dacrydioides
Whiteywood/Mahoe/Melicytus ramiflorus
White Rata Vine/Weiße Ratarebe/Metrosideros albiflora
Wild Irishman/Matagouri/Discaria toumatou
Wineberry/Makomako/Aristotelia serrata

Yellow Button/Laugenblume/Cotula coronopifolia
Yellow Pine/Halocarpus biformis
Yellow Silver Pine/Lepidothamnus intermedius

Register

Fett gedruckte Seitenzahlen verweisen auf Fotos, schräg gedruckte auf Essays (im Text blau unterlegt).

Pflanzen- und Tiernamen

Orts- und Sachregister

Seitenzahlen mit dem Zusatz »ff.« bezeichnen den Beginn der Beschprechung eines Hauptreisezieles.

Die Natur als Reiseziel

Pressestimmen zur Reihe »Reiseführer Natur«:

»Besser, informativer und übersichtlicher kann man es eigentlich nicht machen...«
Die Zeit

»...ein Muß für jeden Naturliebhaber...«
Frankfurter Rundschau

»...attraktiv und übersichtlich gestaltet, zudem kenntnisreich, nie aber langweilend verfaßt...«
Frankfurter Allgemeine Zeitung

»...sehr ansprechend aufgemacht...«
Süddeutscher Rundfunk

»...eine ausgezeichnete Reihe...«
Bayerisches Fernsehen

»...schöne Reiseführer, die man nicht nur gern und mit Gewinn vor Ort in die Hand nimmt. Sie laden auch ein, in Gedanken zu reisen oder einfach darin zu schmökern...«
Das Tier

Bereits erschienen:
Afrika, Südliches • Alaska • Australien • Brasilien, Venezuela • Frankreich, Südliches • Galapagos • Griechenland – Festland und Küste • Indien • Island • Kanada • Kanarische Inseln • Malaysia • Mallorca, Menorca, Ibiza, Formentera • Nepal, Sikkim und Bhutan • Neuseeland • Ostafrika • Schottland mit England und Wales • Seychellen, Mauritius • Skandinavien, Nördliches, mit Finnland • Skandinavien, Südliches • Spanien • Türkei • USA

In Vorbereitung:
Südwesten der USA

Im BLV Verlag finden Sie Bücher zu folgenden Themen: Garten und Zimmerpflanzen • Natur • Heimtiere • Jagd • Angeln • Pferde und Reiten • Sport und Fitneß • Tauchen • Reise • Wandern, Bergsteigen, Alpinismus • Essen und Trinken • Gesundheit, Wohlbefinden, Medizin

Wenn Sie ausführliche Informationen wünschen, schreiben Sie bitte an:
BLV Verlagsgesellschaft mbH • Postfach 400320 • 80703 München
Telefon 089/12705-0 • Telefax 089/12705-543